이 땅에서의 생활을 위한
위로부터 난 지혜

네비게이토 선교회는
국제적이며 복음적인 기독교 기관이다.
예수 그리스도께서는 자기를 따르는 자들에게
"너희는 가서 모든 족속으로 제자를 삼으라"
(마태복음 28:19)는 지상사명을 주셨다.
네비게이토 선교회는 세계 모든 국가에서
예수 그리스도의 일꾼들을 배가시켜
이 지상사명의 성취를 돕는 것을
근본 목표로 하고 있다.

네비게이토 출판사는
네비게이토 선교회의 문서 선교를 담당하고 있다.
본 출판사에서는 그리스도인의 영적 성장을 돕는
서적과 자료들을 출판하여,
그리스도인의 삶의 기초가 견고한
헌신된 제자로 성장하게 하고,
나아가 성숙한 인격과 지도력을 갖춘
일꾼이 되도록 돕고 있다.

Translated by permission
Title originally published in English as
WISDOM FROM ABOVE by Cook Communications
Copyright ⓒ 1978 by LeRoy Eims
Korean Copyright ⓒ 1985, 2022
by Korea NavPress

WISDOM FROM ABOVE
for living here below

▲▼▲▼▲▼▲

LeRoy Eims

네비게이토 출판사
TO KNOW CHRIST AND TO MAKE HIM KNOWN

차 례

추천의 말

머리말

1. 솔로몬의 지혜의 학교 ··· 9
　　　　잠언 1:1-7

2. 지혜의 간절한 호소 ·· 33
　　　　잠언 1:8-33

3. 지혜는 하나님이 주신다 ·· 61
　　　　잠언 2:1-9

4. 지혜와 도덕적 보호 ·· 81
　　　　잠언 2:10-3:10

5. 지혜를 얻을 때 오는 상급 ·· 107
　　　　잠언 3:11-26

6. 지혜의 적과 유산 ·· 125
　　　　잠언 3:27-35

7. "지혜가 제일이니" ·· 145
    잠언 4:1-19

8. 지혜와 인간관계 ·· 163
    잠언 4:20-5:23

9. 지혜가 없을 때 빠지는 함정 ································· 185
    잠언 6:1-35

10. 지혜와 순결 ··· 207
    잠언 7:1-27

11. 지혜에 대한 찬양 ··· 221
    잠언 8:1-36

12. 지혜와 어리석음의 대조 ······································ 247
    잠언 9:1-18

추천의 말

이 책은 독자 여러분을 무진장한 지혜의 원천인 잠언으로 인도합니다. 누구나 알기 쉽도록 쓰였으며, 각 장마다 실제적인 적용 방법도 제시해 줍니다.

저자의 삶에 깊은 영향을 미친 잠언 말씀을 자신의 풍부한 경험을 통해 설명하고 있으며, 페이지 페이지마다 저자의 깊은 이해와 통찰력을 볼 수 있습니다.

이 책은 그룹 모임에서뿐만 아니라 개인적인 성경공부에 활용해도 좋습니다. 자신의 직분이 무엇이든 누구나 이 책을 통해 새로운 동기를 얻고 큰 기쁨과 유익을 얻으리라 믿습니다.

새뮤얼 슐츠
휘튼대학 성경학과장

머리말

아시아에서 만나는 사람들은 일반적으로 조용하고 생각이 깊으며 사색적이어서 매일의 삶에서 일어나는 여러 가지 일에 대하여 그 속에 담겨 있는 의미를 찾으려고 노력합니다. 그들은 "나의 영혼에 양식을 주시오. 나의 심령에 진리를 가르쳐 줄 심오하고 영적인 그 어떤 것을 주시오"라고 말합니다.

반면 유럽과 북미에서 만나는 사람들은 일반적으로 목표 지향적입니다. 이렇게 말하곤 합니다. "이 험하고 혼란한 세상을 살아가는 우리의 일상생활에 실제적으로 도움이 되는 그 어떤 것을 주시오."

정신적인 것을 원하는 아시아인이든 실제적인 것을 원하는 서구인이든, 나는 이러한 사람들과 영적인 문제에 대하여 수많은 대화를 나누었습니다. 그럴 때마다 나는 그들에게 성경 한 권을 건네주었습니다. 성경만이 그들의 진정한 필요를 채워 주기 때문입니다.

잠언은 참으로 놀라운 내용을 담고 있으며, 실제적인 문제뿐 아니라 영적인 문제까지도 다루고 있습니다.

이 책은 잠언 1-9장을 가지고 한 나의 방송 설교를 토대로 한 것입니다. 이 글을 읽는 사람 모두에게, 하나님의 영원불변한 지혜로 가득한 잠언 말씀을 더욱 깊이 공부하고 싶은 마음이 생기기를 기도합니다.

1

솔로몬의 지혜의 학교

잠언 1:1-7

우리 주변에는 학교가 아주 많이 있습니다. 그러나 학교에 들어가 공부하고 싶다고 해서 누구나 갈 수 있는 것은 아닙니다. 응시자격이 없어서 못 가는 이도 있고, 돈이 없어서 못 가는 이도 있고, 시험에 떨어졌거나 기타 여러 결격 사유로 못 가는 이도 있습니다.

그러나 솔로몬의 학교에는 누구나 들어가 배울 수 있습니다. 이 학교의 교문에는 이런 글귀가 쓰여 있습니다. "젊은 자, 어리석은 자, 미련한 자, 누구나 환영!" 이 학교에 들어가면 어리석은 자는 지혜롭게 되며 미련한 자는 슬기롭게 됩니다. 그리고 지혜 있는 자와 슬기 있는 자는 더욱 지혜로워지며 더욱 슬기롭게 됩니다.

시편과 잠언을 둘 다 공부해 본 사람들은 둘 사이에 현격한 차이가 있음을 보게 됩니다. 시편의 많은 부분을 지은 다윗은 위험과 전쟁으로 가득 찬 삶을 산 반면, 잠언의 많은 부분을 지은 솔로몬은 고요하고 평화로운 삶을 살았습니다. 시편은 신실하신 하나님의 손에 의해 끊임없이 위험과 죽음으로부터 구원받은 다윗이 하나님께 드린 수많은 찬양과 경배를 담고 있습니다. 반면 잠언은 평화의 사람 솔로몬의 조용한 연구와 묵상을 반영하고 있습니다. 솔로몬은 하나님의 부요하심과 인간이 하나님과 마땅히 가져야 할 개인적인 관계에 대하여 깊이 생각해 볼 시간이 많았던 사람입니다(열왕기상 4:29-30 참조).

그러면 온 천하에 널리 소문이 퍼졌던 솔로몬의 지혜의 원천이 그의 묵상이었습니까? 물론 사방 모든 나라의 백성들이 솔로몬의 많은 글과 말과 노래를 통하여 그의 지혜와 지식을 읽기도 하고 듣기도 하였습니다. "저가 잠언 삼천을 말하였고, 그 노래는 일천 다섯이며, 저가 또 초목을 논하되 레바논 백향목으로부터 담에 나는 우슬초까지 하고, 저가 또 짐승과 새와 기어 다니는 것과 물고기를 논한지라, 모든 민족 중에서 솔로몬의 지혜의 소문을 들은 천하 모든 왕 중에서 그 지혜를 들으러 왔더라"(열왕기상 4:32-34).

하지만 솔로몬의 지혜는 단지 자신만의 묵상으로부터 나오지 않았습니다. 하나님 그분이 바로 그 지혜의 원천이기 때문입니다. 그렇다고 하나님께서 하늘 위에서 사람들을 내려다보시다가 아무나 한 사람을 손가락으로 가리키시며, "바로 너에게 지혜를 주겠다"라고 말씀하시지 않았습니다. 하나님께서는 지혜를 구한 솔로몬의 기도에 응답하셨습니다. 솔로몬은 아주 겸손한 마음으로 이렇게 기도했습니다. "나의 하나님 여호와여, 주께서 종으로 종의 아비 다윗을 대신하여 왕이 되게 하셨사오나, 종은 작은 아이라 출입할 줄을 알지 못하고 주의 빼신 백성 가운데 있나이다. 저희는 큰 백성이라 수효가 많아서 셀 수도 없고 기록할 수도 없사오니, 누가 주의 이 많은 백성을 재판할 수 있사오리이까? 지혜로운 마음을 종에게 주사 주의 백성을 재판하여 선악을 분별하게 하옵소서"(열왕기상 3:7-9). 솔로몬이 이렇게 지혜로운 마음을 달라고 간구하자, 여호와께서는 이를 합당하게 여기고 기뻐하셨습니다(10절).

하나님께서는 이 겸손한 기도를 기뻐하시고 솔로몬이 기대한 이상으로 넘치게 응답해 주셨습니다. "내가 네 말대로 하여 네게 지혜롭고 총명한 마음을 주노니, 너의 전에도 너와 같은 자가 없었거니와 너의 후에도 너와 같은 자가 일어남이 없으리라. 내가 또 너의 구하지 아니한 부와 영광도 네게 주노니, 네 평생에 열왕 중에 너와 같은 자가 없을 것이라"(12-13절).

살다 보면 아무런 해결책도 없는 듯 보이는 상황에 부딪힐 때가 있습니다. 앞에 가로놓인 장애물이 너무나 어려워 도저히 극복할 수도, 감당할 수도 없는 듯 보입니다. 이때 지혜가 필요합니다. 야고보서 1:5에서는 이렇게 말씀합니다. "너희 중에 누구든지 지혜가 부족하거든 모든 사람에게 후히 주시고 꾸짖지 아니하시는 하나님께 구하라. 그리하면 주시리라." 하나님께서는 지혜를 구하는 자에게 지혜를 주겠다고 약속하셨습니다.

잠언의 서두에서 솔로몬은 잠언을 쓴 목적을 분명하게 제시합니다. 뛰어난 문학작품인 동시에 하나님의 말씀인 이 잠언에서 자신이 말하려는 바를 명확하게 밝힙니다.

다윗의 아들, 이스라엘왕 솔로몬의 잠언이라. (1:1)

오늘날 사람들은 선풍을 불러일으킬 만하고, 이상하고, 색다르고, 기이한 것을 갈망합니다. 예를 들어 마법의 세계를 그린 영화나 책이 얼마나 인기 있는가를 보십시오. 사람들은 자연적인 것을 벗어나 보려는 과도한 욕망을 가지고 있는 듯 보입니다. 즉 본능과 호기심을 자극하는, 신비스럽고 초자연적인 것을 추구합니다. 많은 분야에서 센세이셔널리즘이 유행하고 있습니다.

불행하게도 교회도 여기에 예외가 아닙니다. 사람들은 때로 이상하고, 색다르고, 기이한 것을 들으려고 그런 종류의 모임에 매력을 느끼고 참석합니다. 그런 모임에 가면 예전에 도덕적으로 방탕한 삶을 살다가 주님을 믿게 된 사람들의 간증을 자주 듣게 됩니다. 도덕적인 타락이 더 심했을수록 그 간증은 더 훌륭하게 들리며 사람들에게 더 매력을 주곤 합니다.

물론 이는 유익한 결과를 가져올 수도 있습니다. 어떤 사람이 그런 집회에 참석했다가 거기서 복음을 듣고 예수 그리스도를 영접할 수도 있습니다. 그 사람은 다른 환경에서는 복음을 들을 수 없을지도 모릅니다. 비록 제목에 이끌려 호기심 때문에 그 집회에 갔지만, 거기서 성령께서는 그의 마음속에 말씀해 주셨고 그는 자기 삶을 그리스도께 굴복시킨 것입니다.

그러나 좋지 않는 결과를 가져올 수도 있습니다. 평범한 그리스도인, 특히 경건한 가정에서 자라 어려서부터 주님을 믿은 사람은 충격적인 간증 거리가 없기 때문에 자신은 하나님께 쓰임 받을 수 없다고 생각할 수가 있습니다. 그래서 이 사람은 자기도 죄와 방탕으로 가득 찬 삶을 살다가 주님을 믿었더라면 하고 남몰래 바라게 될지도 모릅니다. 심지어 잠시 동안 방탕한 생활을 해 보려고 할지도 모릅니다. 그래야 나중에 하나님께 다시 돌아갔을 때, 남들 앞에서 자신의 과거에 대하여 자랑스럽게 이야기할 수 있다고 생각하기 때문입니다.

그렇지만 경건한 유산은 하나님의 놀라운 축복임을 알아야 합니다. 솔로몬은 하나님의 마음에 합한 사람이었던 다윗의 아들이었습니다. 솔로몬은 적어도 얼마 동안은 자기 백성의 지혜로운 교사요 지도자였습니다. 솔로몬이 죽은 지 수백 년 후, 예수 그리스도께서는 솔로몬에게 뛰어난 찬사를 보냈습니다. 예수님은 서기관들과 바리새인들에게 자신이 왜 이 땅에 왔으며, 자신의 선교의 목적은 무엇이며, 자신이 누구인지를 설명하시던 중 이렇게 말씀하셨습니다. "심판 때에 남방 여왕이 일어나 이 세대 사람을 정죄하리니, 이는 그가 솔로몬의 지혜로운 말을 들으려고 땅끝에서 왔음이어니와, 솔로몬보다 더 큰 이가 여기 있느니라"(마태복음 12:42).

하나님께서는 솔로몬을 훌륭한 사람으로 만들기 위해 두 가지 방법을 사용하셨습니다. 첫째는 아들 솔로몬을 위한 다윗의 중보 기도였습니다. "하나님이여, 주의 판단력을 왕에게 주시고 주의 의를 왕의 아들에게 주소서"(시편 72:1). 흠정역 성경에는 이 시편이 '솔로몬을 위한 시'라고 되어 있습니다. 다윗은 이스라엘의 왕위를 계승할 아들을 위해 하나님 앞에 무릎 꿇고 기도했습니다.

이것은 우리가 따라야 할 놀라운 본입니다. 나의 경건한 친구 중 한 사람이 말하기를, 자기 어머니는 아들인 자기를 위해 태어날 때부터 지금까지 매일 한 시간씩 기도하고 있다고 했습니다. 유명한 작가인 제임스 돕슨 부부는 매주 하루씩 자녀들을 위해 금식하며 기도하고 있습니다. 자녀를 돌볼 책임이 있는 부모는 자녀의 영적 필요를 소홀히 해서는 안 됩니다. 자녀의 영적 필요를 채워 주는 일은 그저 자녀를 주일학교와 교회에 보내거나 데리고 가는 것으로 끝나지 않습니다. 이는 날마다, 일생 동안 자녀의 삶 전체를 위해 간절히 기도하는 것을 뜻합니다.

하나님께서 사용하신 둘째 방법은 아버지의 교훈이었습니다. 다윗은 많은 책임을 맡은 바쁜 사람이었지만, 아들에게 경건한 충고를 하기를 잊지 않았습니다. "내 아들 솔로몬아, 너는 네 아비의 하나님을 알고 온전한 마음과 기쁜 뜻으로 섬길지어다. 여호와께서는 뭇 마음을 감찰하사 모든 사상을 아시나니, 네가 저를 찾으면 만날 것이요, 버리면 저가 너를 영원히 버리시리라"(역대상 28:9).

다윗은 임종을 앞두고 아들 솔로몬에게 다음과 같이 일깨워 주었습니다. "내가 이제 세상 모든 사람의 가는 길로 가게 되었노니, 너는 힘써 대장부가 되고 네 하나님 여호와의 명을 지켜 그 길로 행하여 그 법률과 계명과 율례와 증거를 모세의 율법에 기록된 대로 지키라. 그리하면 네가 무릇 무엇을 하든지 어디로 가든지 형통할지라"(열왕기상 2:2-3).

솔로몬은 아버지 다윗의 경건한 기도와 충고의 혜택을 풍성하게 입었습니다. 부모는 자녀를 위하여 무릎을 꿇고 기도하며 자녀에게 하나님의 말씀을 가르치기 위해 투자하는 시간을 결코 아까워해서는 안 됩니다. 또 이러한 분위기 가운데서 자란 사람들은 그들이 받은 경건한 양육을 결코 후회하지 않게 됩니다.

> 이는 지혜와 훈계를 알게 하며 명철의 말씀을 깨닫게 하며 지혜롭게, 의롭게, 공평하게, 정직하게 행할 일에 대하여 훈계를 받게 하며 어리석은 자로 슬기롭게 하며 젊은 자에게 지식과 근신함을 주기 위한 것이니. (1:2-4)

우리가 솔로몬에 대하여 생각할 때 참으로 기이한 한 가지는 세상에서 가장 지혜로운 사람이 어리석은 자와 젊은 자를 가르치고 있다는 점입니다. 이 점이 기이하게 생각되는 이유는 두 가지입니다. 첫째, 솔로몬과 같이 박학다식한 인물이 어리석은 자와 젊은 자를 가르치고 싶어 했다는 점입니다. 왜냐하면 오늘날 대학사회에서 세계적으로 뛰어난 실력을 지닌 교수가 가르치는 대상은 대개 석사나 박사 과정을 밟고 있는 사람들이기 때문입니다.

그러나 솔로몬은 그렇지 않았습니다. 솔로몬은 잠언의 3분의 1을 주로 젊은 자와 어리석은 자를 위해 썼습니다. 우리는 솔로몬의 말대로 자녀들이 젊을 때, 다시 말하면 생활 습관과 인격이 형성되는 시기에 더욱 관심을 기울여야 하리라고 봅니다. 자녀의 교육을 훗날 대학시절로 미루어서는 안 됩니다. 하나님께서 잠언을 통해 우리에게 가르쳐 주시려고 하는 바가 이 점입니다. 구부러진 나무는 계속 구부러진 채로 자라게 마련이기 때문입니다.

둘째 이유는, 솔로몬은 젊은 자와 어리석은 자를 가르치고 싶어 했을 뿐 아니라 실제로 가르칠 수 있는 능력이 있었다는 점입니다. 대개 지식이 많은 사람일수록 평범한 사람을 가르치기가 어렵습니다. 그래서 그 방면에 대해 아무 지식이 없는 사람들로서는 그 '박사'가 이야기하는 내용을 도무지 알아들을 수가 없는 경우가 흔합니다. 심지어 목사나 설교자들 중에서도 교육을 많이 받아 지식수준이 높은 사람은 그렇지 못한 교인들에게 의사전달을 하는 데 어려움을 느끼는 경우를 봅니다. 강단 위에서 흘러나오는 영의 양식이 때로는 너무 높은 선반 위에 올려져 있어서 초보자로서는 도저히 손이 닿지 않습니다.

한번은 항공기 제작회사를 방문한 적이 있는데 책임자 되는 분이 이곳저곳을 보여 주었습니다. 실험 및 연구부서에 왔을 때 내게 이렇게 말하는 것이었습니다. "저 사람들이 하는 이야기를 이해하지 못해도 걱정하진 마십시오. 이해할 수 있는 사람은 거의 없으니까요."

나는 거기서 일하는 연구원들과 잠시 대화를 나누었는데 꼭 다른 나라 사람과 이야기하는 것 같았습니다. 이들은 나의 수준에 맞게 이야기해 줄 수가 없었습니다.

그러나 솔로몬의 잠언은 놀라운 진리를 쉬운 말로 이야기해 줍니다. 하나님께서는 젊은 자와 어리석은 자에게 말씀하시되 그들에게 필요한 바로 그것을 가르쳐 주십니다. 다른 사람의 유혹에 너무 쉽게 속아 넘어가는 사람들은 이 잠언을 읽고 지혜와 교훈을 배울 수 있으며, 명철의 말씀을 깨달을 수 있으며, '지혜롭게 의롭게 공평하게 정직하게 행할 일'에 대하여 훈계를 받을 수 있으며, 선과 악 및 참과 거짓을 분별하는 슬기를 배울 수 있습니다. 솔로몬은 그들을 가르칠 수 있었으며, 그들과 의사소통을 할 수가 있었습니다.

그들은 이제 간교한 속임수로 꾸민 교활한 교훈의 온갖 풍조에 휩쓸려 이리저리 밀려다니는 일이 없게 됩니다(에베소서 4:14 참조). 새로운 사조가 등장할 때마다 거기에 맞추어 춤출 필요가 없습니다. 이제는 목적과 확고부동한 원리를 가진 사람이 될 수 있습니다. 그들의 선택과 행위 및 생활은 충동이 아닌, 하나님의 지혜에 의해 지배를 받게 됩니다.

그러므로 이 사실을 기억하고서 잠언을 공부하십시오. 그러면 하나님께서는 이 잠언을 통해 올바른 길과 방향으로 이끌어 주십니다. 바울은 빌립보 성도들을 위해 그들이 "지극히 선한 것을 분별"할 수 있도록 기도했습니다(빌립보서 1:10). 빌립보 성도들이 그 시대의 풍조 속에서 흔들리지 않는 견고한 믿음을 가지기를 원했습니다. 오늘날도 끊임없이 이 세상의 거칠고 세찬 파도가 우리를 삼키려 하고 있습니다. 인본주의, 세속주의, 물질만능주의, 이단 종파와 사이비 종교 등과 같은 온갖 파도가 밀려오고 있습니다. 과거 어느 때보다도 오늘날 우리에게는 이 파도를 막기 위한 방파제가 필요합니다. 요한일서 4:1에서는 이렇게 주의하였습니다. "사랑하는 자들아, 영을 다 믿지 말고 오직 영들이 하나님께 속하였나 시험하라. 많은 거짓 선지자가 세상에 나왔음이니라." 이 잠언 말씀을 깊이 공부하면 하나님의 진리라는 굳건한 반석 위에 굳게 서게 됩니다.

> 지혜 있는 자는 듣고 학식이 더할 것이요 명철한 자는 모략을 얻을 것이라. (1:5)

박학다식하여 뭐든지 항상 대답할 수 있으며 결코 틀리는 일이 없는 교만한 사람을 좋아하는 이는 별로 없을 것입니다. 또 그런 사람의 농담은 대개 상대방을 다른 사람들 앞에서 어리석은 사람으로 만들거나 당황하게 함으로써 상대방에게 해를 끼칠 수가 있습니다.

그러나 본문에 나와 있는 "지혜 있는 자"는 이와는 정반대입니다. 그는 다른 사람들의 말에 귀를 기울입니다. 자신이 아직도 목표에 도달하지 못했다는 사실을 알고 있습니다. 바울처럼 하나님이 위에서 부르신 부름의 상을 위하여 푯대를 향하여 좇아

갑니다(빌립보서 3:14 참조). 어떤 것에 대하여 이미 다 배웠다고 생각하는 사람이야말로 스스로를 속이는 가장 어리석은 사람입니다. "아무도 자기를 속이지 말라. 너희 중에 누구든지 이 세상에서 지혜 있는 줄로 생각하거든 미련한 자가 되어라. 그리하여야 지혜로운 자가 되리라"(고린도전서 3:18).

그리스도인들 중에도 하나님께서 자기에게 모든 것을 가르쳐 주셨다고 생각하는 이들이 간혹 있습니다. 이들은 자신이 지혜 있고 위대하기 때문에 변화나 고침을 받을 필요가 없다고 생각합니다. 나아가 하나님께서 자신에게 이미 모든 것을 가르쳐 주셨다는 아주 그릇된 생각을 하고 있습니다. 이런 잘못된 생각을 가지고 있기에 이들에게는 모든 것이 이제는 복습과 반복에 불과합니다. 그래서 설교나 성경공부를 통해서 아무 새로운 것도 배우지 못합니다. 뿐만 아니라 성경을 읽어도 아무것도 새로이 마음에 와닿지 않습니다. 예배나 수양회에 참석하여 설교 말씀을 들을 때에도 '저런 내용은 이미 다 알고 있는데'라는 생각이 있어 귀에 들어오지 않습니다.

이러한 그리스도인들은 배우는 일에서 정체 상태에 빠지게 되어 자신도 모르는 사이에 영적인 삶이 점점 내리막길을 걷게 됩니다. 차츰 영적 생명력과 활력을 잃게 되고, 주님과 동행하는 삶도 무미건조해지며, 삶은 오류투성이가 되고 맙니다.

어떻게 이런 영적 침체에서 벗어날 수 있을까요? 첫 단계로 자신이 모르는 진리를 깨달으려는 새로운 자세로 성경을 읽기 바랍니다. 그다음 하나님의 말씀에 대한 진정한 배고픔을 느끼게 해 달라고 주님께 간절히 기도하십시오. 그러고 나서 흥미가 있거나 평소에 의문을 품어 왔던 주제 하나를 정하여 깊이 공부하십시오. 좋은 성구 사전을 한 권 구하여, 그 주제와 관련된 성경 구절을 모두 찾아 공부하는 것도 한 가지 방법입니다. 이것이 바로 하나님께 귀를 기울이는 것이며 그 결과 학식이 더하게 됩니다.

주제별 성경공부를 돕는 좋은 책이 많이 있습니다. 한 권 구하여 참고하면 많은 도움이 됩니다. 또 여러분의 개인적인 성경 연구를 위하여 영적 지도자에게 조언을 구하는 것도 좋은 방법입니다.

역설적인 이야기지만 배우면 배울수록 아직 배워야 할 게 너무도 많다는 사실을 더욱 깨닫게 됩니다. 알면 알수록 자신이 모르는 게 얼마나 많은가를 깨닫습니다.

시편 119편의 기자는 말씀의 사람이었습니다. 말씀의 유익과 축복을 경험했습니다. 시편 119:98-100의 진리를 잘 알고 있었습니다. "주의 계명이 항상 나와 함께하므로 그것이 나로 원수보다 지혜롭게 하나이다. 내가 주의 증거를 묵상하므로 나의 명철함이 나의 모든 스승보다 승하며, 주의 법도를 지키므로 나의 명철함이 노인보다 승하니이다."

하지만 그는 항상 하나님의 말씀을 더욱더 알기를 갈망했습니다. "내 눈을 열어서 주의 법의 기이한 것을 보게 하소서. 여호와여, 주의 율례의 도를 내게 가르치소서. 내가 끝까지 지키리이다. 나로 깨닫게 하소서. 내가 주의 법을 준행하며 전심으로 지키리이다"(시편 119:18,33-34).

학식을 더하는 열쇠는 전심으로 말씀을 공부하고 준행하는 일에 착념하는 것입니다. 어떤 주제를 공부하기로 했으면 철저히 연구하도록 하십시오. 이렇게 할 때 지혜에서 성장하게 됩니다.

이 말씀은 또한 명철한 자는 듣고 모략을 얻게 된다고 가르칩니다. 모략이란 현명한 충고나 조언을 말합니다. 우리는 다른 사람의 현명한 충고나 조언을 통하여 삶에 유익한 지혜와 슬기를 얻을 수 있습니다. 그러므로 다른 사람의 지혜로운 충고와 조언을 귀 기울여 들어야 합니다. 우리는 고립된 섬처럼 인간적인 필요와는 완전히 단절된 존재가 아니기에, 팔을 걷어붙이고 도움의 손길을 주고받아야 합니다. 또한 우리 자신이 먼저 자신의 삶의 방향과 자신이 말하는 바를 분명히 알고 있어야 합니다. 자기가 어디로 가고 있으며 무엇을 말하고 있는지도 모르는 사람의 말에 귀를 기울이며 좇아가는 사람은 없을 터입니다. 하나님의 말씀은 우리에게 어떻게 규모 있는 삶을 살며, 어떻게 하나님께 영광을 돌리는 삶을 사는지를 알려 줍니다. 하나님의 말씀을 마음에 간직하고 있는 사람만이 진정한 의미에서 지혜로운 충고와 조언을 베풀 수 있습니다.

오늘날 교회에 크게 필요한 것 하나가 바로 이 지혜 있고 명철한 상담자입니다. 많은 사람이 혼돈 가운데 살고 있습니다. 여기저기서 이상한 목소리들이 들려와 하나님의 자녀들을 이단과 거짓 교리 가운데로 유혹합니다. 오늘날 많은 사이비 종교가 있는데, 여기에는 옛날부터 내려온 것도 있고 근래에 새로 생긴 것도 있습니다. 다른 문화권에서 들어온 것도 많습니다. 부모들은 자녀를 교육하기 위하여 학교에 보내지만, 학교에서 돌아온 자녀의 머릿속은 이른바 '새로운 도덕'이니 '관용주의'니 하는 말로 포장하여 세상 풍조에 따른 터무니없는 생각으로 잔뜩 채워져 있는 경우가 많습니다. 즉 성경 윤리는 낡은 도덕이요 독단이며, 이제 새로운 사상들을 보다 관대한 태도로 허용하고 수용해야 한다는 주장입니다.

한때는 성경이 하나님의 말씀이라고 분명하게 외치던 교회와 신학교들이 이제는 자신들의 기초가 무엇인지도 제대로 모르는 사역자들을 배출하는 경우도 있습니다. 이러한 혼란 속에서 진지하게 하나님의 뜻을 구하는 그리스도인들은 어디로 가서 무엇을 해야 할지 모르는 채 방황하고 있습니다. 바로 이 때문에 지혜로운 모사가 아주 시급히 요청되는 때입니다.

하나님께서 다윗에게로 데려오신 용사들 중에 한 무리의 모사가 있었음을 주목하기 바랍니다. "잇사갈 자손 중에서 시세를 알고 이스라엘이 마땅히 행할 것을 아는 두목이 이백 명이니 저희는 그 모든 형제를 관할하는 자며"(역대상 12:32). 이들이 귀중한 이유는 이들은 자신이 살고 있던 시대를 분별할 줄 아는 지혜가 있었다는 점입니다.

어떻게 이와 같은 지혜를 얻을 수 있을까요? 최근에 나온 모든 소설을 읽으며, 최근의 모든 철학 사상을 공부하며, 할리우드에서 제작된 모든 영화를 보는 일에 귀중한 시간을 다 쏟아붓는다 해도 아마 이 세대의 겉모습만 알 수 있을 뿐, 그들과 같이 시대를 분별하는 지혜와 지식은 얻지 못합니다. 이런 내용은 대부분 여러분의 머리를 지저분한 쓰레기와 독과 찌꺼기로 채울 뿐입니다.

주위 사람들의 진정한 필요와 마음의 고통과 문제가 무엇인지 알 때에야 이 시대를 분별하는 명철을 얻게 됩니다. 지혜로운 충고를 하기 위해서는 두 가지가 필요합니다.

첫째, 사람 지향적이 되십시오. 이 말은 자신의 삶에만 관심을 쏟지 말고 마음과 삶을 열어서 다른 사람들의 필요에 민감하라는 의미입니다. 직접 대화를 하면서 사람들의 생각을 알아내십시오. 잠언 18:24에서는 "어떤 친구는 형제보다 친밀하니라"라고 말씀합니다. 여러분이 먼저 사람들에게 자신을 열 때, 사람들은 경계심을 풀고 마음을 열어 자기 삶을 여러분과 나누며 친구 사이처럼 됩니다.

둘째, 잠언을 공부하십시오. 잠언은 어느 누구에게나 유익하고 좋은 충고를 주는 지혜의 말씀으로 가득 차 있습니다. 높은 지위에 있는 사람에게나, 이른바 성자나 죄인에게나, 부모나 자녀에게나, 참으로 누구에게나 말해 줄 내용을 간직하고 있습니다. 잠언을 공부하는 한 가지 방법은 잠언에서 공부하고 싶은 주제를 적은 다음, 각 주제와 연관된 성경 구절을 찾아 적고, 각 주제를 깊이 공부하는 것입니다. 그러면 자신이 발견한 풍성한 지혜를 보고 깜짝 놀라게 되리라 믿습니다.

공부를 마친 다음에는 공부한 내용을 다른 사람과 나누십시오. 그 지혜는 하나님께서 여러분 혼자만 소유하라고 주신 것이 아니기 때문입니다. 우리는 지식을 담아만 두는 저수지가 아니라 축복을 전달해 주는 통로가 되어야 합니다. 이러한 사람이 아주 절실히 요청되는 시대에 지혜로운 모사가 될 수 있도록 하나님께 지혜와 명철을 간구하십시오.

잠언과 비유와 지혜 있는 자의 말과 그 오묘한 말을 깨달으리라. (1:6)

어느 여행이든지 대개 집으로 돌아올 때가 가장 즐겁습니다. 나는 여행에서 돌아올 때마다 아이들에게 선물을 주려고 노력합니다. "아빠는 떠나 있는 동안에도 언제나 너희들을 생각했단다"라고 하는 것을 아이들에게 보여 주기 위해서입니다. 한번은 막내인 랜디에게 수수께끼에 관한 책을 선물로 주었습니다. 그때 랜디는 10살쯤 되었는데, 그 후 2주일 동안 저녁 식사 때마다 새로 알게 된 수수께끼를 내어 가족을 즐겁게 했습니다. 랜디는 문제를 낸 다음 식구들이 모두 포기하여 두 손을 들 때까지 기다렸다가는 답을 말하고 나서 배가 아프도록 웃었습니다.

우리 식구 모두에게 큰 즐거움이었습니다. 랜디는 이렇게 묻곤 했습니다.

"야구장이 아주 시원한 이유가 뭐게요?"

우리는 생각해 보다가 마침내 포기했습니다.

"좌석마다 팬이 있기 때문이래요." ('fan'에는 야구와 같은 스포츠의 팬이라는 뜻과 선풍기라는 뜻이 있음.)

"왼쪽에는 빨간 집이 있고 오른쪽에는 파란 집이 있다면, 하얀 집은 어디 있을까요?"

"워싱턴에." (하얀 집은 백악관을 의미함.)

"떨어져도 다치지 않는 것은?"

"빗방울."

우리네 삶 속에는 이와 같이 농담으로서의 수수께끼가 있는 반면, 웃어넘길 수 없는 수수께끼도 있습니다. 아무런 해답이 없는 듯한 문제도 있습니다. 한번은 몇 가지 어려운 가족 문제로 고심하던 친구와 이야기를 나눈 적이 있는데, 그 상황을 해결할 방도가 전혀 없어 보였습니다. 그는 열심히 노력하였지만 문제는 더욱 악화되어 가는 듯 보일 뿐이었습니다. 그는 내게 이렇게 말했습니다. "하나님께서 이 상황을 해결해 주시면, 나는 책을 한 권 써서 '당신 가정은 이런 궁지에 처해 있을 때 무엇을 하고 있는가?'라고 제목을 붙이겠네."

고르디우스의 매듭 이야기를 알고 계십니까? 아주 옛날 소아시아 지방에 있던 프리기아의 왕 고르디우스가 만든, 아주 복잡하게 얽힌 매듭이었습니다. 아무도 이 매듭을 풀 수 없었습니다. 그러나 마침내 알렉산더 대왕이 칼로 그 매듭을 베어 버림으로써 풀었습니다.

잠언은 고르디우스의 매듭과 같은 삶의 복잡한 문제를 푸는 지혜를 줍니다. 솔로몬은 몇 가지 힘든 문제를 풀어 그 명성이 자자했습니다. 인생의 복잡하고 어려운 문제를 풀어 주는 사람은 어둠 속을 비춰 주는 빛과 같이 귀중한 존재입니다.

잠언은 또한 진실로 생각할 만한 가치가 있는 것과 그렇지 않은 것을 가려낼 수 있는 지혜를 줍니다. 본질적인 것과 지엽적인 것을 분별하는 능력을 줍니다. 그리하여 우리에게 안전을 가져다줍니다. 이 안전은 남들이 하는 것을 좇아서 하는 데서 오는 안전이 아니라, 주님의 진리 위에 굳게 기초를 둔 안전입니다.

이 세상에 있는 많은 것이 우리의 관심과 노력과 시간을 요구합니다. 잠언은 우리에게 삶의 복잡한 매듭을 푸는 지혜를 주며, 세상일들에서 진정한 가치를 판단하는 기준을 제공합니다.

여호와를 경외하는 것이 지식의 근본이어늘 미련한 자는 지혜와 훈계를 멸시하느니라. (1:7)

한번은 공항에서 비행기표를 확인하려고 공항 사무실에 간 적이 있습니다. 카운터에 있던 직원이 내 표를 받아 들더니 내 이름을 틀리게 적었습니다. 나는 미소를 지으면서 "실례지만 제 이름을 잘못 적으셨군요. 제 이름은 E, I, M, S입니다. 실수로 Ellis라고 적으셨군요"라고 말했습니다.

그러자 그 직원은 대뜸 화를 내면서, "제겐 Ellis로 보였단 말이에요. 게다가 별일도 아니잖아요!"라고 대답하는 것이었습니다.

"아 물론, 엘리스씨가 나타나지 않는다면, 하지만…."

그 직원은 이 말도 역시 못마땅하게 여겼습니다. 나는 비행기를 기다리면서 '그 직원의 문제는 무엇일까?' 하고 생각해 보았습니다. 그때 마음속에 떠오른 것은 그의 문제는 대부분의 사람들이 가지고 있는 문제라는 사실이었습니다. 즉 우리는 고침받기를 좋아하지 않는다는 점입니다. 사람들은 자신이 틀려도 그것을 인정하기 싫어합니다. 누군가 관심을 갖고 잘못이나 결점을 지적해 주어도, 대개는 고맙다는 말을 하지 않습니다. 자신을 정당화하려고 하거나 자신이 옳다는 사실을 입증하려고 하는 모습이 보통입니다. 나 역시 마찬가지입니다.

이런 태도는 어릴 때도 나타납니다. 한번은 친구 집에서 저녁 식사를 하는데, 여덟 살 된 친구 아들이 다리를 흔들기 시작했습니다. 물론 아이들은 의자에 앉으면 다리를 흔드는 게 보통입니다. 그런데 문제는 아들의 발이 아빠의 무릎을 툭툭 치는 것이었습니다. 친구는 웃으면서 아들에게, "음, 조심해야지! 아빠 무릎을 치면 안 된단다" 하고 말했습니다.

그랬더니 그 아이는 뽀로통한 표정으로 아빠를 쳐다보며, "이제 방금 시작했단 말이에요!" 하고 대답했습니다.

우리는 왜 이럴까요? 왜 자기 잘못을 인정하기보다는 그 행위를 정당화하려고 할까요? 왜 지혜와 훈계를 멸시할까요? 십중팔구 가장 큰 한 가지 이유는 교만이라고 생각합니다. 어떤 이는 남이 나보다 더 똑똑할 수 있다는 사실을 인정하기를 싫어합니다. 자신의 무지나 잘못을 시인하는 것을 부끄럽게 여깁니다. 자신의 무지나 잘못을 시인하면 남들이 바보로 여길 거라 생각합니다.

그러나 본문 말씀은 이와는 정반대 사실을 가르칩니다. 이 세상 지혜는 하나님에 대하여 어리석습니다. 세상이 가르치는 지혜가 하나님의 말씀에서 나오는 지혜와는 완전히 반대되는 것은 일상적인 일입니다. 세상에서 옳다고 가르치는 것이 성경 말씀에 비추어 보면 잘못된 경우가 허다합니다.

예를 들면 오늘날 세상 윤리의 표준이 되다시피 한 이른바 '상황 윤리'가 바로 그렇습니다. 상황 윤리는 "당신이 보기에 옳으면 무엇이든 자유롭게 행하라"라고 주장합니다. 그러나 그 판단은 죄악 된 본성과 타락한 사회로 더럽혀진 마음과 양심에 의해 이루어진다는 사실을 알아야 합니다. 상황 윤리 아래에서는 아무도 타인의 행동에 대하여 왈가왈부할 수가 없습니다. 그런데 놀랍게도 지혜 있는 사람은 타인의 훈계를 멸시하지 않고 도리어 좋아합니다. 말하자면 지혜로운 사람은 자신이 잘못할 때도 있고, 자신에게도 결점이 있으며, 자신도 타인의 도움이 필요하다는 점을 인정한다는 사실입니다.

그러나 이는 대단히 힘든 일입니다. 네비게이토 선교회의 창시자인 도슨 트로트맨의 아내인 라일라 트로트맨 여사가 결혼 생활 초기에 겪었던 이야기를 해 준 적이 있습니다. 라일라 여사는 남편 도슨이 더 나은 방법을 제시해 주면, 그 방법을 따르긴 하면서도 속으로는 기분이 상당히 언짢아 갈등을 겪곤 했다고 합니다. 자신이 누구에게서 가르침을 받는 것을 원치 않았으며, 기꺼이 배우는 사람이 되기까지는 상당한 시간이 걸렸다고 했습니다. 사실 우리 모두가 본질적으로 이와 같습니다. 우리는 자신에게 부족한 점이 있다는 사실을 인정하기보다는 자신의 무지를 숨기려 합니다.

바로 이런 이유 때문에 잠언의 위대한 가치를 알게 됩니다. 잠언은 우리의 온갖 필요를 말해 주는 거대한 도서관과도 같습니다. 이런 큰 도서관에 들어갈 때면 뭔가 위압감을 느낍니다. 서가에는 수많은 책이 꽂혀 있습니다. 또한 날마다 새로운 책이 들어옵니다. 놀랍게도 그 대부분이 뭔가 우리가 배울 만한 내용을 담고 있습니다. 세계 곳곳에는 오래된 책과 새로운 책을 구비한 훌륭한 도서관이 산재해 있습니다.

이 산더미와 같은 지식 앞에 서면 당연히 나오는 질문이 "어디서부터 시작하나?"입니다. 모든 내용을 다 배울 수 없다는 점은 분명합니다. 그래서 당연히 어떤 내용은 제쳐 두지 않을 수 없습니다. 우리에게는 저 모든 내용을 통달할 시간이 없습니다. 그러므로 우선순위를 정하여 중요한 내용부터 읽지 않으면 안 됩니다. 사소한 내용에 신경을 쓸 여유가 없습니다.

이렇게 하기 위해서는 이 세상에서 우리가 진정 알고 배워야 할 가장 중요한 내용이 무엇인지를 이해하고 그 한 가지에 집중하는 것이 온당한 일입니다. 잠언은 우리에게 그것이 무엇인지를 말해 줍니다. 본문 말씀은 여호와를 경외하는 것이 참된 지식의 근본이요 핵심이라고 말합니다. 이 세상에 살면서 일생을 통해 알아야 할 모든 것 중에서 하나님을 경외하는 것이 바로 맨 첫자리를 차지합니다. 하나님은 우리가 마땅히 경외해야 할 분이십니다.

하나님을 경외한다는 것은 무슨 의미일까요? 이는 공손한 마음과 태도로 하나님을 믿고 의지하는 것입니다. 또는 사랑하는 마음으로 하나님을 공경하는 것을 뜻하기도 합니다. 하나님의 사랑은 너무도 아름답고 포근하며 깊고도 영원합니다. 이 사랑이, 하나님의 뜻을 행하며 하나님을 기쁘시게 해 드리려는 열망을 우리 속에 불러일으킵니다.

그렇지만 하나님께서 자기 백성에게 율법을 주실 때 우레와 번개와 빽빽한 구름을 동반하셨다는 점을 잊지 맙시다. 시내산 기슭에 있던 이스라엘 백성은 무서워서 떨었습니다. 하나님을 경외하고 두려워함은 구약성경에만 나오는 내용이 아닙니다. 신약성경에도 나옵니다. 히브리서 10:31에 "살아 계신 하나님의 손에 빠져들어 가는 것이 무서울진저!"라고 한 말씀을 기억하십시오.

이러한 경건한 두려움을 가지고 있다면, 첫째로 하나님을 공경해야 합니다. 이는 그분이 하나님이시기 때문입니다. 나는 기도를 마치 직장 동료나 상사에게 이야기하는 정도로 생각하는 젊은이들을 만난 적이 있습니다. 이런 생각은 성경적이 아닙니다. 하나님은 사람이 아니라고 성경은 분명히 말씀하고 있습니다(민수기 23:19 참조). 오늘날 우리 그리스도인들이 자주 저지르는 심각한 죄 중의 하나가 도리에 어긋날 정도로 경박스런 친근감을 가지고 하나님께 기도하는 것입니다. 우리는 마땅히 하나님을 공경해야 합니다. 공경한다는 말에는 높은 권위의 자리에 있는 분을 알고 존경한다는 의미가 담겨 있습니다.

둘째로 하나님을 섬겨야 합니다. 그분이 진실로 전능하신 하나님이시고, 우리가 그분의 백성이며, 그리고 우리가 매일 그분과의 교제를 통하여 그분의 말씀 안에서 살고 있다면, 그분을 섬길 곳을 찾아 그분이 맡기신 책임을 수행하는 일에 우리 삶을 기쁨으로 드린다는 것은 당연한 일입니다.

셋째로 하나님께 예배해야 합니다. 예수님께서는 수가의 우물가에서 만난 사마리아 여인에게 이렇게 말씀해 주셨습니다. "아버지께 참으로 예배하는 자들은 신령과 진정으로 예배할 때가 오나니 곧 이때라. 아버지께서는 이렇게 자기에게 예배하는 자들을 찾으시느니라. 하나님은 영이시니 예배하는 자가 신령과 진정으로 예배할지니라"(요한복음 4:23-24).

넷째로 하나님께 순종해야 합니다. 전도서 12:13-14에서는 이렇게 말씀합니다. "일의 결국을 다 들었으니 하나님을 경외하고 그 명령을 지킬지어다. 이것이 사람의 본분이니라. 하나님은 모든 행위와 모든 은밀한 일을 선악 간에 심판하시리라."

다섯째로 하나님을 사랑해야 합니다. 하나님께서 은혜와 자비 가운데 우리를 위해 해 주신 모든 일, 즉 예수 그리스도 안에서 우리에게 부어 주신 축복을 인하여 우리는 마땅히 마음을 다하고 목숨을 다하고 뜻을 다하고 힘을 다하여 주 하나님을 사랑해야 합니다. 요한일서 4:19에서는 "우리가 사랑함은 그가 먼저 우리를 사랑하셨음이라"라고 말씀합니다.

그러므로 하나님을 공경하고 섬기고 예배하고 순종하고 사랑하는 것이 곧 지식의 근본입니다. 그러나 미련한 자는 그것을 멸시합니다.

세상은 바로 이 점에서 잘못되어 있습니다. 시편 기자는 세상에 속한 사람에 대하여, 그 목전에는 하나님을 두려워함이 없으며 스스로 자긍한다고 하였습니다(시편 36:2 참조). 솔로몬은 이런 사람을 미련한 자, 어리석은 자라 말합니다.

그러나 힘써 하나님을 공경하고 섬기고 예배하고 순종하며 사랑하는 헌신된 그리스도인, 즉 예수 그리스도의 제자는 지혜로운 자라 일컬음을 받으며, 하나님의 축복이 그와 함께합니다. 이것이 바로 잠언에서 말씀하고 있는 바이며, 또한 잠언이 여러분을 위해 할 수 있는 일입니다.

2

지혜의 간절한 호소

잠언 1:8-33

하나님의 말씀은 "너희는 내가 너희에게 말하는 것을 보고 들으며, 귀를 기울이며 주의하라"라고 간절히 호소합니다. 하나님의 말씀에 귀를 기울여 듣는 것이 지혜의 근본입니다. 이미 서두에서 말씀하였듯이 지혜 있는 자는 듣습니다(1:5 참조). 잠언 1장의 나머지 부분은 귀를 기울이라는 이 호소를 더 발전시킵니다.

먼저 8-19절에서는 젊은이들에게 아버지와 같은 심정으로 "여호와를 경외하여 지혜의 길을 걸으라"라고 진지하게 호소합니다. 8,10,15절에서 "내 아들아" 하고 부르고 있는 점에 유의하십시오. 그다음 20-33절에서 지혜는 의인화되어, 자기의 길을 따르라고 사람들에게 간절히 외치고 있습니다. 핵심 구절은 33절입니다. "오직 나를 듣는 자는 안연히 살며 재앙의 두려움이 없이 평안하리라."

> 내 아들아, 네 아비의 훈계를 들으며 네 어미의 법을 떠나지 말라. 이는 네 머리의 아름다운 관이요 네 목의 금사슬이니라. (1:8-9)

나는 지금까지 살아오면서 고민 가운데 있는 많은 젊은이와 대화를 나누었습니다. 방황하는 젊은이들과 길가의 벤치에 앉아 대화를 나누기도 했고, 교도소와 군대의 영창에 있는 젊은이들, 또는 과거의 신앙으로 돌아가려고 애쓰는 교회의 젊은이들과도 얘기를 나누었습니다. 그런데 그들 대부분의 결론은 동일하였습니다. 그들은 눈물을 흘리며 "부모님 말씀을 들었어야 했는데…"라고 했습니다.

성경은 부모에게 순종하라고 분명히 가르칩니다. "네 부모를 공경하라. 그리하면 너의 하나님 나 여호와가 네게 준 땅에서 네 생명이 길리라"(출애굽기 20:12). 이것은 약속 있는 첫 계명이었습니다(에베소서 6:1-3 참조). 하나님의 아들 예수 그리스도는 이 일에서 뛰어난 본이 되셨습니다. 예수님께서는 천군천사들의 경배 대상이셨지만 이 땅에 계실 때 부모에게 순종하셨습니다(누가복음 2:51 참조).

본문 말씀은 여기에서 젊은이에게 두 가지 교훈을 줍니다. 첫째, 아비의 훈계를 들어야 합니다. 순종하려는 태도로 부모의 훈계에 귀를 기울여야 합니다. 부모님이 하시는 말씀을 따를 것인가 말 것인가를 결정하기 위해 듣는 게 아니라, 학생이 선생님 말씀을 듣듯이, 운동선수가 감독과 코치의 말을 열심히 듣듯이 들어야 합니다. 아버지의 말씀이 옳으며, 아버지는 진정으로 자기에게 최선의 관심을 기울이고 계신다고 이미 마음에 확정하고 듣는 것입니다. 그는 아버지가 자기를 돕고 올바른 길로 인도하기를 원하신다는 사실을 알고 있습니다.

둘째, 어미의 법을 떠나지 말아야 합니다. 어머니가 가르쳐 주시고 몸소 본을 보여 주신 법을 버려서는 안 됩니다. 이것은 사도 바울이 디모데에게 준 충고와 비슷합니다. "그러나 너는 배우고 확신한 일에 거하라. 네가 뉘게서 배운 것을 알며"(디모데후서 3:14).

오늘날 수많은 젊은이들이 죄의 길을 걷고 있으며 온갖 악의 희생물이 되고 있습니다. 길을 몰라서가 아니라 올바른 길을 버렸기 때문입니다. 대부분은 고의적인 불순종, 특히 부모에게 불순종했기 때문에 그릇된 길로 걷고 있는 것입니다.

자녀가 의의 길로 가도록 교육하는 것은 아버지와 어머니 모두의 책임입니다. "아내(또는 남편)가 알아서 하겠지" 하고 책임을 회피해서는 안 됩니다. 오늘날 아내에게 이 책임을 떠맡기는 남편이 많이 있습니다. 성경은 자녀들을 훈련하는 일에 아버지도 참여해야 한다고 가르칩니다.

그리스도인 부모는 자녀를 영적으로 양육하는 일에 힘써야 합니다. 자녀와 함께 놀러 간다든지 하는 것은 잘하면서 영적인 문제는 소홀히 한다면, 자녀는 부모 자신도 모르는 사이에 '우리 아빠(엄마)는 영적인 것을 중요시하지 않으시는구나' 하고 생각하게 됩니다. 아빠(엄마)가 그렇게 생각하신다면 그것은 틀림없이 옳은 거라고 생각하게 됩니다. 그러므로 부모는 부모 자신과 자녀의 삶 속에서 영적인 것에 제일의 우선순위를 두지 않으면 안 됩니다.

경건한 삶을 가져다주는 경건한 유산은 부모와 자녀 모두에게 영예가 됩니다. "이는 네 머리의 아름다운 관이요 네 목의 금사슬이니라"(9절). 머리의 아름다운 관과 목의 금사슬처럼 모든 사람 앞에 드러납니다. 또한 그 자녀에게서 얻는 부모의 즐거움과 자녀가 그 부모에게 가져다준 영예를 모든 사람이 똑똑히 보게 됩니다. 머리의 아름다운 관과 목의 금사슬은 존귀를 얻은 자들에게 준다고 성경은 말합니다. 요셉은 바로에게, 다니엘은 바벨론왕에게 이와 같이 존귀히 여김을 받았습니다(창세기 41:42, 다니엘 5:29). 잠언은 부모와 자녀 모두에게 풍부한 교훈을 주고 있습니다.

내 아들아, 악한 자가 너를 꾈지라도 좇지 말라. 그들이 네게 말하기를 "우리와 함께 가자. 우리가 가만히 엎드렸다가 사람의 피를 흘리자. 죄 없는 자를 까닭 없이 숨어 기다리다가 음부같이 그들을 산 채로 삼키며 무덤에 내려가는 자 같게 통으로 삼키자. 우리가 온갖 보화를 얻으며 빼앗은 것으로 우리 집에 채우리니 너는 우리와 함께 제비를 뽑고 우리가 함께 전대 하나만 두자" 할지라도, 내 아들아 그들과 함께 길에 다니지 말라. 네 발을 금하여 그 길을 밟지 말라. 대저 그 발은 악으로 달려가며 피를 흘리는 데 빠름이니라. (1:10-16)

이 부분을 읽을 때마다 한 젊은이가 생각납니다. 그는 정기적으로 교회에 나가는 훌륭한 기독교 가정에서 자랐습니다. 중학교 시절에는 성경공부 모임에도 열심히 참석하였습니다. 명랑하고 활달한 아이였고 친구도 많았으며 누구나 그를 좋아했습니다.

그런데 고등학교 시절에 이상한 일이 벌어졌습니다. 자신의 생활 방식과는 전혀 다른 아이들과 어울려 다니기 시작했습니다. 그들에게는 교회란 안중에도 없었습니다. 이들은 반항을 미덕으로 생각하며, 부모와 학교와 사회에 반항했습니다. 머리카락은 점점 덥수룩해지고, 하나님께 대한 관심도 점차 사라졌습니다. 점점 더 사탄의 거짓말과 세상의 유혹에 정신을 빼앗겼습니다.

그의 삶은 점차 더욱더 타락해 갔습니다. 학교를 중퇴하고 이리저리 목적도 없이 휩쓸려 다니다가 결국 군에 입대했습니다. 그러나 군에 가서도 삶은 여전했고, 군대 생활의 대부분을 영창에서 보낸 후 조기 제대를 했습니다. 마약과 사교에 깊이 빠져 들어 갔고, 삶은 완전히 죄악의 길로 치달았습니다. 현재 경찰의 지명 수배를 받고 있는 상황입니다.

본문 말씀에서 죄와 타락으로 가는 첫째 단계는 "우리와 함께 가자"(11절)라는 불량배 집단의 꾐인 것을 봅니다. 악한 자들은 아주 간절히 다른 사람들이 자기들과 어울리게 하고 싶어 합니다. 재미있는 사실 아닙니까? 그러나 하등 놀랄 필요가 없습니다. 사탄이 하나님을 반역할 때 맨 처음 했던 행동 하나가 아담과 하와를 꾀어 죄를 범하게 한 것이었습니다. 그리고 이 죄는 인간 속에 계속 같은 죄를 낳았습니다.

둘째 단계는 "너는 우리와 함께 제비를 뽑자"(14절)라는 꾐입니다. 우리와 함께 갈 뿐 아니라 이제 우리의 일원이 되며, 네 부모를 떠나고, 네 친구를 떠나고, 네 하나님을 떠나고, 네가 옳다고 알고 있는 것을 떠나서 우리와 하나가 되자고 꾑니다. 그러나 한번 이런 데 빠져들면, 설령 돌아가려는 마음이 있다 해도 돌아가기가 매우 어렵습니다. 마치 내리막길을 달려 내려가다가 멈추려 하면 몸의 균형을 잃게 되어 멈추기가 힘든 것과 같습니다.

그러나 그런 나쁜 무리와 함께 달려가는 것을 피할 길이 있습니다. 10절을 보면 "악한 자가 너를 꾈지라도 좇지 말라"라고 했고, 15절에서는 "그들과 함께 길에 다니지 말라. 네 발을 금하여 그 길을 밟지 말라"라고 했습니다. 그 이후 구절에는 저들의 목표가 무엇이며, 저들의 죄악의 결과가 무엇인지 분명히 나와 있습니다. 요셉은 주인 아내가 강하게 유혹할 때 그 청을 거절하고 속히 그 자리를 피하였습니다. "그 여인이 그 옷을 잡고 가로되 '나와 동침하자.' 요셉이 자기 옷을 그 손에 버리고 도망하여 나가매"(창세기 39:12).

"그런즉 너희는… 마귀를 대적하라. 그리하면 너희를 피하리라"(야고보서 4:7). 마귀는 우리를 강제로 죄짓게 만들 수는 없습니다. 선택권은 우리에게 있습니다. 고린도전서 10:13에서는 다음과 같이 우리 그리스도인들을 격려합니다. "사람이 감당할 시험밖에는 너희에게 당한 것이 없나니, 오직 하나님은 미쁘사 너희가 감당치 못할 시험 당함을 허락지 아니하시고, 시험당할 즈음에 또한 피할 길을 내사 너희로 능히 감당하게 하시느니라."

우리가 이와 같이 유혹에 맞서 싸울 때, 하나님께서는 우리에게 피난처가 되시며 우리를 보호해 주시겠다고 약속하셨습니다. 시편 119:114-115은 이렇게 노래합니다. "주는 나의 은신처요 방패시라. 내가 주의 말씀을 바라나이다. 너희 행악자여, 나를 떠날지어다. 나는 내 하나님의 계명을 지키리로다."

본문 말씀은 여기에서 우리 모두에게 경고합니다. 사탄이 만든 죄의 목록 중에서 헌신된 그리스도인이라 하여 빠지지 않을 죄는 단 하나도 없습니다. 아무리 헌신되고 성숙한 그리스도인이라 할지라도 항상 죄의 유혹에 맞닥뜨립니다. 그러므로 항상 깨어 있어 만반의 준비를 갖추고, 의식적으로 성경 말씀의 권면에 순종해야 합니다. "근신하라. 깨어라. 너희 대적 마귀가 우는 사자같이 두루 다니며 삼킬 자를 찾나니, 너희는 믿음을 굳게 하여 저를 대적하라. 이는 세상에 있는 너희 형제들도 동일한 고난을 당하는 줄을 앎이니라"(베드로전서 5:8-9).

최선의 방어는 훌륭한 공격이 됩니다. 악한 무리와 함께하기를 거절하는 방법은 이를 대체할 수 있는 더 좋은 행동을 적극적으로 힘쓰는 것입니다. 곧 하나님의 말씀 안에 거하며 쉬지 않고 기도하는 것입니다. 또한 하나님과 교제하며 하나님의 일을 하는 것입니다. 오직 이런 삶이 축복이 넘치며 의미 있는 삶입니다. 시편 1:1-2에서는 이렇게 말씀합니다. "복 있는 사람은 악인의 꾀를 좇지 아니하며 죄인의 길에 서지 아니하며 오만한 자의 자리에 앉지 아니하고, 오직 여호와의 율법을 즐거워하여 그 율법을 주야로 묵상하는 자로다."

> 무릇 새가 그물 치는 것을 보면 헛일이겠거늘, 그들의 가만히 엎드림은 자기의 피를 흘릴 뿐이요, 숨어 기다림은 자기의 생명을 해할 뿐이니, 무릇 이를 탐하는 자의 길은 다 이러하여 자기의 생명을 잃게 하느니라. (1:17-19)

죄의 길은 자기 파멸의 길입니다. 우리는 이 구절에서 이익을 탐하면 재난과 불행을 초래한다는 사실을 배웁니다. 겉으로는 좋게 보여도 결국 우리를 파멸로 이끄는 것이 있습니다. 이것이 무엇인지를 안다는 게 쉬운 일이 아닙니다.

자기 파멸이란 논리적으로는 어떻게 설명하기 어려운 광적인 증세입니다. 이 증세가 오늘날 많은 사람들에게 나타나고 있습니다. 보건당국은 흡연이 건강에 해롭다고 계속 경고해 왔습니다. 그러한 경고는 담뱃갑에도 있고 담배 광고에도 나와 있습니다. 또한 암 협회는 대대적으로 캠페인을 벌여 사람들에게 담배를 끊도록 경고했습니다. 폐 협회는 "금연은 생명과 직결된 문제다"라고 표어까지 만들어 냈습니다.

그럼에도 불구하고 아직도 대부분의 공공장소에서 자욱한 담배 연기가 담배를 피우는 사람뿐 아니라 피우지 않는 사람의 폐에까지도 들어가고 있습니다. 세계에는 담배 연기를 내뿜으며 자기 파멸의 길을 걷고 있는 사람들이 얼마나 많은지 모릅니다.

술에 대한 경고는 훨씬 오래 전부터 있었습니다. 술은 수많은 가정 파탄과 삶의 파괴, 가난 및 불행의 원인이 되어 왔습니다. 알코올의 영향은 빈민가의 어느 거리에서나 쉽게 볼 수 있습니다. 의학적으로 알코올 중독은 위험한 질병입니다. 또한 술은 간에 심한 부담을 주며 정신을 흐리게 합니다. 취중 운전으로 빚어진 교통사고는 매년 막대한 인명 및 재산 피해를 가져오고 있습니다. 그러나 신문이나 잡지, TV에는 술을 선전하는 광고가 버젓이 나오며, 술집 또한 술을 마시는 많은 사람들의 요구에 계속 응하고 있으며, 오히려 증가하는 추세에 있습니다.

한번은 공항 대기실에 있을 때, 알코올 중독을 막기 위해 기부금을 내 달라는 요청을 받았습니다. 곧이어 비행기에 탑승했더니 기계 결함으로 잠시 이륙이 지연될 예정이라 했습니다. 그때 여승무원이 기내 방송을 통해 상냥한 목소리로, 지연에 대한 보상으로 술을 제공하겠다고 하였습니다. 터미널에서는 알코올 중독 퇴치를 위해 기부금을 내 달라고 하더니, 비행기 안에서는 술을 제공하겠다는 것은 참으로 모순이었습니다.

자기 파멸을 향한 이 충동 뒤에 숨어 있는 힘의 원천은 곧 우리 영혼의 적이요 파괴자인 사탄입니다. 사탄은 하나님의 형상대로 지음을 받은 인간을 파멸시키기를 원합니다. 사탄을 대항하여 무찌를 수 있는 무기는 오직 하나밖에 없습니다. 곧 하나님의 말씀입니다. "사람의 행사로 논하면 나는 주의 입술의 말씀을 좇아 스스로 삼가서 강포한 자의 길에 행치 아니하였사오며"(시편 17:4).

본문 말씀은 심지어 새도 그물 치는 것을 보면 잡히지 않을 것이라고 일깨워 줍니다. 죄는 인간을 파멸로 이끈다는 사실이 분명히 나타나 있습니다. 그러므로 새만큼이라도 지각이 있는 사람이라면 죄악의 그물을 피해야 한다는 것쯤은 능히 알 수 있으리라 생각합니다. 잠언은 계속 우리로 삶의 진실과 마주치게 합니다.

> 지혜가 길거리에서 부르며 광장에서 소리를 높이며, 훤화하는 길머리에서 소리를 지르며, 성문 어귀와 성중에서 그 소리를 발하여 가로되. (1:20-21)

한번은 할아버지 묘소에 갔습니다. 비석 앞에 서서 할아버지가 사시던 시대를 생각하면서 그 당시와 현재를 비교해 보았습니다. 할아버지가 사시던 당시의 세계는 약 10년마다 혼란과 위기를 맞곤 했습니다. 관세를 둘러싸고 긴장이 고조되어 전쟁 위험으로까지 확대되는 일도 있었습니다. 그렇게 되면 외교관들이 한 자리에 모여 시종 침착하고 조용하고 온건한 자세로 문제 해결에 임했습니다. 차를 마시며 점잖게 논리를 전개하고 미소를 지으며 서로 악수하고 문서에 서명하던 시기였습니다. 이렇게 해서 세계는 또다시 한 10년 정도 그럭저럭 무사히 지나갔습니다.

오늘날의 세계는 긴장이 일상이 되더니 그게 정상이 되어 버렸습니다. 뉴스 앵커가 숨을 헐떡이며 긴박한 어조로 충격적인 사건을 보도하지 않으면 오히려 이상하게 생각합니다. 사람들은 항상 긴장 속에서 살고 있습니다.

긴장 외에도 세계는 급격한 변화를 겪고 있습니다. 변화를 예측할 수 없을 정도입니다. 의학은 언제나 이런 변화의 첨단에 서 있습니다. 이제는 수술을 레이저 광선으로 하고 있습니다. 통신과 수송 분야 역시 계속 새로운 것이 개발되고 있습니다. 한번은 비행기를 탔더니, 기장이 기내 방송을 통해 "승객 여러분, 컴퓨터에 의하면 앞으로 남은 비행시간은 2시간 45분입니다"라고 말했습니다.

인구 증가에 따라 농업 기술 역시 향상되지 않으면 안 됩니다. 핵폭탄이 우방과 적의 경계가 모호한 세계 위를 끊임없이 돌아다니고 있습니다. 독재자들은 계속 국민의 자유를 위협하고 있습니다. 전쟁은 흔한 일이 되었습니다. 바다 역시 위협을 당하고 있습니다. 삼림과 에너지도 고갈될 위험에 처해 있습니다. 대기도 위협당하고 있습니다. 이런 심각한 문제 가운데서 현대인들은 살아가고 있습니다.

이러한 재난의 위험과 긴장 속에서 우리는 어떻게 정상적으로 사랑과 기쁨과 평화를 경험할 수 있을까요? 증오와 슬픔과 공포로 가득 찬 세상에서 어떻게 살아남을 수 있을까요? 이러한 문제와 위기를 피할 수는 없습니다. 그러므로 이와 더불어 살아가는 법을 배워야 합니다. 세상이 복잡해질수록 사람들의 필요는 더욱 커집니다. 바로 여기가 하나님의 말씀을 적용해야 할 곳입니다. 사람의 지혜만으로는 부족합니다. 하나님의 지혜는 영원할 뿐 아니라 무한합니다. 사람들의 소소한 문제는 하나님의 크신 지혜와 비교하면 아무것도 아닙니다.

물론 사람들은 대부분 하나님께 등을 돌림으로써 이 지혜의 자원이 제공하는 혜택을 스스로 거절하는 쪽을 택하였습니다. 그리하여 인간의 지혜는 실로 믿을 수 없을 정도로 인간을 어리석은 길로 인도하였습니다. 물에 빠져 허우적거리면서도 인명구조원의 도움을 거절하는 사람을 상상해 보십시오. 또 산속에서 길을 잃고 헤매면서도 구조대의 손길을 거절하는 사람이나, 휘몰아치는 눈보라 속에서 오도 가도 못하면서도 가장 가까운 안전 장소로 대피하기를 거부하는 사람을 상상해 보십시오. 이것이 바로 인간의 모습입니다. 인간은 바로 이러한 궁지에 빠져서 쩔쩔매고 있습니다.

그러나 이렇게 인간이 거절하고 있음에도 하나님께서는 침묵하고 계시지 않습니다. 하나님께서는 변함없이 인간을 부르고 계십니다. 본문에서는 지혜를 의인화했습니다. 하나님의 방법을 거절하고 자기 방법을 고집하는 인간을 향해 지혜는 외치고 있습니다. 문 밖에서 사람들을 부르고 있습니다. 길거리에서, 광장에서, 시끄러운 길머리에서, 성문 어귀에서, 성중에서 소리를 높여 사람들을 부릅니다. 그리하여 어떤 일을 처리하거나 생활 속의 긴장과 위기에 대처하는 하나님의 방법을 가르쳐 줍니다. 지혜는 하나님의 말씀을 통하여 오늘날도 사람들을 부르고 있습니다. 성경 말씀을 주신 것에 대해 하나님께 감사하십시오. 하나님의 말씀은 이 죄악 된 세상 속에서 어떤 삶을 살아야 하며, 또 그런 삶을 어떻게 살 수 있는지를 보여 주기 때문입니다. 하나님의 말씀은 우리에게 스스로 지혜를 발견하는 법과 그 지혜를 매일의 삶에서 실제로 경험하는 법을 보여 줍니다.

본문 말씀은 예수님의 말씀을 생각나게 합니다. "명절 끝 날 곧 큰 날에 예수께서 서서 외쳐 가라사대 '누구든지 목마르거든 내게로 와서 마시라'"(요한복음 7:37). 지금 예수님은 양팔을 활짝 벌리고 마음을 열어 놓으시고, 누구든지 예수님께로 와서 축복과 죄 용서함을 받으라고 외치고 계십니다. 누구든지 예수님께로 나아가는 사람은 완전히 새로운 삶을 경험하게 됩니다.

지혜를 의인화한 잠언 말씀을 공부하다 보면, 우리는 의인화된 지혜가 바로 예수 그리스도를 가리킨다는 사실을 점점 분명히 알게 됩니다. 만유보다 크시고, 만유보다 먼저 계시고, 알파와 오메가이시며, 현재도 계시고 장차 오실 예수 그리스도가 바로 하나님의 지혜이십니다. 예수님 안에는 "지혜와 지식의 모든 보화가 감취어" 있습니다(골로새서 2:3).

예수 그리스도 안에서 하나님의 지혜의 수문은 활짝 열려 있으며, 이 지혜는 하나님의 말씀이신 예수 그리스도를 통하여 인간들에게 공급되는 것입니다. 그러므로 인간은 진리 자체이신 예수 그리스도를 통하여 하나님의 진리를 알아야 합니다.

하나님께서는 각처의 모든 사람을 부르십니다. 이 부르심은 단순한 초청이 아니라, 긴박감과 안타까움이 담긴 호소입니다. 이 부르심은 하나님의 자비의 부르심입니다. 하나님의 지혜이신 예수 그리스도께서는 거리에서 부르며, 광장에서 소리를 높이며, 지도자들이 모이는 성문 어귀에서 외치며, 사람이 거하는 모든 곳에서 그분의 말씀을 전하고 있습니다.

하나님의 지혜가 바로 그리스도라는 사실은 주님 자신의 말씀 가운데서도 나타납니다. "이러므로 하나님의 지혜가 일렀으되 '내가 선지자와 사도들을 저희에게 보내리니 그중에 더러는 죽이며 또 핍박하리라' 하였으니"(누가복음 11:49). 이 부분을 마태복음에서는 이렇게 말씀하고 있습니다. "그러므로 내가 너희에게 선지자들과 지혜 있는 자들과 서기관들을 보내매, 너희가 그중에서 더러는 죽이고 십자가에 못 박고 그중에 더러는 너희 회당에서 채찍질하고 이 동네에서 저 동네로 구박하리라"(마태복음 23:34).

예수님께서는 "하나님의 지혜"라는 칭호를 자신에게 사용하셨습니다. 그러므로 예수님의 사역이 널리 퍼지는 것은 피할 수 없는 일이었습니다. 예수님께서는 해변이든, 거리든, 산이든, 복음의 그물을 던질 수 있는 곳이면 어디서나 그물을 던져 사람들을 하나님의 나라로 이끄셨습니다.

예수님께서는 제자들에게 복음 전파의 사명을 주시면서, 복음은 "집 위에서 전파되리라"(누가복음 12:3)라고 힘주어 말씀하셨습니다. 하나님께서는 구약성경에서도 자기 백성들에게 "나는 흑암한 곳에서 은밀히 말하지 아니하였으며…"라고 상기시키셨습니다(이사야 45:19). 진리는 스스로를 결코 부끄러워하지 않습니다. 선한 것은 감출 필요가 없습니다. 하나님의 지혜는 크고 분명하고 우렁찬 소리로 울려 퍼집니다. 예수님의 공적인 사역은 어두운 곳에서 비밀히 수행된 게 아니었습니다.

예수님의 지혜의 사역은 갈보리 언덕에서 가장 잘 나타났습니다. 수많은 무리가 갈보리의 십자가를 똑똑히 바라보았습니다. 예수님의 십자가는 광야 어느 외딴 곳에 서 있지 않았습니다. 오히려 나라의 심장부인 수도 예루살렘에 서 있었습니다. 예수님께서 십자가에 달리셨다는 이야기는 거리에서도, 사람들로 붐비는 곳에서도, 성문 어귀에서도 들을 수 있었습니다.

> 너희 어리석은 자들은 어리석음을 좋아하며, 거만한 자들은 거만을 기뻐하며, 미련한 자들은 지식을 미워하니, 어느 때까지 하겠느냐? 나의 책망을 듣고 돌이키라. 보라, 내가 나의 신을 너희에게 부어 주며 나의 말을 너희에게 보이리라. (1:22-23)

'실질적 무신론자'라는 말을 들어 보셨습니까? 입으로는 하나님을 믿는다고 외치지만, 실제 삶에서는 하나님이 존재하지 않는 것처럼 사는 사람입니다. 이런 부류의 사람도 예배에 참석하고 성가대에서 찬송도 부르며 심지어 주일학교에서 가르치는 수도 있습니다. 그러나 월요일부터 토요일까지는 전적으로 자기 생각대로 삽니다. 그는 이러한 생활의 위험성에 대하여 설교를 듣기도 하며, 심지어는 자기 자신이 직접 그런 진리를 다른 사람들에게 가르치기도 합니다. 그러나 실제로는 자기가 자신의 신입니다. 본문에서 말하고 있는 사람이 바로 그런 사람입니다.

지혜가 "너희는 어느 때까지 계속 이 어리석음 가운데 있겠느냐?" 하고 묻고 있습니다. 그러나 이들은 계속 지혜의 호소와 책망을 무시하고, 그 경고가 한낱 거짓 경고에 불과한 양 행동합니다. 계속 자신이 택한 생활 방식을 고집하여 그 가운데서 삽니다. 죄악의 쾌락을 즐기며, 게으른 방종에 빠져 있기도 합니다. 자신의 지성을 하나님의 말씀보다 낮게 여기기도 합니다. 주님의 분명한 경고를 무시합니다. "내가 그 여러 악을 기억하였음을 저희가 마음에 생각지 아니하거니와, 이제 그 행위가 저희를 에워싸고 내 목전에 있도다"(호세아 7:2).

본문 말씀을 보면 여기에는 세 부류가 있습니다. 첫째가 "어리석은 자들"입니다. 이들은 선에든 악에든 쉽게 영향을 받습니다. 1960년대 말에서 1970년대 초에 걸쳐 수많은 젊은이들이 거짓 종교에 미혹되는 것을 목격했습니다. 수많은 젊은이들이 마약 및 약물 문화의 거짓된 약속에 미혹되어 타락의 길을 갔습니다.

둘째는 "거만한 자들"입니다. 자신의 지적인 성취를 스스로 자랑하며, 거룩하고 선한 것을 비웃습니다. 어리석은 자들을 곁길로 이끄는 교만하고 오만한 자들입니다. 시편 64:2-6에서는 이런 자들을 이렇게 표현했습니다. "주는 나를 숨기사 행악자의 비밀한 꾀에서와 죄악을 짓는 자의 요란에서 벗어나게 하소서. 저희가 칼같이 자기 혀를 연마하며 화살같이 독한 말로 겨누고 숨은 곳에서 완전한 자를 쏘려 하다가 갑자기 쏘고 두려워하지 않도다. 저희는 악한 목적으로 서로 장려하며 비밀히 올무 놓기를 함께 의논하고 하는 말이 '누가 보리요' 하며, 저희는 죄악을 도모하며 이르기를 '우리가 묘책을 찾았다' 하나니, 각 사람의 속뜻과 마음이 깊도다."

그들은 자신이 하나님을 필요로 하지 않는다는 사실에 대해 스스로를 자랑합니다. 심지어 하나님을 필요로 하는 사람들을 비웃습니다. 하나님을 믿는 자들은 목발을 짚고 다니는 자들과 같다고 생각합니다. 자기들과 같이 건강한 사람들은 목발이 필요 없는 것처럼 하나님도 필요 없다고 말합니다. 그리스도를 필요로 한다는 것을 나약함의 표시로 받아들입니다. 지성을 갖춘 사람은 마땅히 이런 나약함을 가지고 있어서는 안 된다고 생각합니다.

셋째로 "미련한 자들"입니다. 그들은 지식을 미워합니다. 분명 지식을 싫어하는 자는 아주 미련한 자입니다. 지식은 사람을 지혜롭게 하여 줍니다. 그러나 가장 위대한 지혜는 하나님의 말씀입니다. 하나님의 말씀은 우리로 하여금 "그리스도 예수 안에 있는 믿음으로 말미암아 구원에 이르는 지혜가 있게" 합니다(디모데후서 3:15).

최근 한 선원이 그리스도를 영접하였습니다. 어느 날 아침 갑판에 서서 암송한 성경 구절을 복습하고 있었는데, 그 성경 구절은 조그마한 카드에 인쇄되어 있었습니다. 그때 동료 선원이 다가오더니, "뭘 보고 있어? 혹시 그런 거 아니냐?" 하고 물었습니다.

마침 그가 복습하고 있던 구절이 요한복음 3:19-20이었습니다. 그래서 미소를 지으며 동료에게 암송 카드를 건네주면서, "응, 네가 본 것 중에서 아마 가장 추한 그림일걸?" 하고 대답했습니다.

그 성경 구절은 다음과 같았습니다. "그 정죄는 이것이니 곧 빛이 세상에 왔으되 사람들이 자기 행위가 악하므로 빛보다 어두움을 더 사랑한 것이니라. 악을 행하는 자마다 빛을 미워하여 빛으로 오지 아니하나니 이는 그 행위가 드러날까 함이요." 이 얼마나 추한 모습입니까?

어리석은 자들과 거만한 자들과 미련한 자들 속에 있는 문제란 바로 죄입니다. 그러면 그 해결책은 무엇입니까? 첫째로 회개하고 하나님께로 돌아오는 것입니다. 이사야 28:14은 이 문제의 정곡을 찔렀습니다. "…너희 경만한 자여, 여호와의 말씀을 들을지어다". 경만한 자란 하나님을 비웃고 경멸하고 조롱하는 오만한 자를 가리킵니다. 멸망으로 끌려가고 있는 이 세 부류의 사람들의 문제를 해결하는 방책은 성경 말씀을 믿고 삶에 적용하는 것입니다. 성경은 이들에게 회개하라고 외치고 있습니다.

죄 가운데 살아왔던 사람이나 하나님의 지식을 싫어해 온 사람 또는 의의 길을 조롱해 왔던 사람들은 흔히 자기들은 자신들의 방식에 너무 굳어져 있어서 이제까지 가던 길을 돌이켜서 완전히 새로운 방향으로 갈 수 없다고 말합니다. 물론 인간의 힘만으로는 불가능합니다. 그러나 하나님께서는 변화하기를 원하는 자들에게 놀라운 약속을 주셨습니다. 그들은 성령의 도우심과 하나님의 말씀의 능력과 비췸을 받게 됩니다.

회개 즉 자기가 가던 길을 180도 바꾸어 하나님께로 돌이키는 것이 성령 없이도 가능할까요? 불가능하다고 성경은 말합니다. 스스로의 노력을 통하여 하나님께로 돌이킬 수 있는 사람은 아무도 없습니다. 어떤 사람의 영혼 속에 이제까지 걸어온 죄 된 길을 떠나고 싶은 생각이 일어난다면 이미 성령께서 그의 삶 속에서 역사하고 계시는 것입니다. 하나님께서는 우리 속에서 회개의 역사를 시작만 해 놓으시고, 이 역사를 완성하는 일은 우리에게 맡겨 버리고 손을 떼시는 분이 아닙니다. 하나님께서는 우리 속에서 시작하신 일을 끝까지 이루십니다. "너희 속에 착한 일을 시작하신 이가 그리스도 예수의 날까지 이루실 줄을 우리가 확신하노라"(빌립보서 1:6). 본문 말씀에서 하나님께서는 "내가 나의 신을 너희에게 부어 주며"라고 하셨습니다. 성령께서는 사람들의 마음속에서 역사하셔서, 그들에게 회개할 마음을 불러일으켜 주시고, 하나님께 나아갈 수 있는 방법을 보여 주시며, 그리스도를 구주로 영접하게 하여 주십니다. 이와 같이 하나님께서 우리에게 성령을 주시되 충만하게 주셔서 우리가 회개하고 하나님께로 돌아서게 합니다.

인간이 하나님께 나아가는 데 필요한 두 번째는 명확한 교훈인데, 하나님께서는 이것도 주시겠다고 약속하십니다. "나의 말을 너희에게 보이리라"(23절). 사시고 참되신 하나님께서 우리에게 그분의 귀중한 말씀을 가르쳐 주실 준비가 되어 있을 뿐 아니라 가르치기를 기뻐하시며 간절히 바라고 계신다는 사실이 얼마나 놀랍습니까?

성경의 지혜는 성령에 의하여 살아 움직이게 됩니다. '살아 있는 말씀'이신 예수 그리스도께서 자기 자신을 '기록된 말씀' 속에 부어 넣으십니다. "살리는 것은 영이니 육은 무익하니라. 내가 너희에게 이른 말이 영이요 생명이라"(요한복음 6:63).

하나님의 지식에 대하여 강퍅한 마음을 가진 사람에게는 성경은 닫혀 있는 책입니다. 성경 말씀이 모호하고 어렵기 때문이 아니라 그 사람의 마음이 닫혀 있고 굳어져 있기 때문입니다. 하나님의 말씀은 빛입니다. 그러나 하나님의 말씀을 거부하는 사람은 반항과 죄의 어두움 속에서 살고 있습니다. 그의 마음, 그의 뜻, 그의 욕구, 그의 영혼 등 그에 관한 모든 것이 빛으로부터 단절되어 있기 때문입니다. "육에 속한 사람은 하나님의 성령의 일을 받지 아니하나니 저희에게는 미련하게 보임이요 또 깨닫지도 못하나니 이런 일은 영적으로라야 분변함이니라"(고린도전서 2:14).

여기에 비추어 볼 때 예수님께서 바울에게 주신 사명은 매우 중요한 의미가 있습니다. 죄 가운데 살고 있는 사람들에게 바울이 보냄을 받은 것은 그들로 하여금 "그 눈을 뜨게 하여 어두움에서 빛으로, 사단의 권세에서 하나님께로 돌아가게 하고 죄 사함과 나를 믿어 거룩케 된 무리 가운데서 기업을 얻게" 하려는 것이었습니다(사도행전 26:18).

아무리 약한 반응일지라도 하나님께서는 받으시고 축복하십니다. 약속과 경고가 동시에 주어집니다. "여호와께서 말씀하시되 '오라. 우리가 서로 변론하자. 너희 죄가 주홍 같을지라도 눈과 같이 희어질 것이요 진홍같이 붉을지라도 양털같이 되리라. 너희가 즐겨 순종하면 땅의 아름다운 소산을 먹을 것이요, 너희가 거절하여 배반하면 칼에 삼키우리라.' 여호와의 입의 말씀이니라"(이사야 1:18-20). 자비하신 우리 하나님께서는 크신 은혜와 능력으로 인간의 연약한 반응까지도 온전히 받아 주십니다.

그러나 하나님께서는 또한 "네가 언제까지 기다리려느냐?" 하고 인간에게 물으십니다. 응답을 미루는 것은 어리석은 짓입니다. 성령을 대적하지 마십시오. 하나님의 성령은 인간과 언제까지나 씨름하지는 않으실 것이기 때문입니다. 고린도후서 6:2에서는 이렇게 말씀합니다. "보라 지금은 은혜 받을 만한 때요, 보라 지금은 구원의 날이로다."

내가 부를지라도 너희가 듣기 싫어하였고, 내가 손을 펼지라도 돌아보는 자가 없었고, 도리어 나의 모든 교훈을 멸시하며 나의 책망을 받지 아니하였은즉, 너희가 재앙을 만날 때에 내가 웃을 것이며, 너희에게 두려움이 임할 때에 내가 비웃으리라. 너희의 두려움이 광풍같이 임하겠고 너희의 재앙이 폭풍같이 이르겠고 너희에게 근심과 슬픔이 임하리니, 그때에 너희가 나를 부르리라. 그래도 내가 대답지 아니하겠고 부지런히 나를 찾으리라. 그래도 나를 만나지 못하리니, 대저 너희가 지식을 미워하며 여호와 경외하기를 즐거워하지 아니하며 나의 교훈을 받지 아니하고 나의 모든 책망을 업신여겼음이라. 그러므로 자기 행위의 열매를 먹으며 자기 꾀에 배부르리라. (1:24-31)

본문 말씀은 성경 중에서 '하나님께서 심판하신다'는 사실과 그 심판의 이유를 아주 분명하게 보여 준 말씀입니다. 하나님께서는 인간을 부르고 계십니다. 그러나 그 부르심은 거절당해 왔습니다. 어쩌면 여러분에게도 하나님의 부르시는 음성이 들려왔을 것입니다. 여러분은 하나님의 부르심에 응답하였습니까? 아니면 아직도 응답하지 않고서는 이렇게 변명할지도 모릅니다. "나는 결코 하나님의 부르심을 들은 적이 없어요. 하나님은 내게 말씀하신 적이 한 번도 없단 말이요." 물론 그럴 수도 있습니다. 그러나 십중팔구는 하나님께서 여러분을 부르셨지만, 여러분이 듣기를 거부했을 것입니다.

그러면 하나님께서는 어떻게 부르십니까? 첫째, 하나님의 말씀을 통하여 부르십니다. 성경 도처에서 "내게로 오라!"라는 하나님의 외침이 반복되고 있습니다. 하나님께서는 자기에게로 돌아오라고 우리를 부르십니다. 하나님께서는 "너는 왜 죽으려 하느냐?" 하고 물으십니다. "원하는 자는 누구든지 오라" 하고 하나님께서는 초청하십니다. 하나님의 말씀은 여러 가지 방법으로 사람들에게 전달됩니다. 설교를 통해서 전달되기도 하고, 전도집회나 개인 전도를 통해 전달되기도 합니다. 그리고 복음을 소개한 소책자가 호텔 로비, 공항과 역의 대합실, 버스 정류장 등에도 비치되어 있습니다. 오늘날에는 라디오와 TV 등 방송과 인터넷 등 기타 다양한 매체를 통해서도 복음이 전파됩니다. 선교사들이 예수 그리스도의 복음을 들고 전 세계 구석구석까지 들어가고 있습니다. 세계 어디서나 호텔이나 모텔의 방에는 성경이 비치되어 있고, 서점에 가면 누구나 쉽게 성경을 살 수 있습니다.

뿐만 아니라 하나님의 부르심은 다른 방법으로도 전파됩니다. 좋든 나쁘든 삶의 모든 환경을 이용하셔서 하나님께서는 수많은 사람들을 그리스도께로 인도하십니다. 종종 인간의 양심이 스스로 영적인 문제를 탐구하도록 인도합니다. 그러나 이 모든 방법이 아무 쓸모가 없는 경우가 허다합니다. 대체로 인간은 자기를 향해 뻗으시는 하나님의 손길을 무시했던 것입니다.

이것은 깜짝 놀랄 일입니다. 천군천사의 찬양과 경배를 받으시는 온 우주의 왕께서 친히 손을 내미시며, "내게로 돌아와 나와 함께 동행하자"라고 간절히 죄인들을 부르고 계시건만 그분의 충고와 책망은 무시당하고 있습니다.

그러나 그 모든 것이 바뀔 날이 다가오고 있습니다. 아직은 은혜의 때요 구원의 문이 열려 있습니다. 아직도 회개하고 하나님께로 돌아갈 시간이 있습니다. 그러나 어느 날 갑자기 심판의 날이 이를 것이요, 그때는 이미 너무 늦습니다. 세계 모든 신문의 부고란에는 영생으로 옮기어 간 수많은 사람들의 사망 기사가 실릴 것입니다. 여러분은 이 날을 맞이할 준비가 되어 있습니까?

또한 어느 날 주님께서는 이 땅의 드라마의 막을 내리실 것입니다. "주께서 호령과 천사장의 소리와 하나님의 나팔로 친히 하늘로 좇아 강림하시리니, 그리스도 안에서 죽은 자들이 먼저 일어나고 그 후에 우리 살아남은 자도 저희와 함께 구름 속으로 끌어 올려 공중에서 주를 영접하게 하시리니, 그리하여 우리가 항상 주와 함께 있으리라"(데살로니가전서 4:16-17). 그리스도 안에서 죽은 자들은 영원히 그리스도와 함께 살 것입니다.

그러나 하나님을 모르는 자들에게는 그날이 멸망과 고통과 절망의 날이 될 것입니다. 아무리 변명하려 해도 때는 이미 너무 늦습니다. 그들은 죄의 대가를 치르게 됩니다. 죄인은 자기가 뿌린 것을 거두게 됩니다. 거절당하시고 무시당하시고 미움을 당하시고 비웃음을 당하시던 하나님께서는 인간으로 하여금 자기 스스로 택한 길을 가게 하실 것입니다. 그들은 하나님의 독생자가 그들의 죄를 위하여 십자가에 달리셔서 고통당하시는 광경 옆을 이제 더 이상 지나가지도 못할 것입니다. 그리스도가 없는 영원으로 가는 길은 활짝 열려 있으나 아무리 둘러보아도 천국으로 가는 길을 알려 주는 팻말은 하나도 보이지 않을 것입니다. 선택의 기회는 이미 지나갔습니다.

히브리서 10:26-31에서는 이를 다음과 같이 생생하게 표현했습니다. "우리가 진리를 아는 지식을 받은 후 짐짓 죄를 범한즉 다시 속죄하는 제사가 없고, 오직 무서운 마음으로 심판을 기다리는 것과 대적하는 자를 소멸할 맹렬한 불만 있으리라. 모세의 법을 폐한 자도 두세 증인을 인하여 불쌍히 여김을 받지 못하고 죽었거든 하물며 하나님 아들을 밟고 자기를 거룩하게 한 언약의 피를 부정한 것으로 여기고 은혜의 성령을 욕되게 하는 자의 당연히 받을 형벌이 얼마나 더 중하겠느냐 너희는 생각하라. '원수 갚는 것이 내게 있으니 내가 갚으리라' 하시고, 또다시 '주께서 그의 백성을 심판하리라' 말씀하신 것을 우리가 아노니, 살아 계신 하나님의 손에 빠져들어 가는 것이 무서울진저."

어리석은 자의 퇴보는 자기를 죽이며, 미련한 자의 안일은 자기를 멸망시키려니와, 오직 나를 듣는 자는 안연히 살며 재앙의 두려움이 없이 평안하리라(1:32-33)

여러분이 어느 도시로 이사를 했는데, 그 도시의 치안 담당자가 여러분을 만나 이런 이야기를 했다 합시다. "당신이 강 이편에 살면 당신 집은 절대 안전할 것입니다. 도둑이나 강도를 두려워할 필요가 없습니다. 문을 잠그지 않고도 살 수 있으며, 밤중에도 마음 놓고 거리를 다닐 수 있으며, 자동차 열쇠를 꽂아 둔 채로 주차를 해 두어도 괜찮습니다. 더욱이 화재와 홍수와 폭풍우로부터도 안전합니다. 그러나 강 저편은 정반대입니다. 위험이 곳곳에 도사리고 있습니다. 폭풍우와 우박과 지진이 흔합니다. 소방차는 언제나 바쁘며, 경찰이 쉴 틈조차 없을 정도로 사고가 많습니다. 범죄 사건이 그칠 날이 없습니다. 범인 수배 사진이 여기저기 붙어 있습니다. 사람들은 모두 항상 자연 재해와 범죄와 질병과 죽음의 두려움 가운데 삽니다." 여러분에게 선택권이 있다면 어느 편에서 살겠습니까?

그런데 이상하게도 영적인 문제에 있어서는 사람들이 대부분 잘못된 선택을 하고 있습니다. 하나님께서는 자신의 말에 귀를 기울이는 자는 재앙이 없이 안전하리라고 분명하게 약속하고 계시건만, 대부분의 사람들은 도무지 하나님을 믿으려 들지 않습니다.

시편 73:6-11에서는 이런 사람을 다음과 같이 잘 묘사했습니다. "그러므로 교만이 저희 목걸이요, 강포가 저희의 입는 옷이며, 살찜으로 저희 눈이 솟아나며, 저희 소득은 마음의 소원보다 지나며, 저희는 능욕하며 악하게 압제하여 말하며 거만히 말하며 저희 입은 하늘에 두고 저희 혀는 땅에 두루 다니도다. 그러므로 그 백성이… 말하기를 '하나님이 어찌 알랴? 지극히 높은 자에게 지식이 있으랴?' 하도다."

어느 날 아침 나는 두 젊은이와 함께 엘리베이터를 타고 있었습니다. 그들은 아주 큰 소리로 입에 담지 못할 더러운 말을 지껄이고 있었습니다. 한 젊은이는 큰 혁대를 차고 있었는데 혁대 버클에 음란한 말이 새겨져 있었습니다. 그들은 자신의 탐욕과 정욕을 만족시킬 기대를 하면서 하루를 시작하고 있었습니다. 그 타락한 욕구를 만족시키는 것만이 이 세상에서 그들의 관심사였습니다. 오늘 하루를 어떻게 하면 멋지게 즐겨 볼까? 그들은 점점 파멸의 길로 빠져들고 있었고, 아무도 아무것도 그들을 멈추게 할 수 없었습니다. 그들은 평안의 길을 외면하고 사망의 길로 가 버렸습니다.

이 세상 곳곳에는 이와 같은 사람들이 많이 있습니다. 멋있는 양복을 차려 입고, 손에는 중요한 서류가 가득 들어 있는 가방을 들고, 비싸고 호화스러운 차를 타고 다니는 이들도 있습니다. 이들의 외모나 태도는 엘리베이터에서 만난 두 젊은이와는 다릅니다. 그러나 그들의 속모습은 같습니다. 예의 바른 태도 뒤에는 음흉한 속셈이 도사리고 있으며, 부당한 방법으로 이익을 취하며, 마음은 탐욕과 정욕으로 불타고 있습니다.

우리를 하나님으로부터 떠나게 하는 문제가 외부 환경에 있을까요? 물론 그렇지 않습니다. 또한 청년이라고 해서 중년이나 노년에 있는 사람보다 유혹에 더 잘 빠지는 것도 아닙니다. 마음이 이 세상을 사랑하게 하는 것에 쏠려 있을 때가 매우 위험합니다.

그러나 반대 경우를 생각해 봅시다. 하나님께서는 젊은이든 중년이든 노년이든, 남자든 여자든, 하나님의 말씀을 듣고 순종하는 자에게 위대한 약속을 하고 계십니다. 그러한 사람은 누구나 전능하신 하나님의 보호 아래 안전하게 살며, 두려워할 재앙도 없습니다.

우리가 선택할 수 있는 것은 단 두 가지입니다. 즉 멸망이냐 안전이냐입니다. 그리고 바로 오늘이 선택해야 할 날입니다. 지금 선택하라고 지혜가 간절히 호소하고 있습니다. 여러분은 어느 쪽을 선택하겠습니까?

3

지혜는 하나님이 주신다

잠언 2:1-9

잠언 1장은 "어리석은 자들"과 "거만한 자들"과 "미련한 자들"을 경계하는 데 대부분을 할애했습니다. 성경은 이들의 장래를 아름답게 묘사하지 않았습니다. 이들의 종말은 멸망입니다. 하나님께서는 하나님을 떠난 사람들에게 돌아오라고 호소하고 계십니다. "아무도 멸망치 않고 다 회개하기에 이르기를" 원하십니다(베드로후서 3:9).

확신하건대 "지혜 있는 자"는 들을 것입니다. 성령으로 말미암아 어리석은 자들까지도 지혜롭게 될 수 있으며, 거만한 자들도 하나님께로 나아올 수 있으며, 완고하게 거역하는 미련한 자들까지도 누가복음 15장에 나오는 탕자처럼 회개하고 돌아올 수 있습니다. 잠언 2장의 첫 아홉 구절은 그러한 주제를 다루고 있습니다. 간절한 마음으로 하나님의 지혜를 구하고 찾으라고 촉구하면서 그랬을 때의 놀라운 축복을 약속합니다.

내 아들아, 네가 만일 나의 말을 받으며, 나의 계명을 네게 간직하며, 네 귀를 지혜에 기울이며, 네 마음을 명철에 두며, 지식을 불러 구하며, 명철을 얻으려고 소리를 높이며, 은을 구하는 것같이 그것을 구하며, 감추인 보배를 찾는 것같이 그것을 찾으면, 여호와 경외하기를 깨달으며 하나님을 알게 되리니. (2:1-5)

본문 말씀은 이제, 배우고 성장하며 순종하고 섬기려는 마음을 가진 자들에게로 주의를 돌립니다. 오래 전 욥은 이렇게 물었습니다. "그런즉 지혜는 어디서 오며 명철의 곳은 어디인고?"(욥기 28:20). 그리고 "진리가 무엇이냐?"라고 한 빌라도의 물음이 지금도 우리 귀에 들리는 듯합니다(요한복음 18:38). 이 질문들에 대한 대답이 본문 말씀에 나와 있습니다. '지혜란 무엇이며 어떻게 얻는가?'라는 주제에 대해 잠시 이야기를 나누고자 합니다.

본문은 조건절로 되어 있습니다. "…하면, …하리라." 1-4절에는 우리가 해야 할 여섯 가지가 나오고, 5절에는 그 결과가 나옵니다. 명철과 지식과 지혜를 얻으려는 사람은 이 여섯 가지를 행하는 것이 중요합니다.

"나의 말을 받으며." 첫 단계는 하나님의 말씀을 받는 것입니다. 이것이 무슨 의미일까요? 그 의미를 구체적으로 가르쳐 주는 성경 구절이 많이 있습니다. 예수님께서는 씨 뿌리는 자의 비유에서 "착하고 좋은 마음으로 말씀을 듣고 지키어 인내로 결실하는" 자들에 대하여 말씀하셨습니다(누가복음 8:15). 이러한 사람의 대표적인 예로는 마르다의 동생 마리아가 있습니다. 마리아는 예수님의 발 아래 앉아 예수님의 말씀을 들었습니다(누가복음 10:39).

사도 바울은 수많은 사람들에게 하나님의 말씀을 전했는데, 그중 베뢰아 사람들은 훌륭한 본이 되었습니다. 그들은 "데살로니가에 있는 사람보다 더 신사적이어서 간절한 마음으로 말씀을 받고 이것이 그러한가 하여 날마다 성경을 상고"하였습니다(사도행전 17:11). 베뢰아 사람들은 말씀에 대한 적극적인 반응과 태도로 칭찬을 받았습니다.

베뢰아 사람이 데살로니가 사람보다 더 칭찬을 받긴 했지만, 데살로니가 사람들 역시 올바로 하나님의 말씀을 받았습니다. "이러므로 우리가 하나님께 쉬지 않고 감사함은 너희가 우리에게 들은 바 하나님의 말씀을 받을 때에 사람의 말로 아니하고 하나님의 말씀으로 받음이니 진실로 그러하다. 이 말씀이 또한 너희 믿는 자 속에서 역사하느니라"(데살로니가전서 2:13).

그러므로 하나님의 말씀을 문 밖에 서 있는 낯선 사람으로 받아들여서는 안 됩니다. 오랫동안 만나기를 고대해 온 친구로서, 가장 존경하고 배우기를 갈망하는 스승으로서, 삶 속에서 충고와 지도를 의뢰할 수 있는 지혜로운 상담자로서 하나님의 말씀을 받아들여야 합니다.

"나의 계명을 네게 간직하며." 하나님의 말씀을 간절히 배우고 싶어 하는 사람들에게 주는 두 번째 교훈은 성경 말씀을 마음에 간직하라는 것입니다. 하나님의 말씀을 마음속에 새겨 두어 언제나 우리와 함께하도록 하는 것을 의미합니다. 제일 좋은 방법이 성경 말씀을 암송하는 것입니다. 성경 암송은 우리에게 큰 축복을 주며, 아주 유익한 영적 훈련이기도 합니다.

나는 주님을 영접한 직후부터 말씀을 암송하는 이 훈련을 시작했습니다. 미니애폴리스에서 직장 생활을 하던 시절, 걸어서 출퇴근할 때 성경 구절을 암송하곤 했습니다. 네비게이토에서 나온 "주제별 성경 암송" 구절들을 암송했는데, 조그만 카드에 인쇄되어 있어 항상 가지고 다닐 수 있어서 좋았습니다. 나는 성경 구절 수십 개를 암송했고, 암송한 말씀을 또한 부지런히 복습했습니다. "주제별 성경 암송" 구절들을 다 암송한 다음에 다른 구절도 카드에 적어 암송하였습니다. 나는 암송한 말씀을 오늘날까지도 기억하고 있으며, 전도할 때 성령께서는 자주 그 말씀들을 생각나게 해 주십니다. 나는 낭비하기 쉬운 시간을 활용하여 하나님 말씀을 내 마음에 간직해 두었습니다. 출퇴근 시간을 암송에 투자함으로써 나는 영적으로 놀랍게 성장하게 되었으며, 그 가치는 지금도 변함이 없습니다. 일단 우리 마음속에 안전하게 간직한 하나님의 말씀은 사탄이 결코 빼앗아 갈 수 없습니다.

"네 귀를 지혜에 기울이며." 지혜롭고 명철한 사람이 되는 세 번째 열쇠는 지혜에 귀를 기울이는 것입니다. 귀를 기울인다는 것은 간단히 말하면 주의 깊게 듣는 것입니다.

연주회에 가 보면 청중 중에는 열심히 연주를 듣고 있는 사람들과 그렇지 않은 사람들이 있음을 알게 됩니다. 어떤 사람들은 흥미가 있고, 어떤 사람들은 흥미가 없습니다. 음악을 좋아하는 사람은 연주를 들으면서 그 속에 완전히 매료되어 앉아 있겠지만, 그렇지 않은 사람은 지루하고 따분하여 자리에 앉아 있는 자체가 고역입니다. 이런 사람들은 자신이 흥미를 느끼는 다른 일을 하는 게 더 나을 수도 있습니다.

어떤 부인이 한 이야기인데, 이 부인은 오페라를 매우 좋아했습니다. 하루는 남편과 함께 오페라를 보러 갔습니다. 부인은 오페라가 시작될 때부터 계속 남편을 곁눈질하면서 조심스레 남편의 반응을 관찰했습니다. 그런데 오페라를 싫어하리라고 예상했던 남편이 놀랍게도 점잖게 앉아 있었습니다. 부인은 남편이 즐겁게 오페라를 보고 있다는 생각에 마냥 즐거웠습니다. 그런데 자세히 보니 남편은 귀에 이어폰을 꽂고 미식축구 중계방송을 듣고 있었습니다.

지혜에 귀를 기울인다는 것은 하나님께서 말씀하시는 바를 주의 깊게 듣는 것입니다. 하나님께서 내게 들려주시는 말씀을 하나라도 놓칠세라 꼼짝 않고 자리에 앉아 있는 것입니다.

"네 마음을 명철에 두며." 네 번째 단계는 우리 마음을 명철에 두는 것입니다. 하나님의 말씀에 주의를 기울여 듣더라도 진리에 순종하거나 교훈을 따르려는 마음이 없으면 헛일입니다. 우리의 마음을 명철에 두는 것은 우리 마음과 삶이 하나님의 말씀에 영향을 받게 하기 위함입니다.

여기에는 두 가지 열쇠가 있는데, 하나는 자신의 필요를 깨닫는 것이고, 또 하나는 성경을 읽을 때 누가 말하고 있는지를 아는 것입니다. 무엇보다도 먼저 우리는 스스로의 힘으로는 길을 찾을 수 없고 하나님의 도우심이 필요하다는 사실을 깨달아야 합니다. 하나님이 없다면 인생이란 대답 없는 질문으로 가득 찬 혼돈의 연속이 되고 맙니다. 우리에게는 하나님이 필요함을 알아야 합니다.

또한 성경을 통해 우리에게 말씀하고 계시는 분이 바로 전능하신 하나님이심을 깨달아야 합니다. 하나님은 하늘과 땅과 바다와 그 안에 있는 모든 만물을 창조하신 분이십니다. 하나님께서 성경을 우리에게 주신 일차적인 목적은 우리의 성경 지식을 증가시키려는 것이 아니라, 우리로 더 성숙한 그리스도인이 되도록 돕고 우리 삶에 영향을 끼쳐 점점 더 그 아들 예수 그리스도의 형상으로 변화하게 하려는 것입니다.

우리는 성경 말씀을 단지 머리로 이해하는 정도가 아니라 마음으로 깨닫고 삶에 적용해야 합니다. 물론 진리를 모르면 진리를 행할 수도, 진리를 따라 살 수도 없습니다. 그러나 우리는 진리를 아는 데서 그치는 경우가 너무도 많습니다. 배운 말씀을 생활에 적용하지는 않고 그저 배운 것으로 만족합니다. 우리로 하여금 성경 말씀을 깨닫고 삶에 적용하게 하는 것은 모두 성령께서 하시는 일입니다.

"지식을 불러 구하며 명철을 얻으려고 소리를 높이며." 지혜와 지식과 명철을 구하는 다섯 번째 단계로 솔로몬은 기도를 둡니다. 지속적으로 기도하는 것입니다. 솔로몬은 찾아 구하러 다니는 일보다 기도를 앞에 둡니다. 예수님의 가르침에서도 그 순서가 같습니다. "구하라 그러면 너희에게 주실 것이요, 찾으라 그러면 찾을 것이요, 문을 두드리라 그러면 너희에게 열릴 것이니"(마태복음 7:7).

우리는 하나님의 지혜에 귀를 기울이며 명철에 마음을 둘 때, 이와 함께 반드시 기도하지 않으면 안 됩니다. 오직 기도할 때라야 성령께서는 우리의 양심을 민감하게 하며 영적인 이해력을 얻게 해 주실 수 있습니다. 이 세상의 지식은 부지런히 공부하면 얻을 수 있으나, 하나님의 지식은 기도하면서 하나님의 말씀을 연구함으로써만 얻을 수 있습니다.

기도 없이 연구만 하는 사람은 성경학자는 될 수 있습니다. 그러나 훌륭한 성경 지식을 소유하는 것이 우리의 목표입니까? 그렇지 않습니다. 그리스도인이 가져야 할 목표는 하나님을 알아가는 것입니다. 물론 우리가 하나님과 그분이 원하시는 길을 더욱 깊이 알기 위해서는 성경을 연구해야만 합니다. 그러나 우리는 성경을 읽고 연구할 때 반드시 끊임없이 기도하지 않으면 안 됩니다.

우리는 연구만으로도 성경을 배울 수는 있습니다. 그러나 성경을 연구하면서도 동시에 기도하지 않으면 우리는 영적인 그리스도인 즉 하나님의 사람이 될 수는 없습니다. 우리 눈과 귀를 통하여 머리에 들어온 말씀은 기도를 통하여 마음 판에 새겨집니다. 그 말씀에 의해 우리 삶은 틀림없이 변화하게 됩니다.

성경은 위대한 영적 진리의 보고입니다. 그러나 반 마음을 가진 자들이나 진리를 마음에 새기어 순종하려는 진정한 영적 배고픔이 없이 단지 호기심만 있는 자들로부터 이 보배로운 진리들을 지키기 위하여, 이 보고의 문은 수많은 자물쇠로 잠겨 있습니다. 기도는 하나님의 말씀의 보고를 여는 데 있어서 첫 번째 열쇠가 됩니다. 시편 기자는 이렇게 기도했습니다. "내 눈을 열어서 주의 법의 기이한 것을 보게 하소서"(시편 119:18).

내가 경험한 아주 큰 축복 하나를 들면 성경 말씀 한 구절 한 구절에 대해 기도하는 것이었습니다. 이러한 기도는 내 영혼의 필요를 채워 줄 뿐만 아니라, 주님을 따르는 일에 어려움을 느끼는 그리스도인들을 능력 있게 도와주는 방법이었습니다. 많은 상담이나 토의 없이도 기도를 통하여 삶의 구체적인 필요가 채워질 수 있습니다.

말실수 때문에 항상 어려움을 겪던 젊은이가 생각납니다. 어느 날 우리는 함께 교제하기 위하여 만났습니다. 나는 야고보서 3장을 가지고 함께 기도하자고 했습니다. 우리는 한 구절 한 구절에 대해 기도하는 시간을 가졌습니다. 내가 한 절을 가지고 기도하면 그는 그다음 절을 가지고 기도하고, 이런 식으로 3장 끝까지 기도했습니다. 하나님께서는 성령을 통해 다이내믹하고 극적인 방법으로 그 젊은이의 마음속에 말씀하셨습니다. 이 일은 그가 혀에 대하여 승리를 얻는 데 있어서 전환점이 되었습니다. 우리가 단지 본문 말씀을 토의만 했다면 어쩌면 그와 같은 큰 변화는 일어나지 않았을지도 모릅니다. 그러나 말씀을 가지고 함께 기도했을 때, "지식을 불러 구하며 명철을 얻으려고 소리를 높일 때" 그 진리는 그의 영혼 속에 깊이 새겨졌습니다.

"은을 구하는 것같이 그것을 구하며, 감추인 보배를 찾는 것같이 그것을 찾으면." 여섯 번째는 광맥 탐사 여행을 떠나는 것입니다. 광맥을 탐사하는 일은 고대부터 사용되던 기술입니다. 욥기 28:1-2에도 이미 그 내용이 나옵니다. "은은 나는 광이 있고 연단하는 금은 나는 곳이 있으며 철은 흙에서 취하고 동은 돌에서 녹여 얻느니라"

솔로몬 시대 훨씬 이전부터 있었던 시나이 반도의 고대 구리 광산과 이집트 사막 지대에 있는 금 광산 흔적이 발견되었습니다. 역대하 9:14에 보면, "아라비아왕들과 그 나라 방백들도 금과 은을 솔로몬에게 가져온지라"라고 기록하고 있습니다

그러나 광맥을 탐사하는 것만이 고대 시대에 보물을 찾는 방법은 아니었습니다. 부자들은 자신의 보물을 안전하게 지키기 위하여 땅속에 파묻어 두곤 했습니다. 그리고 파묻은 장소를 알려 주지도 않고 죽는 경우가 흔히 있었습니다. 그래서 보물을 찾는 일은 근동 사람들 사이에서는 아주 오래된 풍습입니다.

예수님께서도 천국에 대하여 가르치실 때에 이 풍습을 종종 언급하셨습니다. "천국은 마치 밭에 감추인 보화와 같으니 사람이 이를 발견한 후 숨겨 두고 기뻐하여 돌아가서 자기의 소유를 다 팔아 그 밭을 샀느니라"(마태복음 13:44).

잠언은 보물의 비유를 사용하여 중요한 진리를 가르쳐 줍니다. 하나님의 지식은 기도만으로 얻어지는 것은 아닙니다. 지속적인 기도가 부지런히 공부하는 것을 대신할 수는 없습니다. 두 가지는 함께 이루어져야 합니다. 우리가 하나님의 마음을 알고, 하나님의 인도하심을 받으며, 하나님의 이름에 존귀와 영광

을 돌리는 법을 알고, 하나님께서 받으실 만한 방법으로 하나님을 섬기기 위해서는, 기도로 구할 뿐 아니라 서두르지 말고 인내로 성경 말씀을 연구하지 않으면 안 됩니다. 기도가 우선이긴 하지만, 기도는 하나님께서 우리의 연구 노력에 힘을 공급하며, 그 결과 풍성하게 하시는 수단입니다.

여기에서는 성경을 읽는 것에 대해 말하고 있지 않습니다. 물론 성경 읽기 역시 말씀 속으로 들어가는 귀중하고 없어서는 안 될 수단입니다. 그러나 여기서 권하고 있는 바는 성경을 공부하는 것입니다. 성경 읽기는 땅 표면을 죽 훑어보는 것이라면, 성경공부는 표층을 뚫고 땅속에 있는 하나님의 진리의 보고에 이르게 합니다. 땅속에 있는 진리들은 조급하고 피상적인 독자에게는 숨겨져 있습니다.

지금도 콜로라도의 금광 지대에서는 한때 화려했던 큰 광산 터들을 쉽게 찾아볼 수 있습니다. 이런 광산들을 돌아보면, 땅 표면 가까이에서 금을 발견한 광부들은 여기에서 그치지 않고 주 광맥을 찾아 더 깊게 파 내려간 것을 알 수 있습니다. 광부들은 땅속 깊이 감추어져 있는 큰 광맥을 찾고 있었습니다.

본문에서는 감추어져 있는 그 값진 보배가 무엇인지 말해 주고 있습니다. 구하고 찾는 사람은 여호와 경외하기를 깨달으며 하나님을 알게 된다고 하였습니다. 여호와를 경외하는 것이 지혜의 근본입니다. 하나님을 아는 것이야말로 인간의 마음이 가장 궁극적으로 추구하고 발견해야 할 사항입니다. 예수님은 하나님의 진리를 나타내시기 위해 이 땅에 오셨다고 말씀하셨습니다.

예수님은 진리가 충만하신 분이셨습니다(요한복음 1:14). 요한복음 17:3에서 이렇게 말씀하셨습니다. "영생은 곧 유일하신 참하나님과 그의 보내신 자 예수 그리스도를 아는 것이니이다."

사도 바울은 에베소 교회를 위해 이렇게 기도했습니다. "믿음으로 말미암아 그리스도께서 너희 마음에 계시게 하옵시고, 너희가 사랑 가운데서 뿌리가 박히고 터가 굳어져서 능히 모든 성도와 함께 지식에 넘치는 그리스도의 사랑을 알아 그 넓이와 길이와 높이와 깊이가 어떠함을 깨달아 하나님의 모든 충만하신 것으로 너희에게 충만하게 하시기를 구하노라"(에베소서 3:17-19). 이 기도는 우리가 하나님의 말씀을 정기적으로 공부하는 일에 인내하며 부지런히 힘쓸 때 우리 삶에서 응답을 경험할 수 있습니다.

하나님의 말씀을 받고, 말씀을 암송하며, 거기에 귀를 기울이며, 그 말씀을 삶에 적용하고 순종하며, 지혜를 위해 기도하고, 부지런히 말씀을 공부하십시오. 이 여섯 가지 조건이 충족될 때 하나님 경외하는 법을 깨달으며 진정으로 하나님을 알게 되리라 믿습니다.

> 대저 여호와는 지혜를 주시며 지식과 명철을 그 입에서 내심이며. (2:6)

솔로몬은 성공적인 삶을 사는 조건을 제시한 후, 우리가 어떻게 해야 잘못을 범하지 않을 수 있는지를 설명합니다. 예수님께서는 "너희가 성경도, 하나님의 능력도 알지 못하는 고로 오해하였도다"라고 말씀하심으로써 영적인 문제에 있어서의 거짓과 오류의 근본 원인을 지적하셨습니다(마태복음 22:29). 역사를 돌이켜 볼 때, 겸손하고 정직하게 그리고 기도하면서 부지런히 하나님의 말씀을 연구한 사람이 믿음에서 떠나게 되었다는 기록은 한 군데도 없습니다.

본문 말씀에서는 '하나님께서 지혜를 주신다'라는 중요한 진리를 가르쳐 줍니다. 지혜는 하나님으로부터 오는 선물입니다. 그러나 하나님께서는 하나님의 말씀에 시간을 투자함으로써 진실로 지혜를 얻기 원한다는 사실을 나타내 보이는 자들을 위해 이 선물을 준비해 두셨습니다. 또한, 하나님의 크고 귀한 약속들은 지혜를 찾는 우리의 수고가 결코 헛되지 않다는 사실을 분명히 보여 주고 있습니다. "너희의 구속자시요 이스라엘의 거룩하신 자이신 여호와께서 가라사대 '나는 네게 유익하도록 가르치고 너를 마땅히 행할 길로 인도하는 너희 하나님 여호와라'"(이사야 48:17). 온갖 좋은 은사와 온전한 선물처럼, 지혜는 "위에서 곧 빛들을 지으신 아버지께로부터 내려옵니다. 아버지께는 이러저러한 변함이나 회전하는 그림자가 없으십니다"(야고보서 1:17, 새번역).

다니엘의 삶은 이 점을 잘 보여 줍니다. 다니엘 2장에 보면, 느부갓네살왕은 어느 날 밤에 꿈을 꾸고 마음이 매우 심란하여 잠을 이룰 수가 없었습니다. 그래서 전국의 박수와 술객과 점쟁이와 술사와 모든 박사를 불러들여 자신이 꾼 꿈의 내용과 해석을 말하라고 명하였습니다. 그런데 아무도 왕의 꿈을 알 수가 없었습니다. 왕은 진노하고 통분하여 바벨론의 모든 박사를 죽이라고 명을 내렸습니다. 이때 다니엘이 왕의 시위대 장관에게 청하여 조금만 시간적 여유를 주시면 왕이 꾼 꿈의 내용과 해석을 왕에게 보여 드리겠다고 약속했습니다. 무슨 수로 왕의 꿈을 알 수 있단 말인가? 다니엘의 목숨은 바람 앞의 등불과 같았습니다.

이에 다니엘은 세 친구에게 이 문제를 위해 기도해 달라고 요청했습니다. "이에 다니엘이 자기 집으로 돌아가서 그 동무 하나냐와 미사엘과 아사랴에게 그 일을 고하고, 하늘에 계신 하나님이 이 은밀한 일에 대하여 긍휼히 여기사 자기 다니엘과 동무들이 바벨론의 다른 박사와 함께 죽임을 당치 않게 하시기를 그들로 구하게 하니라. 이에 이 은밀한 것이 밤에 이상으로 다니엘에게 나타나 보이매 다니엘이 하늘에 계신 하나님을 찬송하니라. 다니엘이 말하여 가로되 '영원 무궁히 하나님의 이름을 찬송할 것은 지혜와 권능이 그에게 있음이로다.… 나의 열조의 하나님이여, 주께서 이제 내게 지혜와 능력을 주시고 우리가 주께 구한 바 일을 내게 알게 하셨사오니, 내가 주께 감사하고 주를 찬양하나이다. 곧 주께서 왕의 그 일을 내게 보이셨나이다' 하니라"(다니엘 2:17-23).

이처럼 다니엘은 기도의 사람이었습니다. 그러나 또한 그는 말씀의 사람이었습니다. 다니엘 9장에서 그가 선지자 예레미야의 글을 부지런히 연구하는 것을 봅니다. "곧 그 통치 원년에 나

다니엘이 서책으로 말미암아 여호와의 말씀이 선지자 예레미야에게 임하여 고하신 그 연수를 깨달았나니 곧 예루살렘의 황무함이 칠십 년 만에 마치리라 하신 것이니라"(2절). 기도와 하나님의 말씀에 대한 부지런한 연구는 언제나 모든 시대에 걸쳐 위대한 하나님의 사람들의 특징이었습니다.

이 세상의 모든 지혜 있는 자들을 잠시 생각해 보십시오. 그들 중 누가 여러분에게 지혜를 줄 수 있습니까? 아무도 없습니다. 여러분에게든, 다른 어느 누구에게든 지혜를 줄 수 있는 사람은 아무도 없습니다. 자신이 알고 있는 바를 가르치기 위해 열심히 수고할 수는 있으나, 지혜를 가르쳐 줄 수는 없습니다. 오직 하나님만이 지혜를 주실 수 있습니다. "너희 중에 누구든지 지혜가 부족하거든 모든 사람에게 후히 주시고 꾸짖지 아니하시는 하나님께 구하라. 그리하면 주시리라"(야고보서 1:5).

하나님은 지혜이십니다. 하나님은 지혜를 가지고 계십니다. 하나님께서는 말씀 안에서 제시하신 조건을 여러분이 만족시키기만 하면 언제든지 기꺼이 그 지혜를 주시려고 기다리고 계십니다. 성령의 감동하심을 입은 사람들의 글을 통해, 하나님께서는 그분의 입으로부터 나온 말씀을 우리에게 주셨습니다. 그 말씀에는 하나님의 지식과 명철이 계시되어 있습니다. 추호도 의심할 바 없이, 살아 계신 말씀이신 예수 그리스도의 구원으로부터 떠나 있는 인류에게 가장 큰 선물은 곧 하나님의 기록된 말씀인 성경입니다.

> 그는 정직한 자를 위하여 완전한 지혜를 예비하시며, 행실이 온전한 자에게 방패가 되시나니, 대저 그는 공평의 길을 보호하시며 그 성도들의 길을 보전하려 하심이니라. (2:7-8)

하나님께서는 지혜의 창조자시요 지혜를 주시는 분이실 뿐 아니라 정직한 자를 위하여 완전한 지혜를 예비하고 계십니다. 이 사실은 하나님의 지혜와 이 세상의 지혜를 더욱 두드러지게 대조시켜 줍니다. 전도서에서는 대부분의 사람들이 삶의 토대로 하고 있는 이 세상의 지혜에 대하여 이렇게 말했습니다. "전도자가 가로되 '헛되고 헛되며 헛되고 헛되니 모든 것이 헛되도다.… 내가 해 아래서 행하는 모든 일을 본즉 다 헛되어 바람을 잡으려는 것이로다.… 내가 다시 지혜를 알고자 하며 미친 것과 미련한 것을 알고자 하여 마음을 썼으나 이것도 바람을 잡으려는 것인 줄을 깨달았도다. 지혜가 많으면 번뇌도 많으니 지식을 더하는 자는 근심을 더하느니라.… 내가 해 아래서 또 보건대 재판하는 곳에 악이 있고 공의를 행하는 곳에도 악이 있도다'"(전도서 1:2,14,17-18, 3:16).

세상 지혜는 헛되고 번뇌와 근심을 더합니다. 고린도전서 3:19에서는 여기에 또 하나를 추가합니다. "이 세상 지혜는 하나님께 미련한 것이니." 야고보서 3:15에서는 인간의 지혜에 대하여 "이러한 지혜는 위로부터 내려온 것이 아니요 세상적이요 정욕적이요 마귀적"이라고 말씀합니다.

그러나 본문 말씀은 "완전한 지혜"에 대하여 이야기합니다.

야고보서 3:17에서는 이 지혜를 세상 지혜와 대조하여 이렇게 말씀합니다. "오직 위로부터 난 지혜는 첫째 성결하고 다음에 화평하고 관용하고 양순하며 긍휼과 선한 열매가 가득하고 편벽과 거짓이 없나니." 그러면 누가 하나님으로부터 지혜를 받을 자격이 있습니까? 답은 이미 나와 있습니다. "정직한 자"입니다. 정직한 자란 올바른 자, 의로운 자입니다. 그리스도의 의로 옷 입은 자입니다.

여러분이 성경을 이해하고, 성경이 주는 유익을 얻으며, 성경의 "보배롭고 지극히 큰" 약속들을 주장할 수 있으려면, 먼저 성경의 저자가 누구인지를 알아야만 합니다. 하나님의 진리는 영적으로라야 분별할 수 있습니다. 그러므로 자기 안에 거하시는 성령의 비췸을 받는 사람만이 성경의 의미를 깨달을 수 있습니다.

성경을 봐도 통 이해가 안 가더라는 이야기를 종종 듣습니다. 사람이 하나님의 가족으로 다시 태어나기 전에는 그에게는 성경은 신비에 쌓인 수수께끼 같은 책입니다. 그리스도께로 온 후에야 성경을 펴서 읽을 때마다 성경이 그의 삶에 풍성한 축복을 주는 것을 경험하게 됩니다. 성경은 아주 재미있고 유익하며 깊은 뜻을 담고 있기 때문에 한번 성경을 폈다 하면 놓기가 어렵습니다.

본문 말씀은 자기 백성을 향한 하나님의 선하심의 또 다른 면을 보여 줍니다. 하나님은 '완전한 지혜'를 주실 뿐 아니라 자기 백성을 보호하여 주십니다. 시편 119:114에서는 "주는 나의 은신처요 방패시라. 내가 주의 말씀을 바라나이다"라고 했습니다. 우리가 하나님과 동행하면 하나님의 보호 아래 살 수 있는 특권을 소유하게 됩니다. 하나님께서는 언제 어디서나 우리를 보호해 주십니다. 그러므로 우리도 다윗처럼, "여호와는 나의 반석이시요, 나의 요새시요, 나를 건지시는 자시요, 나의 하나님이시요, 나의 피할 바위시요, 나의 방패시요, 나의 구원의 뿔이시요, 나의 산성이시로다"라고 노래할 수 있습니다(시편 18:2).

하나님께서 보호해 주신다는 사실은 하나님의 자녀들에게 큰 격려를 줍니다. 본문에서는 하나님의 보호하심이 세 가지로 표현되어 있습니다. 첫째, 하나님은 행실이 온전한 자에게 "방패"가 되신다고 약속하십니다. 하나님은 모든 적으로부터 자기 자녀들을 지켜 주십니다. 하나님께서 아브라함에게 하신 약속 가운데 이 사실이 잘 나타나 있습니다. "아브람아, 두려워 말라. 나는 너의 방패요 너의 지극히 큰 상급이니라"(창세기 15:1). 많은 시편에서 하나님은 자기 백성의 방패가 되심을 노래하고 있습니다(시편 33:20, 84:11, 91:4, 144:2). "행실이 온전한 자"란 하나님의 길로 걸어가는 자들입니다.

둘째, 하나님께서는 "공평의 길을 보호"하십니다. 공평의 길이란 의인의 길 또는 의인이 걸어가는 길을 뜻합니다. 하나님께서는 자기 백성들이 걸어가고 있는 길을 항상 지켜보시며, 인도하시고, 감독하시고, 그들을 보호하여 주십니다. 의인이란 예수 그리스도의 의로 옷 입은 자들입니다.

셋째, 하나님께서는 "그 성도들의 길을 보전"하십니다. 시편 66:9을 보면, 하나님께서는 "우리 영혼을 살려 두시고 우리의 실족함을 허락지 아니하시는" 주님이시라고 했습니다. 사무엘상 2:9에서 한나는 하나님께서는 "그 거룩한 자들의 발을 지키실 것이요 악인으로 흑암 중에서 잠잠케 하시리니 힘으로는 이길 사람이 없음이로다"라고 고백하였습니다. "그 성도들" 곧 하나님의 "거룩한 자들"은 언제나 주님의 세심한 돌보심과 보호하심 아래 있습니다. 주님은 늘 그들을 지켜보십니다. 그들은 여호와 경외하기를 깨달으며 하나님을 알게 된 자들입니다.

> 그런즉 네가 공의와 공평과 정직 곧 모든 선한 길을 깨달을 것이라. (2:9)

여기서는 하나님의 말씀을 연구하며 그 말씀을 가지고 기도하는 사람들에게 지극히 중요한 약속을 합니다. 곧 사람들이 평화와 조화 가운데 살아가려면 반드시 필요한, 세 가지 중요한 내용을 깨닫게 된다고 했습니다.

첫째가 "공의"입니다. 이는 다양한 뜻을 지니고 있습니다. 하나님 앞에서의 우리의 신분에 대하여 사용할 때는, 우리가 예수 그리스도를 자신의 구주와 주님으로서 모셔 들일 때 하나님께서 우리에게 옷 입혀 주시는 예수 그리스도의 완전한 거룩을 의미합니다. 그러나 그것은 인간관계에서도 중대한 의미를 지니고 있습니다. 공의란 의롭고 올바른 방법으로 행동을 하며, 바르고 덕스러운 것을 행함을 뜻합니다.

1970년대 중반, 미국의 신문들은 정부의 각종 부정과 부패, 스캔들, 정치적 탄압 및 부도덕한 탈선 등을 보도하는 기사로 가득 찼습니다. 공의가 행하여졌다면 이 모든 문제는 없었을 터입니다. 이러한 사건들은 예수 그리스도의 복음이 더욱 효과적으로 빠르고 널리 전파되어야 함을 명확히 보여 주었습니다. 이는 그리스도의 복음만이 인간으로 하여금 하나님으로부터 오는, 올바른 것을 행할 힘과 동기력을 얻게 하기 때문입니다.

둘째는 "공평"입니다. 이는 공정함을 뜻합니다. 오늘날 많은 사람들이 불만 가운데 살아가고 있습니다. 고용인들은 마땅히 받아야 할 대우를 받지 못하고 있다고 불평합니다. 반면 고용주들 역시 고용인들에게 많은 불만을 가지고 있습니다. 한 가정의 남편과 아내 사이에서나, 또한 국가의 지도자들과 국민들 간에도 이러한 불만과 불평의 소리가 가득합니다. 공평하지 못한 결정으로 말미암아 파업과 폭력 사태까지도 빚어지고 있습니다. 공평한 결정과 공정한 행위야말로 정의에 이르는 첩경입니다.

셋째는 "정직"입니다. 곳곳에 거짓이 만연된 사회 속에서 우리는 자기도 모르는 사이에 선의의 거짓말이나, 반쯤만 진실인 거짓 속에 말려들어 가곤 합니다. 그만큼 정직한 삶은 우리 사회에서, 심지어 교회 안에서까지 그 절실한 필요성을 잃어버렸습니다. 정직에 대한 절대적인 기준이 없이 애매모호하고 불투명한 도덕관이 득세하고 있습니다.

그러나 정직하라는 것은 하나님의 명령입니다. "너희는 도적질하지 말며 속이지 말며 서로 거짓말 하지 말며"(레위기 19:11).

이런 때일수록 우리는 성경에서 제시해 주는 정직에 대한 분명한 지침에 귀를 기울여야 합니다. 사도 바울과 같이 하나님을 향해서나 다른 사람을 향해서나 우리는 스스로 양심에 조금도 거리낌이 없는 정직한 삶을 살도록 모든 노력을 기울여야 합니다(사도행전 24:16 참조).

공의와 공평과 정직이 널리 행하여지는 세상이 되어야 합니다. 그리고 이러한 세상은 오직 인간이 하나님의 말씀의 교훈을 따를 때에만 이루어질 수 있습니다. 개인과 사회 전체가 하나님의 말씀을 통하여 하나님을 찾는 일에 전심해야 합니다.

이렇게 한다면 사람들은 하나님을 경외하기를 깨달으며 하나님을 알게 되며 공의와 공평과 정직을 깨닫게 될 것입니다. 그것이야말로 진실로 "선한 길"입니다. 하나님의 뜻에 합당한 올바른 길입니다.

4

지혜와 도덕적 보호

잠언 2:10-3:10

오늘날 세상의 온갖 해로운 영향이 우리를 향해 밀려오고 있습니다. 그리스도인은 끊임없이 세상을 따르도록 압력을 받습니다. 도덕적 수준을 낮추라는 압력이 거셉니다. 여기서 조금, 저기서 조금, 적당히 양보하고 타협하도록 강요를 당합니다. 세상은 "당신은 왜 우리와 함께하지 않소? 왜 그렇게 다르게 행동하시오?"라고 압력을 가합니다. 이러한 압력은 특히 그리스도인 젊은이들이 많이 느낍니다. 세상은 자꾸만 자기들 무리에 참여하며 자기들 중의 하나가 되라고 요구합니다. 젊은이들은 동료 집단으로부터의 소외를 두려워합니다. 그래서 동료 집단과 다른 행동은 어떻게 하든지 피하려 하기 때문에 세상의 도전에 대해 더 긴장과 압력을 느끼게 됩니다.

이러한 죽음의 세력에 굴복하지 않도록 막아 주는 유일한 예방책은 하나님의 말씀과 기도 안에 거하는 것입니다. 잠언은 악의 길을 좇는 자들을 경고하고, 세상의 포위 공격을 받고 있는 그리스도인들에게 이 패역한 세상에서 어떻게 살아가야 하는지를 보여 주기 위해 기록되었습니다. 잠언 1장에서는 모든 사람에게 악의 길은 멸망으로 인도한다고 경고하며, 지혜를 좇으라고 간절히 호소하였습니다(1:8-33). 또한 어리석은 자들과 거만한 자들과 미련한 자들이 하나님께로 돌아와 지혜를 추구하는 일에 참여할 수 있는 방법을 제시하였습니다(2:1-5). 이렇게 하는 자들에게는 전능하신 하나님의 보호와 돌보심이 약속되어 있습니다(2:6-9).

그다음은 우리를 보호해 주는 지혜의 능력에 대해 이야기합니다(2:10-22). 하나님께서 어떻게 자기 자녀들을 보호하시며, 또 지혜가 어떻게 악한 자들의 유혹을 물리치도록 우리를 도와주는지를 설명합니다. 우리가 하나님의 보호를 받으려면, 자녀인 우리 편에서 마음을 다하여 하나님을 의뢰해야 한다고 가르칩니다(3:1-10). 지혜는 그리스도의 제자를 도덕적으로 보호해 줍니다.

> 곧 지혜가 네 마음에 들어가며 지식이 네 영혼에 즐겁게 될 것이요 근신이 너를 지키며 명철이 너를 보호하여. (2:10-11)

앞에서(특히 2:7-8)에서 이미 밝혔듯이, 하나님의 지혜는 이 지혜를 좇아 사는 사람들을 지키며 보호하는 능력이 있습니다.

그 열쇠는 지혜가 우리 마음에 들어가는 것입니다(10절). 이는 곧 하나님의 뜻에 순복하는 삶을 말합니다. 예수 그리스도께서 우리 마음의 보좌에 앉아 계실 때, 우리의 삶은 그리스도의 지배 아래 있게 됩니다. 우리가 그리스도의 절대적인 주재권을 인정하고 우리 자신을 예수님의 충성스런 제자로 예수님께 내어 맡길 때, 그리스도께서는 우리의 새로운 주님이요 새로운 주인으로서 자신의 소유인 우리를 지키시며 보호하여 주실 것입니다.

본문 말씀은 새 주인을 기쁘게 인정하는 사람에 대해 말하고 있습니다. 이 사람은 하나님의 뜻에 복종하는 것을 어떤 속박으로서가 아니라, 삶에서 가장 고상하고 선하고 즐거운 경험으로 생각합니다. 그는 시편 119:103 말씀을 진정으로 이해하고 있는 사람입니다. "주의 말씀의 맛이 내게 어찌 그리 단지요! 내 입에 꿀보다 더하니이다." 하나님께 순종하는 일은 마지못해 하는 달갑지 않은 일이 아니라 기쁘고 즐거운 경험입니다.

하나님의 지혜의 가치는 측량할 수 없을 정도로 큽니다. 지혜는 완전한 파멸로 인도하는 죄의 길로부터 우리를 지켜 줍니다. 따라서 지혜는 세상의 보화보다 훨씬 더 가치가 있습니다. "사람이 만일 온 천하를 얻고도 제 목숨을 잃으면 무엇이 유익하리요"(마가복음 8:36).

마음속에 지혜와 지식을 소유하면 두 가지 결과가 나타납니다. 첫째로 우리에게 분별력을 줌으로써 적극적으로 우리를 덕과 진리의 길로 인도합니다. 이것만으로도 죄와 불의가 가득한 세상에서는 놀랄 만합니다. 둘째로는 우리에게 유혹과 죄를 피할 명철을 줌으로써, 온갖 방법으로 우리를 공격하는 유혹과 죄에 대항하여 싸울 수 있도록 우리를 무장시켜 줍니다.

시편 17:4에서는 이렇게 말씀합니다. "사람의 행사로 논하면 나는 주의 입술의 말씀을 좇아 스스로 삼가서 강포한 자의 길에 행치 아니하였사오며." 지혜는 사탄의 불화살과 육체의 정욕과 세상의 유혹을 막아 주는 갑옷입니다. 또한 지혜는 힘보다 낫고 병기보다 낫습니다(전도서 9:16,18).

그러나 지혜가 힘을 발휘하기 위해서는 우리 마음속 깊숙이까지 스며들어 있어야 합니다. 하나님의 지혜가 단지 재미있는 사실이나 호기심으로서만 마음속에 간직되어 있다면, 우리 영혼 속에 하나님을 좇아 진리의 길로 행하려는 마음을 불러일으키지 못할 것입니다.

> 악한 자의 길과 패역을 말하는 자에게서 건져 내리라. 이 무리는 정직한 길을 떠나 어두운 길로 행하며 행악하기를 기뻐하며 악인의 패역을 즐거워하나니, 그 길은 구부러지고 그 행위는 패역하니라. (2:12-15)

사람들이 죄의 흉하고 추하고 비참한 꼴과 죄가 궁극적으로 끌고 가는 곳을 볼 수만 있다면, 그들은 몹시 혐오감을 느끼며 움찔하게 되고 무서워서 몸을 벌벌 떨게 될 것입니다. 하지만 죄는 결코 자신의 본래 모습을 드러내지 않습니다. 죄는 설탕을 입힌 독약과도 같습니다. 입에 넣으면 처음에는 달콤하지만 곧 맹독이 온 몸에 퍼져 죽음을 가져옵니다. 죄는, 표지판에는 기쁨과 즐거움에 이르는 길이라고 되어 있지만, 실제는 지옥으로 인도하는 길과도 같습니다. 죄는 처음만 보여 주고 끝은 감춥니다. 사람이 일단 멸망으로 인도하는 길에 들어서면, 오직 하나님의 은혜와 능력만이 그를 건져낼 수 있습니다.

본문에서는 죄의 온갖 함정을 폭로합니다. 첫 번째 경고가 악한 "무리"에 관한 것이라는 사실은 아주 흥미롭습니다. 이는 죄가 사람들 특히 젊은이들을 곁길로 이끄는 주요 수단 중 하나이기 때문입니다. 그러므로 젊은이는 나중에 마음의 상처와 후회를 맛보지 않으려면 친구를 선택하는 일에 주의하지 않으면 안 됩니다. 오늘날의 사회에는 자신들의 악한 삶으로 다른 사람들을 유혹하는 것이 인생의 목표인 것처럼 보이는 자들이 우글거리고 있습니다. 예를 들어, 마약과 성매매가 성행하는 지역에 가보면, 마약 밀매꾼과 성매매업자들이 도처에 눈에 띄며, 심지어 학교 안에도 그런 자들이 들어와 있습니다.

이런 악한 마음을 가진 허다한 무리들이 멋모르는 청소년들을 방탕하고 부도덕한 삶으로 유혹하기 위해 안간힘을 쓰며 버젓이 거리를 활보합니다. 사망과 멸망의 독을 뿜어내는 악한 샘처럼, 그들의 입술은 그들의 마음에 들어 있는 것, 곧 하나님과 하나님의 길, 하나님의 말씀을 증오하는 모독적인 언사를 쏟아 놓습니다. 그들의 추잡한 행위는 열린 하수구의 고약한 악취처럼 널리 퍼집니다. 그들은 자기 자신을 더럽힐 뿐 아니라 주위에 있는 사람들도 모두 더럽힙니다. 그들은 마귀처럼 악한 일을 기분 좋은 듯 바라고 기뻐하며, 다른 사람들을 그들이 쳐 놓은 혐오스러운 악의 그물로 끌어들이려고 안간힘을 씁니다.

그러나 지혜가 약속하는 바는 이 몸서리치는 궁극적인 운명의 모습과는 판이한 대조를 이루고 있습니다. 지혜는 악으로부터 우리를 건져 줍니다. 지혜는 죽음의 아가리로부터 우리를 구해 내고, 올바르고 빛 된 길로 인도하며, 영원하신 하나님과의 친밀한 교제 가운데로 인도하고, 진실로 풍성한 삶의 기쁨을 경험하게 해 주겠다고 약속합니다.

모세는 이스라엘 백성에게 한 마지막 설교에서 그들 앞에 한 가지 선택 사항을 내놓았습니다. 이는 하나님께서 오늘날 우리 앞에 놓아둔 선택과 동일한 것입니다. "내가 오늘날 천지를 불러서 너희에게 증거를 삼노라. 내가 생명과 사망과 복과 저주를 네 앞에 두었은즉, 너와 네 자손이 살기 위하여 생명을 택하고, 네 하나님 여호와를 사랑하고 그 말씀을 순종하며 또 그에게 부종하라. 그는 네 생명이시요 네 장수시니, 여호와께서 네 열조 아브라함과 이삭과 야곱에게 주리라고 맹세하신 땅에 네가 거하리라(신명기 30:19-20).

경고는 분명합니다. 우리는 마땅히 지혜의 길을 선택해야 합니다.

지혜가 또 너를 음녀에게서, 말로 호리는 이방 계집에게서 구원하리니, 그는 소시의 짝을 버리며 그 하나님의 언약을 잊어버린 자라. 그 집은 사망으로, 그 길은 음부로 기울어졌나니, 누구든지 그에게로 가는 자는 돌아오지 못하며 또 생명 길을 얻지 못하느니라. (2:16-19)

본문은 육체의 정욕과 부도덕의 함정에 대하여 설명합니다. "음녀"는 말로 호리는 이방 계집, 소시의 짝을 버린 자, 그 하나님의 언약을 잊어버린 자로 묘사되어 있습니다. 그는 달콤한 말로 유혹합니다. 정조와 순결을 버리고 자기 남편을 버렸습니다. 자기 하나님의 말씀과 지혜를 잊어버렸습니다.

"음녀"는 두 가지 이유로 "이방 계집"이라 불립니다. 첫째로, 이스라엘에서는, 하나님의 언약 밖에 있는 자들, 바알이나 다른 신들의 길을 쫓는 자들, 이방인의 생활 방식과 법으로 교육된 자들, 주변 민족의 종교를 신봉하여 이방신들을 섬기는 자들을 통틀어 이방인이라 했습니다. 이와 같이 그는 여호와를 섬기는 하나님의 사람들에게는 이방인이었습니다.

하나님께서는 자기 백성들이 이방인과 섞여 살며 서로 혼인할 경우에 일어날 일을 분명히 예고하셨습니다. 그들은 이방인들의 삶을 배우게 될 것이고 열조의 하나님을 버리게 될 것입니다. 주변 민족의 여자들은 해이된 도덕관으로 양육을 받았기 때문에 하나님께서 자기 백성에게 요구하시는 순결과 덕의 엄격한 법을 따르지 않으려 할 것입니다. 이와 같이 도덕적 수준이 다르기 때문에 이방 여인들은 자라면서 배워 온 타락한 풍습을 따르게 될 것이며, 그들의 생활 방식은 하나님의 진리를 반영하지 않을 것입니다.

　이방인이라 불리는 둘째 이유는, 이스라엘 백성은 또한 거룩, 순결, 덕, 존귀의 원리를 저버린 이스라엘 여자들을 이방인이라 했다는 것입니다. 이스라엘 백성은 그들을 마치 이방인처럼 멀리했습니다. 삼손이 들릴라에게 미혹당한 것과 똑같이, 이 음란한 여자는 간계를 써서 멋모르는 남자들의 마음을 달콤한 거짓말로 녹이기 때문에 남자들은 이 여인의 유혹에 넘어갑니다. 소가 아무것도 모르고 도살장으로 끌려가듯이, 이런 여자를 좇는 남자는 죽음의 길로 끌려가고 있는 것입니다.

　이와 같은 것은 하나님과 남편 앞에서 한 서약을 신실하게 지키지 않는 여인의 특징이기도 합니다. 그 여인은 다른 모든 사람을 버리고 오직 자기 남편만을 위해 자신을 지키겠다고 한 약속들 깨뜨린 것입니다. 무엇보다도 하나님께 한 약속을 깨뜨리는 것입니다. 하나님께서는 깨어진 이 서약을 결코 가볍게 보시지 않으십니다. 전도서 5:4-6에서는 이렇게 경고했습니다. "네가 하나님께 서원하였거든 갚기를 더디게 말라. 하나님은 우매자를 기뻐하지 아니하시나니 서원한 것을 갚으라. 서원하고 갚지 아니하는 것보다 서원하지 아니하는 것이 나으니 네 입으로 네 육체를 범죄케 말라. 사자 앞에서 내가 서원한 것이 실수라고 말하지 말라. 어찌 하나님으로 네 말소리를 진노하사 네 손으로 한 것을 멸하시게 하랴?"

　부도덕의 죄는 치명적입니다. 여자든 남자든 양쪽 다 범할 수 있습니다. 남자도 마찬가지로 여자를 죄로 유혹할 수 있습니다. 이런 남자 역시 이방인입니다. 이 죄는 영혼을 무디게 하며, 하나님을 향한 사랑을 시들게 하고 하나님의 심판을 초래합니다.

이 부도덕을 다루는 데 있어서 철저해야 한다고 예수님께서는 분명히 말씀해 주셨습니다. "또 간음치 말라 하였다는 것을 너희가 들었으나, 나는 너희에게 이르노니 여자를 보고 음욕을 품는 자마다 마음에 이미 간음하였느니라. 만일 네 오른눈이 너로 실족케 하거든 빼어 내버리라. 네 백체 중 하나가 없어지고 온몸이 지옥에 던지우지 않는 것이 유익하며"(마태복음 5:27-29).

아주 교묘한 이 죄의 덫에 걸린 자들은 벗어나기가 쉽지 않습니다. 마음은 점점 강퍅해지고 이성은 판단력을 잃게 됩니다. 이 죄에 빠진 자들은 자신의 행동을 정당화하고 합리화하기 시작합니다. 미국 동부 어느 도시의 한 사람이 그런 경우입니다. 그는 수년 동안 다른 여자와 부정한 관계를 맺어 왔지만, 아내는 조용히 참았습니다. 결국 아내는 더 이상 참을 수 없어서 마침내 이 사실을 폭로했습니다. 그러자 그 사람은 단지 좀 좋아했던 것뿐이라고 자기 행동을 변명했습니다. 다른 사람들은 육체적 쾌락에 빠져 있지만 자기 경우는 우연히 어쩌다 맺게 된 불법적 관계에 불과할 뿐이라는 얘기입니다. 오직 하나님의 지혜만이 우리를 부도덕한 생각과 육체의 정욕에 사로잡히지 않게 해 줄 수 있습니다. 하나님의 지혜가 주는 분명한 경고를 항상 우리 마음에 깊이 새겨 두어야 합니다.

지혜가 너로 선한 자의 길로 행하게 하며 또 의인의 길을 지키게 하
리니, 대저 정직한 자는 땅에 거하며 완전한 자는 땅에 남아 있으리
라. 그러나 악인은 땅에서 끊어지겠고 궤휼한 자는 땅에서 뽑히리라.
(2:20-22)

선한 사람은 한결같이 똑같은 길을 걸어갑니다. 어제 옳았던 것은 오늘도 옳으며, 작년에 진실이었던 것은 올해도 진실입니다. 하나님의 지혜는 우리를 선하고 옳고 진실한 것으로 직접 인도합니다. 앞에서 경건한 지혜가 어떻게 우리를 악으로부터 지키고 보호하여 주는가를 살펴보았습니다. 본문 말씀은 우리로 다시 한번 지혜가 영혼에 미치는 영향을 생각하게 합니다.

예레미야 6:16에서 주님께서는 그 세대 사람들에게 이렇게 상기시키셨습니다. "너희는 길에 서서 보며 옛적 길 곧 선한 길이 어디인지 알아보고 그리로 행하라. 너희 심령이 평강을 얻으리라." 또 주님께서는 우리가 "게으르지 아니하고 믿음과 오래 참음으로 말미암아 약속들을 기업으로 받는 자들을 본받는 자"가 되기를 간절히 원하십니다(히브리서 6:12).

우리는 선한 자의 길로 행할 뿐 아니라, 의인의 길을 지켜야 합니다. 종종 우리 그리스도인들은 영적으로 성장하는 과정에서도 죄를 범하거나 자신도 모르는 사이에 옛 생활에 빠지는 잘못을 범하는 경우가 있습니다. 많은 그리스도인들이 예수님을 믿은 후에도 얼마 동안은 옛 죄에 빠지곤 했다고 술회하고 있습니다. 대개 처음 죄를 회개하고 주님을 영접할 때에는 신이 납니

다. 그러나 그 후 이 감격이 서서히 시들고 옛 생활의 유혹이 점점 더욱 강해집니다. 옛 친구들도 그를 유혹합니다. "넌 바보구나. 세상의 이런 즐거움을 놓치다니!"

왜 이런 일이 일어납니까? 이는 새로운 그리스도인에게 본을 보여 주는 영적으로 성숙한 그리스도인이 너무도 없다는 사실 때문입니다. 마음을 털어놓고 상담할 만한 성숙한 그리스도인이 아무도 없습니다. 그의 영적 행복에 개인적인 관심을 기울여 주는 사람도 없습니다. 마귀는 영적으로 어린 그리스도인들을 향해 매우 효과적인 방해 계획을 가지고 있다는 사실을 기억하십시오. 마귀는 자기의 어둠의 나라에서 한 사람을 잃으면, 그다음 작전으로 그 사람을 하나님의 나라에서 쓸모없는 사람으로 만들려고 온갖 계략을 획책합니다. 악한 사람들을 이용하여 새 신자에게도 영향을 미치게 합니다.

어린 그리스도인에게 가장 필요한 것은 훌륭하고 신실한 성도들이 새로운 삶의 방법을 그에게 보여 주는 입입니다. 우리는 곁길로 가고 있는 어린 신자를 성숙한 그리스도인들이 다시 의의 길로 인도하는 것을 종종 봅니다. 새 신자가 복음의 부름에 응답하여 하나님의 자녀로 태어나는 그 순간부터 그에게 경건한 삶의 영향을 주는 성장한 그리스도인이 있다면 얼마나 좋을까요? 그리스도 안에서 새로 태어난 아기인 새 신자에게는, 그에게 하나님의 자녀로서 살아가는 길을 보여 주며 그의 영혼을 보살펴 줄 사람이 꼭 있어야 합니다. 그가 선한 자의 길로 행하도록 인도해 주어야 합니다. 그러면 그는 땅에 거하며 땅에 남아 있게 될 것이며, 죄와 멸망의 길로 빠져들어 가 방황하지 않게 될 것입니다. 성경은 이렇게 말씀합니다. "의인이 땅을 차지함이여, 거기 영영히 거하리로다. 여호와를 바라고 그 도를 지키라. 그리하면 너를 들어 땅을 차지하게 하실 것이라. 악인이 끊어질 때에 네가 목도하리로다. 완전한 사람을 살피고 정직한 자를 볼지어다. 화평한 자의 결국은 평안이로다"(시편 37:29,34,37).

악인은 이와 아주 뚜렷하게 대조를 이룹니다. 악인은 땅에서 끊어지고 땅에서 뽑힐 것입니다. 이 모든 사실을 볼 때 우리는 위로부터 오는 하나님의 지혜로 우리 마음을 채우기 위해 부지런해야 합니다. 또한 하나님의 도, 하나님의 뜻, 하나님의 말씀을 더욱더 알아 가야 합니다.

> 내 아들아, 나의 법을 잊어버리지 말고 네 마음으로 나의 명령을 지키라. 그리하면 그것이 너로 장수하여 많은 해를 누리게 하며 평강을 더하게 하리라. 인자와 진리로 네게서 떠나지 않게 하고 그것을 네 목에 매며 네 마음 판에 새기라. 그리하면 네가 하나님과 사람 앞에서 은총과 귀중히 여김을 받으리라. (3:1-4)

내가 주님을 믿은 후 그리스도인으로서 처음 받은 훈련을 돌이켜 볼 때, 나에게 성경 암송을 시작하게 했던 분이 복습의 필요성을 강조해 준 데 대해 특히 감사를 드립니다. 우리는 말씀을 암송할 뿐만 아니라 암송한 것을 잊어버리지 않는 방법을 강구

해야 합니다. 성공적인 암송의 비결은 복습, 복습, 복습입니다.

내가 사용한 방법은 아주 간단했습니다. 나는 걸어서 출퇴근을 했기 때문에 오며 가며 성경 말씀을 암송했습니다. 그리고 부지런히 복습했습니다. 학교에 갈 때는 시내버스를 이용했는데, 차 속에서도 암송과 복습을 했습니다. 한번은 네비게이토 선교회의 수양회에 참석했는데, 거기서 체계적인 암송 복습 방법을 알게 되었습니다. 나는 새로운 성경 구절을 암송하면 7주 동안 적어도 매일 한 번씩 복습하기로 했습니다. 그러다가 각 구절을 하루에 7번씩 복습하기로 적용했는데, 이를 위해 조금이라도 틈이 나면 암송한 구절을 복습했습니다. 그런 식으로 해서 그 구절들은 완전히 내 것이 되었습니다.

복습의 비결은 지속성입니다. 하나님의 말씀을 새로 암송하거나 복습할 수 있는 시간이었는데 허비해 버린 시간이 얼마나 되는지 생각해 보십시오. 틈이 날 때마다 암송을 할 수 있는 한 가지 방법은 조그마한 카드에 성경 말씀을 적어서 항상 가지고 다니는 것입니다. 네비게이토 선교회에서 발행한 여러 주제별 성경 암송 세트에는 성경 말씀이 인쇄되어 있는 암송 카드가 들어 있습니다. 나는 그 카드를 별도의 암송 지갑에 넣어 두고, 항상 그 암송 지갑을 가지고 다니면서 언제 어디서나 암송과 복습을 했습니다. 오늘날 수많은 사람들이 성경 암송을 함으로써 시간을 두 배로 이용하게 되었습니다. 암송과 복습은 다른 일을 하면서도 할 수 있기 때문입니다.

가정주부는 설거지나 다리미질을 하면서도 암송을 할 수 있습니다. 남자들은 거울에 암송 카드를 꽂아 둠으로써 면도를 하거나 넥타이를 매면서도 암송을 할 수 있습니다. 운전하는 사람이라면 핸들 앞에 암송 지갑을 세워 둠으로써 신호등이 바뀌기를 기다리는 동안 암송할 수 있습니다. 버스나 전철이나 기차를 타는 사람들은 차를 기다릴 때나 차 안에서 암송할 수 있습니다. 걸어서 출퇴근을 하는 사람이라면 걸어가면서도 암송할 수 있으며, 버스를 타고 출퇴근 하는 사람이라면 버스에서 내려 직장이나 집까지 가는 단 몇 분 동안을 암송에 이용할 수 있습니다.

잠언 말씀은 이렇게 우리에게 명령합니다. "내 아들아, 나의 법을 잊어버리지 말고 네 마음으로 나의 명령을 지키라"(3:1).

여기에는 놀라운 축복이 따릅니다. "그리하면 그것이 너로 장수하여 많은 해를 누리게 하며 평강을 더하게 하리라"(2절). 우리가 곤경에 처할 때 하나님의 말씀은 내적인 힘과 평강의 위대한 원천이 됩니다. 시편 29:11은 이렇게 말씀합니다. "여호와께서 자기 백성에게 힘을 주심이여. 여호와께서 자기 백성에게 평강의 복을 주시리로다."

그러나 하나님의 말씀을 마음에 간직하려면 훈련과 근면과 헌신이 필요합니다. 이는 제자의 삶의 필수 요소이기도 합니다. 주님께서 이스라엘 백성의 새로운 세대에게 주신 명령과 경고를 주목하기 바랍니다. "오직 너는 스스로 삼가며 네 마음을 힘써 지키라. 두렵건대 네가 그 목도한 일을 잊어버릴까 하노라. 두렵건대 네 생존하는 날 동안에 그 일들이 네 마음에서 떠날까 하노라. 너는 그 일들을 네 아들들과 네 손자들에게 알게 하라"(신명기 4:9).

본문 말씀은 축복의 약속과 함께 강한 도전을 합니다. 성경을 공부해 보면, 하나님의 '인자와 진리'는 불가분의 관계에 있음을 알게 됩니다. 인자와 진리, 이 두 단어는 종종 축복과 사랑의 아름다운 조화 가운데 함께 나옵니다. 야곱은 이 두 가지를, 자신에게 주신 하나님의 은혜의 선물로 보았습니다. "나는 주께서 주의 종에게 베푸신 모든 은총과 모든 진리를 조금이라도 감당할 수 없사오나…"(창세기 32:10). 시편 기자는 이 두 가지를 영원한 감사의 제목으로 생각했습니다. "감사함으로 그 문에 들어가며 찬송함으로 그 궁정에 들어가서 그에게 감사하며 그 이름을 송축할지어다. 대저 여호와는 선하시니 그 인자하심이 영원하고 그 성실하심[진리]이 대대에 미치리로다"(시편 100:4-5).

하나님의 인자와 진리는 세상 모든 사람이 찬양해야 할 내용입니다. "너희 모든 나라들아 여호와를 찬양하며, 너희 모든 백성들아 저를 칭송할지어다. 우리에게 향하신 여호와의 인자하심이 크고 진실하심이 영원함이로다. 할렐루야"(시편 117:1-2). 성경에서 이 두 가지 은혜는 종종 함께 붙어 다닙니다.

하나님의 성품이 이러할진대 우리의 삶도 마땅히 이러해야 합니다. 우리가 하나님의 자녀로서 하나님 아버지와 그 아들 예수 그리스도를 닮는 것은 당연합니다. "그러므로 사랑을 입은 자녀같이 너희는 하나님을 본받는 자가 되고, 그리스도께서 너희를 사랑하신 것같이 너희도 사랑 가운데서 행하라. 그는 우리를 위하여 자신을 버리사 향기로운 제물과 생축으로 하나님께

드리셨느니라"(에베소서 5:1-2).

그러나 하나님의 이 두 가지 성품을 매일의 삶에서 나타내지 못하는 경우가 얼마나 많습니까? 인자는 오늘날 이 땅에서 점점 낯선 것이 되어 가고 있으며, 진리도 점점 찾아보기가 힘들어집니다. 우리는 그리스도인으로서 이 문제를 위해서 매일 기도해야 합니다. 하루하루를 살아갈 때 모든 일에서 인자와 진리를 나타냄으로써 이 세상의 빛과 소금이 될 수 있도록 하나님께 기도하십시오.

성경을 공부하며 성경 말씀에 나타난 진리를 확고히 믿는다고 말하면서도 툭하면 싸우려고 해서 함께 지내기가 힘든 사람들을 보신 적이 있습니까? 그들은 하나님의 진리를 위해서라면 언제나 싸울 태세가 되어 있습니다. 그러나 다른 사람들을 향한 그들의 마음은 돌처럼 완고합니다. 이것이 하나님께서 말씀 가운데 인자와 진리를 동시에 언급하신 이유 중 하나라 생각됩니다.

반면에 마음은 타인을 향한 사랑과 관심과 인자함으로 가득 차 있으면서도, 다른 사람들을 진리로 인도하지는 못하거나 기초가 견고하지 못한 사람들도 있습니다. 그들은 "당신이 원하는 것은 무엇이든지 믿으십시오. 신앙이란 이거나 저거나 매한가지이지요"라고 말하는 따뜻하고 관대하고 인자한 사람들입니다. 그들은 진지함이 신앙의 핵심이라고 생각하며, 관용은 그들의 신앙의 상징입니다.

이것 역시 매우 잘못된 것입니다. 여러분이 캄캄한 밤중에 약장을 열고 감기약을 꺼낸다는 것이 그만 독약을 꺼냈다고 합시다. 여러분이 아무리 진지했다 해도 전적으로 잘못된 것입니다. 그러므로 진리와, 사랑과 온유의 성품인 인자는 하나님의 성품 안에서 함께 보석처럼 빛나듯이 우리 삶 속에서도 함께 있어야 합니다.

인격과 삶 속에서 이 두 가지 경건한 특성을 나타내 보이는 사람은 하나님과 사람의 사랑을 받게 될 것입니다. 하나님의 축복이 그 위에 쏟아질 뿐 아니라 주위에 있는 사람들도 그에게 따뜻한 우정의 손을 내밀 것입니다. 사무엘이 바로 이런 간증을 보였습니다. "아이 사무엘이 점점 자라매 여호와와 사람들에게 은총을 더욱 받더라"(사무엘상 2:26). 가장 위대한 모범은 우리 주 예수님이십니다. "예수는 그 지혜와 그 키가 자라 가며 하나님과 사람에게 더 사랑스러워 가시더라"(누가복음 2:52).

> 너는 마음을 다하여 여호와를 의뢰하고 네 명철을 의지하지 말라. 너는 범사에 그를 인정하라. 그리하면 네 길을 지도하시리라. (3:5-6)

하나님께서는 마음을 다하여 하나님을 의뢰하라고 말씀하십니다. 이는 곧 나뉘지 않는 전적인 헌신을 말합니다. 우리의 소망, 우리의 신뢰는 오직 하나님께만 두어야 합니다. 육체를 신뢰해서는 안 됩니다. 인간의 지혜를 의지해서도 안 됩니다. 하나님만을 의지한다는 생각에 대하여 사람들은 당연히 거부감을 느낍니다. 이는 우리의 교만과 자기를 신뢰하는 마음 때문입니다.

우리는 자기 자신을 의지하며 자신의 어리석고 거짓된 생각을 신뢰하고 싶어 합니다.

예레미야 17:5-6에서는 이렇게 말씀합니다. "나 여호와가 이같이 말하노라. 무릇 사람을 믿으며 혈육으로 그 권력을 삼고 마음이 여호와에게서 떠난 그 사람은 저주를 받을 것이라. 그는 사막의 떨기나무 같아서 좋은 일의 오는 것을 보지 못하고 광야 간조한 곳, 건건한 땅, 사람이 거하지 않는 땅에 거하리라."

이것은 아담과 하와의 이야기요, 타락 이후 인류의 역사이기도 합니다. 우리는 각기 제 길로 가며 자기가 원하는 것을 행하고 싶어 하며, 자신의 명철을 의지하기를 원합니다. 그러나 우리 자신의 명철은 우리를 잘못된 길로, 잘못된 방향으로 인도하기가 십상입니다.

에베소서 4:17-18은 이에 대하여 명확하게 말씀합니다. "그러므로 내가 이것을 말하며 주 안에서 증거하노니 이제부터는 이방인이 그 마음의 허망한 것으로 행함같이 너희는 행하지 말라. 저희 총명이 어두워지고 저희 가운데 있는 무지함과 저희 마음이 굳어짐으로 말미암아 하나님의 생명에서 떠나 있도다." 로마서 1:21-22에서는 이렇게 말씀합니다. "하나님을 알되 하나님으로 영화롭게도 아니하며 감사치도 아니하고 오히려 그 생각이 허망하여지며 미련한 마음이 어두워졌나니 스스로 지혜 있다 하나 우준하게 되어."

그러므로 성령의 비췸이 없는 인간의 이성 자체는 아담과 하와의 타락으로 인한 원죄로 말미암아 더럽혀져 있기 때문에 거짓되고 신뢰할 수 없는 인도자입니다. 그러면 우리의 이성을 절대로 사용해서는 안 된다는 말입니까? 결코 그렇지 않습니다. 도슨 트로트맨은 이렇게 말하곤 했습니다. "하나님께서 여러분에게 이성을 주신 것은 사용하라고 주신 것입니다." 그러므로 우리는 이 이성을 믿음 안에서 올바로 사용할 필요가 있습니다. 하나님께 대한 믿음은 우리의 이성을 강화시켜 주며, 밝게 비춰 주며, 북돋아 줍니다.

자기를 의지하는 것은 어리석은 행동이며, 하나님을 거역하는 것은 파멸입니다. 그러나 하나님을 의뢰하는 삶은 생동감이 넘치고 모험과 스릴이 가득하고 신이 나는 삶입니다. 우리가 할 수 있는 가장 현명한 일은 우리의 믿음을 전적으로 하나님의 능력과 선하심과 지혜에 두는 것입니다.

그다음 단계는 일상생활의 모든 문제를 기도로 하나님께 가지고 나아가는 것입니다. 입술로는 하나님을 예배하나 실제 삶은 자기 스스로 살아가고자 하는 것이 곧 우상 숭배입니다. 우리는 범사에 하나님을 인정해야 합니다. 많은 사람들이 아침 기도를 통해 하나님으로부터 능력을 공급받는 이 일의 중요성을 모르고 있습니다. 어떤 일을 행동으로 옮기기 전에, 또 사람에게 상담을 구하기 전에 먼저 기도로 하나님께 그 일을 가지고 나아가 아뢰는 아침 기도는 대단히 중요합니다. 다윗은 아침 기도의 가치를 알았기에 이렇게 서원했습니다. "여호와여, 아침에 주께서 나의 소리를 들으시리니 아침에 내가 주께 기도하고 바라리이다"(시편 5:3).

말씀과 기도에 착념하십시오. 새롭게 이상한 계시를 구하지 마십시오. 성경을 펴서 진지하고 실제적인 믿음과 경외하는 태도를 가지고 읽어 나가십시오. 하나님께서는 결코 여러분을 곁길로 인도하시지 않으시고, "네 길을 지도하시리라"라고 하신 약속을 이행하십니다. 기도하고 내디딘 발걸음은 여러분에게 결코 후회를 가져다주지 않을 것입니다. 이는 하나님께서 여러분을 보살피고 계시기 때문입니다.

내가 알고 있는 한 부부는 결혼 예복에 잠언 3:5-6을 새겼습니다. 이는 그들이 결혼식 날 하나님께 한 헌신의 표시였습니다. 그들의 결혼 생활에도 갈등과 적응, 고통과 기쁨이 있었지만, 하나님께서는 그들의 길을 지도해 주셨습니다. 하나님께서 자기 자녀들 속에서 보기 원하시는 헌신이란 바로 이러한 것이며, 말씀과 기도에 온전히 드려지는 것이 이런 삶의 기초가 됩니다.

> 스스로 지혜롭게 여기지 말지어다. 여호와를 경외하며 악을 떠날지어다. 이것이 네 몸에 양약이 되어 네 골수로 윤택하게 하리라. (3:7-8)

자신감 또는 자기 확신이란 불가사의한 것이어서 올바른 방향으로 사용되면 축복이 되지만, 잘못된 방향으로 사용되면 저주가 될 수 있습니다. 농부는 그동안의 경험과 훈련을 통하여 옥수수를 심는 법, 가축을 키우는 법, 곡식을 재배하는 법과 추수하는 법을 알고 있다고 확신합니다. 목수는 그 경험과 훈련을 통하여 창문을 짜고 문을 달고 지붕을 고칠 수 있다고 확신합니다. 의사는 그 경험과 훈련을 통하여 자기는 뼈를 맞추며, 상처를 꿰매며, 탈이 난 위장을 치료할 수 있다고 확신합니다. 이것은 올바른 확신이며, 이것이 없이는 옥수수는 심기어지지 않고, 문짝은 달아지지 않으며, 어긋난 뼈는 맞추어지지 않습니다.

그러나 또 다른 형태의 자신감 또는 자기 확신은 우리를 교만으로 이끌어 영적 성장을 막아 버립니다. 열심히 배운다면 누구나 자기 직업 분야에서 탁월한 수준에 도달할 수 있습니다. 그러나 너무나 자주 많은 사람들이 자기는 이미 자기 분야의 모든 것을 알고 있다고 확신합니다. 그래서 정체 상태에 빠지게 되고, 자기 전문 분야에서도 더 이상 진보가 없게 됩니다. 이 경우 자기 확신은 저주가 됩니다.

이미 최고 수준에 도달했다고 생각지만 않았어도 많은 사람들이 지혜롭게 될 수 있었을 터입니다. 스스로 지혜 있게 여기기 때문에, 다른 사람의 의견에 제대로 귀를 기울이지 않습니다. 타인의 제안을 탐탁지 않게 여깁니다. 실제로 사랑과 올바른 동기로 주는 제안을 자기가 경시당하거나 깎이고 있다고 생각하고는 거절해 버립니다.

다른 사람으로부터 어떤 것을 받아들인다는 것은 자신이 약하다는 표시요, 자신의 어리석음을 인정하는 것이라 생각하는 사람들도 있습니다. 하지만 결코 그렇지 않습니다. "너희 중에 지혜와 총명이 있는 자가 누구뇨? 그는 선행으로 말미암아 지혜의 온유함으로 그 행함을 보일지니라. 그러나 너희 마음속에 독한 시기와 다툼이 있으면 자랑하지 말라. 진리를 거스려 거짓하지 말라. 이러한 지혜는 위로부터 내려온 것이 아니요 세상적이요 정욕적이요 마귀적이니, 시기와 다툼이 있는 곳에는 요란과 모든 악한 일이 있음이니라"(야고보서 3:13-16).

사도 바울은 로마의 성도들에게 이렇게 교훈했습니다. "내게 주신 은혜로 말미암아 너희 중 각 사람에게 말하노니 마땅히 생각할 그 이상의 생각을 품지 말고 오직 하나님께서 각 사람에게 나눠 주신 믿음의 분량대로 지혜롭게 생각하라. 서로 마음을 같이하며 높은 데 마음을 두지 말고 도리어 낮은 데 처하며 스스로 지혜 있는 체 말라"(로마서 12:3,16). 이사야 5:21에서는 이렇게 경고합니다. "스스로 지혜롭다 하며 스스로 명철하다 하는 그들은 화 있을진저!"

그다음의 훈계는 여호와를 경외하며 악을 떠나라는 것입니다. 이 두 가지는 따로 떼어 놓을 수 없습니다. 요셉은 죄의 유혹을 당했을 때 그것을 거절하고, 주인 아내에게 이렇게 말했습니다. "내가 어찌 이 큰 악을 행하여 하나님께 득죄하리이까?"(창세기 39:9). 느헤미야는 자신이 총독으로서 한 일들을 언급할 때, 그 이전 총독들이 어떻게 백성을 토색하며 압제하였는가를 회상했습니다. 그러고 나서 이렇게 말했습니다. "나는 하나님을 경외하므로 이같이 행치 아니하고"(느헤미야 5:15). 욥도 똑같은 결론에 도달했습니다. "또 사람에게 이르시기를 '주를 경외함이 곧 지혜요 악을 떠남이 명철이라' 하셨느니라"(욥기 28:28). 예수 그리스도의 십자가가 나타내고 있는 것 중의 하나가 하나님의 사랑입니다. 여러분을 향한 하나님의 사랑은 너무도 깊고 영원하기 때문에 하나님의 독생자가 여러분을 위해 죽으셨습니다. 십자가는 또한 죄에 대한 하나님의 증오를 분명히 보여 줍니다. 하나님은 여러분을 죄의 형벌과 권세로부터 자유케 하기 위하여 기꺼이 자기 아들까지도 내어 주셨습니다.

이러므로 본문의 훈계를 심각하게 받아들여야 합니다. 죄를 즐기면서 여전히 하나님을 사랑하며 경외한다고 외칠 수는 없습니다. 이 두 가지는 서로 배타적이어서 결코 공존할 수 없습니다. "여호와를 경외하며 악을 떠날지어다." 이 명령에 순종하는 사람을 위한 놀라운 약속이 있습니다. "이것이 네 몸에 양약이 되어 네 골수로 윤택하게 하리라." 즉 영육 간의 건강이 약속되어 있습니다. 현대 의학은 인간의 질병 중 많은 것이 양심의 가책, 과거에 대한 후회, 미래에 대한 염려 및 초조한 마음에서 비롯된다고 말하고 있습니다. 반면에 우리가 하나님과의 교제를 유지하며, 죄의 길과 죄의 함정으로부터 돌아설 때 우리 영혼은 윤택해지며 건강하게 됩니다.

하나님의 길을 버렸다가 다시 하나님께로 돌아오기를 원하는 자에게 하나님께서는 이렇게 약속하십니다. "내가 저희의 패역을 고치고 즐거이 저희를 사랑하리니 나의 진노가 저에게서 떠났음이니라"(호세아 14:4). 말라기 4:2에서도 역시 비슷한 약속을 하십니다. "내 이름을 경외하는 너희에게는 의로운 해가 떠올라서 치료하는 광선을 발하리니 너희가 나가서 외양간에서 나온 송아지같이 뛰리라".

> 네 재물과 네 소산물의 처음 익은 열매로 여호와를 공경하라. 그리하면 네 창고가 가득히 차고 네 즙 틀에 새 포도즙이 넘치리라. (3:9-10)

어느 해 여름, 나는 콜로라도스프링스에 있는 네비게이토 수양관에서 열린 수양회의 책임을 맡았습니다. 그때 헌금이라는 주제로 한 설교가 있었는데, 설교자는 설교를 시작하기에 앞서 사람들에게 이런 질문을 던졌습니다. "여러분은 자신이 하나님께 후히 드리는 사람이라고 생각하십니까?" 200명가량의 참석자들에게 그 대답을 "예" 또는 "아니요"로 간단하게 쪽지에 적어서 내게 했습니다. 그 결과를 종합해 보니 "아니요"라는 대답이 압도적으로 많았습니다. 사실은 6명을 제외하고는 전부 "아니요"라고 대답한 것입니다. 그런데 이들은 모두 그리스도인들이었고, 대부분은 자기 교회에서 중요한 책임을 맡고 있었습니다.

마음을 다하여 하나님을 의뢰하라는 권고는 하나님께 후히 드리는 삶으로 초대하는 것으로 결론을 맺습니다. 본문에는 명령과 약속이 동시에 나옵니다. 성경은 우리의 삶으로써 하나님을 공경하라고 명령합니다. 우리는 생활과 생각과 행동을 통해 하나님을 공경해야 합니다. 더 나아가, 우리의 재물로써 하나님을 공경해야 한다고 가르칩니다.

이는 무엇을 의미합니까? 우리의 소유물을 하나님의 영광을 위해서 사용해야 한다는 말입니다. 단지 하나님의 일을 위해 헌금하는 것 훨씬 이상입니다. 한번 자신을 평가해 보십시오. 여러분의 차를 하나님을 영화롭게 하기 위해 사용합니까? 여러분의 저금통장을 하나님을 공경하기 위해 사용합니까? 애지중지하는 악기는? TV는? 주님의 명령은 분명합니다. "네 재물로 여호와를 공경하라."

본문은 계속하여 "네 소산물의 처음 익은 열매로 여호와를 공경하라"라고 명령합니다. 재물이 많아질 때, 우리는 자신을 기쁘게 하며 이 세상 것에 마음을 두려는 유혹을 받습니다. 이 말씀을 통해 세 가지 원리를 배울 수 있습니다. 첫째, 우리는 하나님께서 우리에게 복 주신 모든 것으로 하나님을 공경해야 합니다. 둘째, 하나님께서는 으뜸이시요 가장 좋으신 분이시기에 마땅히 우리의 소산물 중에서 **첫째가며 가장 좋은 것**을 하나님께 드려야 합니다. 셋째, 우리 자신의 것으로 드려야 합니다. 소산물은 여러분의 것입니다. 이는 하나님께서 하나님의 뜻과 말씀대로 사용하도록 여러분에게 주셨기 때문입니다. 여러분이 얼마나 가지고 있느냐가 아니라, 여러분이 가지고 있는 것으로 무엇을 하느냐 또는 그것을 어떻게 사용하느냐가 중요합니다.

그다음에 약속이 나옵니다. "그리하면 네 창고가 가득히 차고 네 즙 틀에 새 포도즙이 넘치리라." 예수님께서도 이와 비슷한 약속을 하셨습니다. "주라 그리하면 너희에게 줄 것이니 곧 후히 되어 누르고 흔들어 넘치도록 하여 너희에게 안겨 주리라. 너희의 헤아리는 그 헤아림으로 너희도 헤아림을 도로 받을 것이니라"(누가복음 6:38).

그러므로 하나님을 공경하기 위하여 재물을 드리는 것은 그리스도의 제자인 우리가 마땅히 해야 할 바입니다. 그리고 이는

지혜와 도덕적 보호 105

우리가 말씀과 기도에 헌신했을 때에만 가능합니다. 그것이 지혜의 길이요 악을 피하는 길이기 때문입니다. 지혜가 우리 마음에 들어오게 하면(2:10), 지혜는 우리로 하여금 하나님의 명령을 지킬 수 있게 합니다(3:1). 그 결과 하나님께서는 우리의 모든 길을 지도하여 주십니다(3:6).

5

지혜를 얻을 때 오는 상급

잠언 3:11-26

인류 역사를 통틀어 자녀를 양육할 때 한 번도 실수하지 않은 부모는 하나도 없겠지요? 부모인 사람들은 자녀를 키우면서 여러 번 실수를 한 적이 있음을 솔직히 시인하지 않을 수 없습니다. 우리 모두는 실수를 했습니다. 자기 생각에 옳은 것을 기도하고 행하였습니다. 하나님 보시기에 가장 좋은 것이라고 생각되는 바를 행하였습니다. 그리고 하나님께서 우리가 하는 일에 축복해 주시리라 믿었습니다. 그럼에도 실수는 있었습니다.

반면에 하나님께서는 완벽하신 아버지이십니다. 결단코 실수를 하신 적이 없으십니다. 한 번도 없으십니다! 지금까지 하나님의 자녀로 태어난 모든 사람을 생각해 보십시오. 하나님께서는 그들을 모두 가장 올바른 방법으로 양육하셨습니다. 하나님은 과거를 돌이켜 보면서 "그렇게 하지 말았어야 했는데" 또는 "이렇게 했으면 더 좋았을 걸" 하고 말씀하신 적이 결코 없으십니다.

> 내 아들아, 여호와의 징계를 경히 여기지 말라. 그 꾸지람을 싫어하지 말라. 대저 여호와께서 그 사랑하시는 자를 징계하시기를 마치 아비가 그 기뻐하는 아들을 징계함같이 하시느니라. (3:11-12)

때로는 하나님의 자녀들에게 징계와 꾸지람이 필요합니다. 징계나 꾸지람을 받기 좋아하는 사람은 별로 없습니다. 그러나 하나님께서는 우리가 배워야 할 교훈을 정확히 알고 계십니다. 뿐만 아니라 그 교훈을 우리 삶을 통해 가르치시는 방법도 알고 계십니다. 이 사실은 우리에게 놀라운 축복입니다. 하나님의 타이밍은 완전하십니다. 이사야 30:18은 이렇게 말씀합니다. "그러나 여호와께서 기다리시나니 이는 너희에게 은혜를 베풀려 하심이요, 일어나시리니 이는 너희를 긍휼히 여기려 하심이라. 대저 여호와는 공의의 하나님이심이라. 무릇 그를 기다리는 자는 복이 있도다." 이것이 바로 베드로전서 5:6에서 다음과 같이 말한 이유입니다. "그러므로 하나님의 능하신 손 아래서 겸손하라. 때가 되면 너희를 높이시리라."

잠언에서 말씀하고 있는 바와 같이 징계와 꾸지람을 통해 얻는 지혜는 이 세상에서 자기 일을 지혜롭게 처리할 수 있는 타고난 능력을 말하는 게 아닙니다. 전 역사를 통하여 천재들이나 소유했던 그런 것도 아닙니다. 본문에서 말하는 이 지혜에는 두 가지 중요한 특성이 있습니다. 첫째로 경건합니다. 하나님을 경외함에 기초를 두고 있기 때문입니다. 둘째로 실제적입니다. 인간의 올바른 행동 속에는 이 지혜가 마땅히 나타나야 합니다. 이는 하나님의 말씀을 통하여 하나님의 진리를 알고 이를 삶에 적용하는 것입니다.

지혜를 얻기 위해서는 헌신이 필요합니다. 개인적으로 하나님의 말씀을 섭취하는 일과 기도를 통해 하나님께 부르짖는 일에 전심으로 자신을 드려야 합니다. 그다음 하나님께서 우리의 삶을 지도하실 줄을 전적으로 믿고 하나님을 의뢰해야 합니다. 본문에서 지혜를 얻으려면 때로 아버지의 훈계와 같은 징계와 꾸지람을 받아야 하기도 하지만, 이와 더불어 지혜는 큰 축복을 가져옴을 알 수 있습니다.

하나님께서는 우리 삶 속에서 하나님의 목적을 성취하기 위해 언제나 가장 확실하고 인자하신 수단을 사용하십니다. "이는 주께서 영원토록 버리지 않으실 것임이며 저가 비록 근심케 하시나 그 풍부한 자비대로 긍휼히 여기실 것임이라. 주께서 인생으로 고생하며 근심하게 하심이 본심이 아니시로다"(예레미야애가 3:31-33). 우리의 죄가 심히 큼에도 불구하고 아버지와 같으신 하나님의 징계는 너무 부드럽고 가볍다는 것은 기이한 일입니다. 에스라가 하나님께 죄를 자백하는 기도를 할 때 가장 먼저 마음속에 떠오른 사실이 바로 이것이었습니다. "우리의 악한 행실과 큰 죄로 인하여 이 모든 일을 당하였사오나 우리 하나님이 우리 죄악보다 형벌을 경하게 하시고 이만큼 백성을 남겨 주셨사오니"(에스라 9:13).

다윗은 다음과 같이 놀라운 진리로 하나님을 찬양했습니다. "우리의 죄를 따라 처치하지 아니하시며 우리의 죄악을 따라 갚지 아니하셨으니, 이는 하늘이 땅에서 높음같이 그를 경외하는 자에게 그 인자하심이 크심이로다. 동이 서에서 먼 것같이 우리 죄과를 우리에게서 멀리 옮기셨으며, 아비가 자식을 불쌍히 여김같이 여호와께서 자기를 경외하는 자를 불쌍히 여기시나니, 이는 저가 우리의 체질을 아시며 우리가 진토임을 기억하심이로다"(시편 103:10-14). 예레미야는 백성들에게 하나님의 징계의 정당성을 상기시켜 주었습니다. "살아 있는 사람은 자기 죄로 벌을 받나니 어찌 원망하랴?"(예레미야애가 3:39). 그러나 징계 또는 꾸지람을 받는 그 당시에는 이 복된 진리를 잊기가 쉽습니다. 또한 이 징계에 대해 불평하기 쉽습니다. 그 고통이 필요 이상으로 힘겹고 긴 것처럼 느껴집니다. 때로는 단지 자신이 생각한 때에 징계가 끝나지 않는 것을 보고 이 징계는 결코 끝나지 않을 것이라고 생각하기도 합니다. 그러나 하나님의 절대주권과 능력에 비추어 볼 때, 불평하며 하나님께 대드는 것은 어리석은 일입니다.

우리에게 최선이 아닌 것을 하나님께서 우리로 겪게 하시리라는 생각은 가장 어리석은 생각입니다. 하나님의 징계는 형벌을 내리는 재판관의 징계와 같은 것이 아니라, 자기 자녀를 안전한 길과 자기와의 교제 가운데로 돌아오게 하려는 사랑하는 아버지의 징계와 같은 것입니다. 하나님께서는 우리를 사랑하시기 때문에 우리를 징계하십니다.

우리는 항상 하나님의 영광스러운 목적을 잊어서는 안 됩니다. 하나님께서는 우리가 예수 그리스도의 형상으로 더욱 닮아가게 하는 데 필요한 것은 무엇이나 행하십니다. 히브리서 5:8에서는 이 땅에서의 예수님의 생활에 대하여 놀라운 사실을 보여 줍니다. "그가 아들이시라도 받으신 고난으로 순종함을 배워서." 우리도 하나님을 사랑함으로 하나님의 뜻에 굴복할 때 이와 동일한 위대한 교훈을 배울 수 있습니다.

> 지혜를 얻은 자와 명철을 얻은 자는 복이 있나니, 이는 지혜를 얻는 것이 은을 얻는 것보다 낫고 그 이익이 정금보다 나음이니라. 지혜는 진주보다 귀하니 너의 사모하는 모든 것으로 이에 비교할 수 없도다.
> (3:13-15)

좋은 것을 얻을 수 있다는 희망은 열심히 일하게 하는 동기가 됩니다. 어느 날 체육관에서 땀을 뻘뻘 흘리며 열심히 운동을 하고 있는 노인을 보았습니다. 그 할아버지의 동기는 더 나은 건강과 장수였습니다. 체육관 한쪽 구석에서는 한 젊은이가 보디빌딩을 하고 있었습니다. 그 역시 땀을 흘리며 열심히 하고 있었습니다. 그러나 그는 건강과 장수가 목적은 아닐 것입니다. 아마 거리를 으스대며 걸어갈 때 셔츠 위로 불룩 튀어나오는 우람한 근육을 원할 것입니다.

본문 말씀은 좋은 것을 얻는다는 약속으로 시작됩니다. 지혜를 얻는 자는 행복을 얻습니다. 앞서 지혜의 여러 열매를 살펴보았는데, 여기서는 금이나 은이나 진주보다 더 귀한 것을 발견한 사람의 행복을 보게 됩니다. 여기서 세상의 지혜에 대해 말하고 있는 게 아님이 분명합니다. 세상의 지혜를 추구해 얻어 사용해 본 사람들은 공허함을 발견합니다. 세상의 지혜는 본문에서 말하는 행복을 가져다주지 못합니다.

또 다른 성경 말씀이 이를 확증합니다. "내가 마음 가운데 말하여 이르기를, '내가 큰 지혜를 많이 얻었으므로 나보다 먼저 예루살렘에 있던 자보다 낫다' 하였나니, 곧 내 마음이 지혜와 지식을 많이 만나 보았음이로다. 내가 다시 지혜를 알고자 하며 미친 것과 미련한 것을 알고자 하여 마음을 썼으나 이것도 바람을 잡으려는 것인 줄을 깨달았도다. 지혜가 많으면 번뇌도 많으니 지식을 더하는 자는 근심을 더하느니라"(전도서 1:16-18).

그렇다면 잠언 3장에서는 하나님의 지혜에 대해 말하고 있음이 분명합니다. 사도 바울은 예수님을 알게 되었을 때 이와 동일한 감격과 기쁨을 나타내었습니다. "그러나 무엇이든지 내게 유익하던 것을 내가 그리스도를 위하여 다 해로 여길뿐더러 또한 모든 것을 해로 여김은 내 주 그리스도 예수를 아는 지식이 가장 고상함을 인함이라. 내가 그를 위하여 모든 것을 잃어버리고 배설물로 여김은 그리스도를 얻고"(빌립보서 3:7-8). 바울의 권세나 특권, 신분, 그리고 그가 자랑으로 여기던 모든 것은 이제 예수 그리스도를 아는 지식과 비교해 보니 그야말로 배설물에 지나지 않았습니다. 바울은 심지어 고난과 시련 속에서도 기뻐할 수 있게 해 주는, 기쁨의 진정한 근원을 발견했습니다. "나의 달려갈 길과 주 예수께 받은 사명 곧 하나님의 은혜의 복음 증거하는 일을 마치려 함에는 나의 생명을 조금도 귀한 것으로 여기지 아니하노라"(사도행전 20:24).

본문 말씀은 또한 지혜를 상품에 비유하여 말합니다. 얼핏 보기에는 좀 특이한 표현이지만 곰곰이 생각해 보면 아름다운 진리가 드러납니다. 하나님의 지혜를 얻는 일은 우리 삶 속에서 가장 중요한 노력이 되어야 하며, 부차적인 일이 되어서는 안 됩니다. 훌륭한 사업가는 사업의 번창을 위해 언제나 생각과 관심을 자기 상품을 파는 일에 쏟습니다. 자신의 생계와 가족과 고용인들의 행복이 사업에 대한 그의 주의 깊은 관심에 달려 있습니다.

예수님 또한 극히 값진 상품 하나를 발견하고서 가서 자기의 모든 소유를 다 팔아 그것을 산 상인에 대하여 말씀하셨습니다. "또 천국은 마치 좋은 진주를 구하는 장사와 같으니 극히 값진 진주 하나를 만나매 가서 자기의 소유를 다 팔아 그 진주를 샀느니라"(마태복음 13:45-46).

예수 그리스도와의 교제를 즐기며, 날마다 하늘에 계신 아버지께로부터 값없이 주어지는 영적 축복을 받아 누리는 사람의 마음속에는 이루 말할 수 없는 행복감이 차고 넘칩니다. 하나님의 풍성한 은혜를 맛본 사람은 이 행복이야말로 이 세상의 부보다 훨씬 더 귀중하다는 사실을 압니다. 또한 이 행복이 이 세상의 부로는 도저히 살 수 없는 보물임을 압니다. 주님과 긴밀하게 동행하며 하나님의 지혜의 가르침을 받음으로 말미암아 오는 기쁨과 행복에 비교될 수 있는 것은 아무것도 없습니다.

> 그 우편 손에는 장수가 있고 그 좌편 손에는 부귀가 있나니 그 길은 즐거운 길이요 그 첩경은 다 평강이니라. 지혜는 그 얻은 자에게 생명나무라. 지혜를 가진 자는 복되도다. (3:16-18)

즐거움은 얻기 어려운 것입니다. 많은 이들이 즐거움을 얻기 위해 살고 있는데 얻지 못하는 경우가 너무도 흔합니다. 재미있는 시간을 보내고자 나간 사람들이 번번이 실망하여 돌아옵니다. 즐거움이 목표라면 그것은 얻기 힘듭니다. 본문에서 우리는 행복과 즐거움과 평강에 이르는 길을 배웁니다. 지혜의 길은 세상에서 비방을 당할 뿐 아니라 때로는 세상으로부터 숨겨져 있습니다.

고등학생 몇 명이 그들이 나가는 교회의 교인 중에서 병으로 교회에 나오지 못하는 분들을 위해 뭔가를 하기로 뜻을 모았습니다. 그들은 신선한 과일을 몇 바구니 사 들고 3-4명을 한 조로 하여 흩어졌습니다. 그분들과 즐겁게 이야기를 나누며 저녁 시간을 보냈습니다. 심부름도 해 드리고 잠자리도 펴 드렸습니다. 그러나 무엇보다도 외로운 사람들이 즐거워하는 모습을 보았습니다.

그분들의 지나간 시절이 담긴 낡은 스크랩북과 사진첩을 함께 구경했습니다. 그분들과 이야기하며 웃고 지내는 가운데 많은 것을 배웠습니다. 마침내 저녁 늦게 간식을 먹기 위해 교회에 다시 모였을 때 그들의 기분은 날아갈 듯했습니다. 그들은 그날 저녁이 값진 시간이 되리라고 생각은 했었지만 그토록 즐거우리라고는 미처 생각지 못했습니다. 그들은 남부끄럽지 않은 착한 일을 했을 뿐 아니라, 참으로 자신들에게도 큰 기쁨이 되는 일을 한 것입니다. 그들은 하나님의 지혜에 대한 값진 통찰력을 얻었습니다.

어느 교회 목사님 한 분이 자기가 맡은 주일 공과반 학생들을 크리스천 캠프에 데리고 간 적이 있었습니다. 이들은 그곳에서 하루를 보내면서 그 캠프에서 일하는 사람들의 삶의 모습을 보고 큰 감명을 받았습니다. 거기에 온 사람들을 섬길 기회를 찾는 것이 그들의 유일한 목표인 것처럼 보였습니다. 그들은 행복해했습니다. 그들은 "당신은 섬기기 위해 여기에 있으니 열심히 섬겨야 한다"라는 어떤 규칙이나 규정 때문에 다른 사람을 섬기는 것이 아니었습니다. 이런 생활 방식은 오랜 세월을 거쳐 얻어진 깊은 확신에 의해 서서히 몸에 배게 되었고, 그들로 하여금 다른 사람들을 기꺼이 섬기고 싶어 하게 만들었습니다.

그러므로 즐거운 삶과 진정한 행복 및 기쁨에 이르는 길은 자기 자신으로부터 나와서 다른 사람들의 삶 속으로 뛰어드는 것입니다. 곧 우리 마음과 관심을 자기 자신에게서 다른 사람에게로 돌리는 것이야말로 진정한 섬김이요 하나님의 지혜입니다. 장수와 부귀와 평강, 풍성한 삶의 열매 및 행복은 모두 지혜의 손 안에 있으며, 이 지혜는 원하는 모든 자에게 이것을 나누어 줍니다.

이와 대조적으로 세상은 결코 이것을 발견한 적이 없으며, 이런 것을 얻으려고 미친 듯이 잘못된 방향과 잘못된 길로 나아갑니다. 세상 사람들은 자신만을 위하여 애를 씁니다. 그리고 광란 상태가 되어 이것을 잘못된 장소에서 찾으면서 돈과 시간과 에너지를 허비합니다. 그러나 하나님의 지혜는 하나님의 말씀에 귀를 기울이며 그 말씀을 그대로 받아들이는 자는 누구나 소유할 수 있습니다.

> 여호와께서는 지혜로 땅을 세우셨으며 명철로 하늘을 굳게 펴셨고 그 지식으로 해양이 갈라지게 하셨으며 공중에서 이슬이 내리게 하셨느니라. (3:19-20)

앞에서 하나님의 지혜와 그 지혜가 하나님의 백성의 삶에 미치는 영향을 살펴보았습니다. 또한 그 지혜의 가르침을 실천하고 그 길을 좇는 자들의 삶에 나타나는 열매도 살펴보았습니다. 이제는 그 지혜가 우리 주위의 세상에 미치는 영향으로 눈을 돌려 봅시다. 시편 104:24에서는 이렇게 말씀합니다. "여호와여, 주의 하신 일이 어찌 그리 많은지요? 주께서 지혜로 저희를 다 지으셨으니 주의 부요가 땅에 가득하니이다."

우리는 하나님의 창조물 곧 우리 주위의 세계를 바라볼 때, 그 신비와 거대한 힘, 오묘한 균형, 아름다움, 그리고 그 모든 것 뒤에 숨어 있는 지혜의 기이함에 경외심을 느끼지 않을 수 없습니다. 이 거대하고 복잡한 세계가 불변의 법칙 속에서 서로 조화를 이루고 있다는 사실에 놀라움을 금치 못합니다. 우주 곧 하나님의 손으로 지으신 작품을 생각할 때, 다윗처럼 이렇게 고백할 수밖에 없습니다. "여호와 우리 주여, 주의 이름이 온 땅에 어찌 그리 아름다운지요"(시편 8:9).

선지자 예레미야는 이렇게 선포했습니다. "여호와께서 그 권능으로 땅을 지으셨고 그 지혜로 세계를 세우셨고 그 명철로 하늘들을 펴셨으며, 그가 목소리를 발하신즉 하늘에 많은 물이 생기나니, 그는 땅끝에서 구름이 오르게 하시며 비를 위하여 번개하게 하시며 그 곳간에서 바람을 내시거늘"(예레미야 10:12-13).

깊은 샘을 터뜨리셔서 졸졸 흐르는 시내와 도도히 흘러가는 강을 만드신 하나님의 지혜에 우리는 놀랍니다. 하늘의 구름이 물방울을 머금었다가 건조하고 메마른 대지 위에 쏟아 놓을 때 경이로움을 느낍니다. 수많은 별과 행성이 무한한 우주 속을 나는 듯이 달려가며, 공중의 새들이 하늘 높이 날며, 만물이 완전한 조화와 질서 가운데 움직이고 있습니다. 계절은 왔다 가고, 곡식은 심겨졌다 거두어집니다. 이 모든 것이 하나님의 역사로 말미암은 것입니다.

만물을 바라볼 때 하나님의 선하심과 지혜를 알 수 있습니다. "하늘이 하나님의 영광을 선포하고 궁창이 그 손으로 하신 일을 나타내는도다"(시편 19:1).

하나님의 작품들을 생각하다 보면 한 가지 질문이 떠오릅니다. 우리 주위를 바라봄으로써 하나님께서 무엇을 만드셨는지를 알 수가 있고, 어떻게 만들어졌는지도 알 수 있습니다. 하나님께서는 그 능력의 말씀으로 만물을 창조하셨습니다. 만물이 "있으라"라고 하나님께서 말씀하셨던 것입니다. 그러나 왜 만물을 창조하셨습니까?

하나님의 말씀은 이에 대해 수많은 이유를 제시합니다. 그러나 그중에서도 우리가 매일 주님과 동행함에 있어서 각 개인에게 매우 의미 깊은 것 하나가 있습니다. 곧 하나님께서는 우리의 유익과 즐거움을 위해 만물을 창조하셨다는 사실입니다. 위대한 목자장이신 하나님께서는 주님의 양인 우리를 잔잔한 물가와 푸른 초장으로 인도하시며, 우리 몸을 쉬게 하고 영혼을 소생시켜 주시기 위해 마련해 두신 것을 우리가 즐기고 누리게 하십니다(시편 23편 참조).

성부 하나님과 성자 하나님과 성령 하나님이 함께 세상을 창조하셨다는 사실을 주목하십시오. 하나님의 성령께서 수면에 운행하셨다고 성경에 기록되어 있습니다(창세기 1:2). 그리고 하나님의 아들을 통하여 만물이 창조되었습니다. "만물이 그에게 창조되되 하늘과 땅에서 보이는 것들과 보이지 않는 것들과 혹은 보좌들이나 주관들이나 정사들이나 권세들이나 만물이 다 그로 말미암고 그를 위하여 창조되었고"(골로새서 1:16).

주위의 물질세계를 바라볼 때 여러분은 예수 그리스도를 생각할 수 있어야 합니다. 이는 만물이 그리스도에 의해, 그리스도를 위해 창조되었기 때문입니다. 예수 그리스도는 또한 우리의 '믿음의 주'이십니다(히브리서 12:2). 그리스도만이 그로 말미암아 하나님께로 나아오는 자들에게 영생을 주실 수 있기 때문입니다. 하나님의 말씀의 창조 능력으로 말미암아 육체적 및 영적인 생명이 시작되었습니다. "너희가 거듭난 것이 썩어질 씨로 된 것이 아니요 썩지 아니할 씨로 된 것이니 하나님의 살아 있고 항상 있는 말씀으로 되었느니라"(베드로전서 1:23).

> 내 아들아, 완전한 지혜와 근신을 지키고 이것들로 네 눈앞에서 떠나지 않게 하라. 그리하면 그것이 네 영혼의 생명이 되며 네 목에 장식이 되리니. (3:21-22)

잠언을 공부하다 보면 어떤 내용은 여러 번 반복되어 나오는 것을 볼 수 있습니다. 같은 내용을 말만 다르게 표현한 쓸데없는 반복일까요? 그렇지 않습니다. 하나님의 모든 말씀은 순전합니다. 그러나 어떤 내용을 강조하고 또 우리가 그 말씀들을 놓치지 않도록 돕기 위해 반복되는 경우도 있습니다.

하나님의 진리를 가르친다는 것은 쉬운 일이 아닙니다. 우리 마음은 둔합니다. 그러므로 단 한 번으로 어떤 것을 익히기란 좀처럼 힘듭니다. 영적인 진리는 특히 그렇습니다.

하나님의 목표는 우리 마음속에 하나님의 지혜를 심는 것입니다. 하나님은 인내로 그 일을 수행하십니다. 단 한 번으로 우리가 그 교훈을 배우는 경우는 별로 없기 때문입니다. 하나님께서는 성령으로 말미암아 우리에게 주님의 교훈을 가르쳐 주시지만, 우리는 그 교훈을 완전히는 이해할 수 없습니다. 그래서 하나님께서는 또 다른 각도에서 다시 가르쳐 주십니다. 이번에는 전번보다는 좀 더 마음에 와닿습니다. 그러나 아직도 완전히는 이해할 수 없습니다. 마침내 하나님께서 명확하게 보여 주십니다. 그제야 우리는 그 진리를 깨닫게 됩니다. 잠언에서 하나님께서는 그 일을 하고 계십니다. 하나님은 어떤 사물의 한 면을 우리에게 보여 주시고 잠시 동안 그것이 우리 마음속에 스며들게 하신 다음, 또 다른 각도에서 그것을 우리에게 보여 주시곤 합니다.

본문 말씀에서 우리는 하나님의 지혜의 또 다른 면을 대하게 됩니다. 성경은 우리에게 지혜를 꽉 붙잡아 그것을 굳게 지키라고 합니다. 스쳐 지나가는 생각으로 여기면 별로 유익이 없습니다. 그러나 지혜를 굳게 붙잡아 우리 삶을 인도하는 원리로 삼는다면, 영원한 삶을 위하여 크게 도움이 됩니다.

지혜를 굳게 지킬 때 얻는 결과는 첫째로 그것이 우리 "영혼의 생명"이 된다는 사실입니다. 세상의 지혜에는 생명과 힘이 전혀 없습니다. 거듭나지 않은 영혼은 하나님의 생명에서 떠나 있기에 죽어 있습니다. 그러나 시편에서는 하나님의 놀라운 약속을 기록합니다. "주의 증거가 기이하므로 내 영혼이 이를 지키나이다. 주의 말씀을 열므로 우둔한 자에게 비취어 깨닫게 하나이다"(시편 119:129-130). 전도서에서는 또한 이렇게 말씀합니다. "지혜도 보호하는 것이 되고 돈도 보호하는 것이 되나 지식이 더욱 아름다움은 지혜는 지혜 얻은 자의 생명을 보존함이니라"(전도서 7:12).

하나님의 지혜는 또한 그 지혜대로 사는 삶에 아름다운 "장식"이 됩니다. 그러한 삶은 매력적입니다. 그 속에 있는 건전한 판단력과 근신이 광채를 발하기 때문입니다. 사람들은 전능하신 하나님의 보호 아래 사는 생활로부터 나온 조용한 확신이 담겨 있는 저 광채를 좋아합니다. 그들은 하나님과 동행하며, 하나님으로부터 배우며, 하나님께 순종했습니다. 여러분은 그러한 사실을 그들의 눈에서 볼 수 있으며, 그들의 말에서 들을 수 있으며, 그들의 삶에서 관찰할 수 있습니다. 그들의 영혼은 살아 있으며, 그들의 외모는 그들 속에서 살아 역사하시는 하나님의 능력의 광채로 말미암아 빛을 발합니다.

지혜의 길을 따라 꾸준히 걸어가는 자에게는 다음과 같은 약속이 주어져 있습니다. "여호와께서는 자기 백성을 기뻐하시며 겸손한 자를 구원으로 아름답게 하심이로다"(시편 149:4).

네가 네 길을 안연히 행하겠고 네 발이 거치지 아니하겠으며 네가 누울 때에 두려워하지 아니하겠고 네가 누운즉 네 잠이 달리로다. 너는 창졸간의 두려움이나 악인의 멸망이 임할 때나 두려워하지 말라. 대저 여호와는 너의 의지할 자이시라. 네 발을 지켜 걸리지 않게 하시리라. (3:23-26)

사람들은 대개 한두 번은 위험한 길을 걸어 본 경험이 있습니다. 한번은 중앙아시아에서 한 친구와 함께 밀림 속을 걸어가고 있었습니다. 그때 독사 한 마리가 길옆 조그만 덤불 속에 숨어 있는 것이 눈에 띄었습니다. 우리는 독사를 보자마자 그 길을 떠나 조그만 시내를 건너뛰어, 있는 힘을 다해 그곳을 도망쳐 나왔습니다. 정말로 위험했었는지는 잘 모르겠지만, 여하튼 나는 독사에게 물리고 싶지 않았습니다.

또 한번은 높다란 철교 위를 지나고 있었습니다. 한 발만 잘못 디디면 수십 미터 아래 얼어붙은 강바닥으로 떨어질 판이었습니다. 시편 기자는 자신이 지혜의 말씀에 귀를 기울이지 않았던 때에 대해 말합니다. "나는 거의 실족할 뻔하였고 내 걸음이 미끄러질 뻔하였으니"(시편 73:2).

하나님께서는 우리가 깨어 있을 때뿐 아니라 잠잘 때에도 보호하여 주십니다. 혼란하고 위험한 시기엔 밤은 공포와 불안의 대상입니다. 전투에 참가해 본 경험이 있는 사람들은 밤의 위험을 잘 압니다. 하나님은 우리에게 "네가 누울 때에 두려워하지 아니하겠고 네가 누운즉 네 잠이 달리로다"라고 약속하십니다. 시편 기자는 이렇게 노래했습니다. "내가 누워 자고 깨었으니 여호와께서 나를 붙드심이로다"(시편 3:5). 우리가 잠을 자며 필요한 휴식을 취할 수 있는 것도 하나님의 은혜입니다.

여러 해 동안 아내는 밤에 혼자 있는 것을 무서워했습니다. 크고 낡은 3층집에서 산 적이 있는데, 그 집은 바람만 불면 창문이 덜걱거리고 여기저기서 삐걱거리는 소리가 났습니다. 밤이 되면 이 이상한 소리는 유난히도 더 크게 들렸습니다. 아내는 실제로는 있지도 않은 위험에 신경을 곤두세우고 안절부절못하며 두려움 가운데 시간을 보낸 적이 많았습니다. 그러던 어느 날 아침 경건의 시간에 주님께서는 아내에게 다음과 같은 말씀을 들려주셨습니다. "내가 평안히 눕고 자기도 하리니 나를 안전히 거하게 하시는 이는 오직 여호와시니이다"(시편 4:8). 그 이후로 무서움은 사라지고 단잠을 잘 수 있었습니다.

2차 세계 대전 중 우리가 탄 함정은 종종 두 종류의 위험에 직면하곤 했습니다. 하나는 태평양에서의 대해전을 위해 함대가 이동할 때 적의 함대와 비행기로부터 오는 공격이었습니다. 우리는 적이 공격해 오는 것을 보면 즉각, 우리에게 쏟아질 포탄과 폭탄에 대비하여 바짝 긴장하곤 했습니다. 또 하나의 위험은 적 잠수함의 기습 공격이었습니다. 어디로부터인지도 모르게 전혀 예상하지도 않은 때에 적의 어뢰가 우리 함정을 강타할 수 있었기 때문입니다. 본문 말씀에서 주님께서는 환난 중에 우리의 의지가 되시며 우리를 지켜 주시겠다고 약속하십니다. 하나님은 죄의 유혹이 도처에 깔려 있는 위험하고 칠흑 같은 바다 위를 우리로 안전하게 통과하게 하실 것입니다. 평안과 안전은 하나님의 자녀의 재산입니다.

존 로저스는 16세기 중반 영국에서 일어난 대박해 중에 순교한 사람입니다. 그의 사형이 집행되던 날 아침, 그를 고문하던 사람들은 그가 깊이 잠든 것을 보았습니다. 한참 동안 흔들어 깨우자 비로소 평화로운 단잠에서 깨어났습니다. 그의 잠은 달았습니다. 하나님께서 그의 의지가 되셨기 때문입니다. "주께서 심지가 견고한 자를 평강에 평강으로 지키시리니 이는 그가 주를 의뢰함이니이다. 너희는 여호와를 영원히 의뢰하라. 주 여호와는 영원한 반석이심이로다. 내 백성아 갈지어다. 네 밀실에 들어가서 네 문을 닫고 분노가 지나기까지 잠깐 숨을지어다"(이사야 26:3-4,20).

전능하신 하나님께서 자기 자녀 하나하나를 다 지켜 주기로 약속하셨다는 사실은 믿기지 않겠지만 분명한 사실입니다. 우리는 이 땅에 사는 동안 하나님의 변함없는 인도하심과 돌보심 아래 있습니다. 하나님께서는 친히 우리의 보호자와 방패와 산성이시라고 선포하셨습니다. 우리가 미끄럽고 걷기 힘든 길을 걷고 있을 때나, 혹은 밤이나 위험과 재난 가운데 있을 때에도 하나님은 우리를 지켜보고 계십니다. 우리 손을 꼭 붙잡고 계시며, 우리에게 길을 보여 주시며, 주님을 따르는 우리를 지켜 주십니다.

여기에서, 지혜를 구하는 것은 곧 하나님과 동행하는 것을 의미한다고 하였습니다. 지혜를 구하는 삶의 유익은 어마어마합니다. 참된 행복, 장수, 즐거움, 영적인 부요함과 존귀, 평강, 풍성한 삶, 좋은 간증, 안전, 단잠, 확신 등 이 모든 것이 지혜를 구하며 하나님과 동행할 때 얻는 결과입니다. 만족스런 삶을 살기 위해 필요한 것이 이 외에 또 있을까요? 이 모두는 세상이 줄 수 없는 것입니다. 그러나 하나님과 동행하기를 원하는 자들은 언제든 소유하고 누릴 수 있습니다.

6
지혜의 적과 유산

잠언 3:27-35

하나님과 긴밀한 교제 가운데 행하며, 범사에 하나님을 인정하며(3:6), 전능하신 하나님을 의지하는(3:26) 사람은 범사에 하나님께 순종하는 사람입니다. 이것이 바로 제자의 도입니다. 잠언의 훈계를 좇는 사람 곧 '지혜로운 사람'은 이 제자의 도를 따르고 있는 사람입니다.

잠언 3장은 지혜로운 사람에게서 기대되는 행동 양식 몇 가지를 구체적으로 제시함으로 끝납니다. 본문 말씀은 하나님의 지혜를 구하는 자를 특징짓는 행동 양식을 열거합니다. 이는 일상생활에서 행해야 할 것과 주님을 기쁘시게 하지 않기 때문에 피해야 할 것으로 이루어져 있습니다.

본문 말씀 역시 하나님의 길을 따르는 자들과 그 길을 따르지 않는 자들을 계속해서 대비시키고 있습니다. 지혜 있는 자에게는 복과 은혜와 영광이 있는 반면, 어리석은 자에게는 저주와 비웃음과 욕이 있다고 하였습니다.

네 손이 선을 베풀 힘이 있거든 마땅히 받을 자에게 베풀기를 아끼지 말며, 네게 있거든 이웃에게 이르기를 갔다가 다시 오라 내일 주겠노라 하지 말며. (3:27-28)

이 구절은 하나님의 자녀의 삶에 여러 가지로 폭넓게 적용할 수 있는 말씀입니다. 이 가르침은 평이하고 간단하며 이해하기가 쉽습니다. 한마디로 하면 힘닿는 대로 다른 사람을 도와주라는 말씀입니다.

내가 이 구절을 처음 깨달은 것은 그리스도인이 된 지 5년쯤 지난 어느 날이었습니다. 몇 주 전에 그 말씀을 암송했었지만 그 날 내 마음에 새롭게 와닿았습니다. 어느 토요일 오후였는데 몇 신학생과 함께 야구, 날씨 등등 여러 가지에 대해 이야기를 나누며 쉬고 있었습니다. 이야기 도중 한 사람이 차를 닦아야겠다고 했습니다. 나는 아무것도 하고 있지 않았기 때문에 내 손에는 그를 도와줄 힘이 있었습니다. 나는 일어나 그와 함께 차를 닦으러 갔습니다. 나머지 사람들은 그냥 그 자리에 앉아 있었습니다.

차를 닦고 나서 나머지 사람 중 하나에게 말을 건넸더니, 그가 하는 말이, 차 닦는 것을 도와준 건 무척 훌륭한 일이라고 했습니다. 그래서 나는 이 구절을 보여 주면서, 주님께서 그 구절에 있는 교훈을 내게 생각나게 해 주셔서 그렇게 하도록 내 마음을 움직여 주셨다고 말해 주었습니다. 그는 깜짝 놀랐습니다. 성경이 일상생활 속에서도 실제적인 지침을 준다는 생각을 한 번도 해 본 적이 없었던 것입니다. 그에게 성경은 신학적인 토의와 교리 연구를 할 때만 필요한 책이었습니다. 하나님께서 내가 다른 사람의 차 닦는 것을 돕도록 하기 위해 그 구절을 사용하셨다는 사실은 그에게 강한 충격을 주었습니다.

누가복음 10:29-37에 보면 어떤 율법사가 자기를 옳게 보이려고 예수님께 "그러면 내 이웃이 누구오니이까?" 하고 물었습니다. 이에 예수님께서는 강도를 만나 반죽음을 당하고 가진 것을 다 빼앗긴 사람 이야기를 해 주셨습니다. 그날 강도 만난 사람 곁을 지나간 제사장과 레위인은 쨍쨍 내리쬐는 햇볕 속에 쓰러져 있는 그를 보고 피하여 지나갔습니다. 마침내 어떤 사람이 지나가다가 그를 보고 불쌍히 여겨, 다가가서 상처를 싸매고, 주막으로 데리고 가서 돌보아 주고 치료비까지 지불했습니다. 그는 강도 만난 사람을 도와줄 힘이 자기 손에 있었기 때문에 그렇게 했습니다. 예수님은 이 사마리아인을 칭찬하신 후 그 율법사에게 "가서 너도 이와 같이 하라" 하셨습니다. 이 유명한 비유는 도움이 필요한 사람을 돕기 위해 한 사람이 자기 시간과 에너지와 돈을 사용해야겠다고 느낀 어떤 상황을 잘 묘사하고 있습니다. 그는 그 사람의 곤경을 타개하기 위해 자기가 뛰어든 것입니다.

이런 기회는 여러 가지 방법으로 우리에게 주어집니다. 어느 날 저녁 아내와 나는 주차장에서 친구 부부를 기다리고 있었습니다. 우리는 차 안에 앉아 매우 복잡한 거리를 지나가는 차들을 지켜보고 있었습니다. 우리 옆에서 어떤 신사가 주차장을 빠져나가려고 애쓰고 있었습니다. 그러나 차가 계속 그 앞을 지나가기 때문에 빠져나갈 틈을 얻을 수 없었습니다. 그는 계속 발이 묶여 있었지만 아무도 도와주지 않았습니다. 수많은 운전자들이 지나가며 그를 보았지만 그 앞에서 차를 세워 주는 사람은 없었습니다. 단 몇 초면 될 텐데 아무도 도와주지 않았습니다. 그들의 손에는 그를 도울 힘이 있었음에도 불구하고 돕지 않았습니다. 그들의 이웃에게 도움이 필요했지만 단지 지나쳐 갔습니다.

이웃에게 선을 베푸는 삶의 근본에는 이웃을 불쌍히 여기는 마음과 사랑이 있어야 합니다. 이러한 삶의 태도가 쉽게 형성되지는 않습니다. 사실 이것은 능력을 주시는 성령의 도우심이 없이는 전혀 불가능합니다. 필요를 내다보고 필요에 대비하는 것이 하나님의 방법입니다. 하나님의 시기 선택은 언제나 완전하며 하나님의 공급은 언제나 풍성합니다. 이와 같은 그리스도의 마음을 가질 때 이 세상에 하나님의 놀라운 축복을 전해 주는 거룩한 통로가 될 수 있습니다.

네 이웃이 네 곁에서 안연히 살거든 그를 모해하지 말며, 사람이 네게 악을 행하지 아니하였거든 까닭 없이 더불어 다투지 말며, 포학한 자를 부러워하지 말며 그 아무 행위든지 좇지 말라. 대저 패역한 자는 여호와의 미워하심을 입거니와 정직한 자에게는 그의 교통하심이 있으며. (3:29-32)

앞에서 우리는 선을 행하라는 가르침을 받았습니다. 여기에서는 악을 행하지 말라는 명령을 받습니다. 이 두 가지 훈계는 균형 잡힌 그리스도인의 삶에서 없어서는 안 되는 내용입니다. 이웃의 유익을 위해 적극적으로 뭔가를 행하는 것에 비해 이웃에게 악을 행하지 않는 것이 쉬울 때가 있습니다.

복음을 땅끝까지 전하기 위해 힘쓰고 있는 선교 기관이나 선교사들을 위해 드리는 선교 헌금을 생각해 봅시다. 많은 사람들이 후히 드리지 못하는 이유는 무엇일까요? 그들이 복음화되지 않은 지역에 사는 사람들을 미워하기 때문입니까? 아마 그렇지 않을 것입니다. 그들이 불신자들을 미워하는 것은 아니나, 돈을 사랑하기 때문입니다. 자기 주변에서 일어나는 여러 일에 마음을 온통 빼앗기고 있는 것입니다. 우리는 돈이 '나'를 위해 무엇을 해 줄 수 있는지 잘 알고 있습니다. 그러므로 우리가 자기 집과 옷장을 최신 유행으로 가득 채우는 동안 선교 프로그램은 그만큼 지연되는 셈입니다.

사실상 우리의 사치와 낭비와 무절제는 우리 자신을 무력하게 만듭니다. 이웃에게 선을 베풀 준비를 하고 세상으로 내민 '편 손'은 선을 행할 수 있는 엄청난 힘을 소유하고 있습니다. 그러나 '꽉 움켜쥔 주먹'은 장악하고 지배하고 폭력을 휘두를 준비가 되어 있는 권력의 상징입니다.

이어 "네 이웃을 모해하지 말라"라는 명령이 나옵니다. 우리 동네 언덕바지에는 꽤 부유층에 속하는 사람들이 크고 화려한 집에서 살고 있습니다. 그런데 어떤 사람이 그 부근에 자기 집을 짓기로 했습니다. 이미 살고 있던 사람들 중 몇이 무슨 이유인지 반대하고 나섰습니다. 그러나 집을 짓기로 한 사람은 계획을 밀고 나갔고, 반대한 사람이 살고 있는 곳과 가까운 곳에 아주 호화로운 집을 지었습니다. 곧 그들 사이에는 악감정이 생겼고 서로에게 악의 있는 행동을 하기 시작했습니다. 급기야는 한 사람이 상대방의 애완동물을 죽이는 데까지 이르렀습니다. 그리하여 소송이 제기되고 벌금을 물고, 또다시 고소하고…. 이 두 사람은 그 이후 계속 서로에 대해 악한 일을 꾀하였습니다.

옛말에 이런 말이 있습니다. "마음의 평화가 있는 곳에 가정의 평화가 있고, 가정의 평화가 있는 곳에 이웃의 평화가 있고, 이웃의 평화가 있는 곳에 마을의 평화가 있고, 마을의 평화가 있는 곳에 나라의 평화가 있고, 나라의 평화가 있는 곳에 온 세상의 평화가 있다."

야고보서 4:1-2에서는 많은 사람들이 직면하고 있는 문제를 똑바로 지적합니다. "너희 중에 싸움이 어디로, 다툼이 어디로 좇아 나느뇨? 너희 지체 중에서 싸우는 정욕으로 좇아 난 것이 아니냐? 너희가 욕심을 내어도 얻지 못하고 살인하며 시기하여도 능히 취하지 못하나니, 너희가 다투고 싸우는도다. 너희가 얻지 못함은 구하지 아니함이요." 모든 것은 마음에서 시작됩니다. 예수 그리스도께서는 인간의 마음을 변화시킴으로써 세상을 변화시키려고 세상에 오신 분이십니다. 평화의 왕이신 주님께서 그 영광으로 통치하실 때라야 비로소 이 세상에 진정한 평화가 올 것입니다.

권력을 사랑하는 것은 보편적인 현상입니다. 사람은 누구나 지배받기보다는 지배하기를 원합니다. 남의 지시를 받거나 '압제'를 당하기보다는 남에게 지시하는 우두머리가 되기를 원합니다. 집에 돌아와 아내에게 승진과 봉급이 올라간 것을 알릴 때의 기쁨과 흥분은 말로 다 표현할 수 없습니다. 이제 더 많은 사람들이 와서 그에게 업무 보고를 할 것이요, 따라서 더 많은 권력을 소유하게 된다는 사실이 큰 즐거움을 줍니다.

스포츠 분야에서도 힘은 감탄의 대상입니다. 테니스와 같이 품위 있고 점잖은 스포츠에서조차도, "상대방을 눌러 이겼다"라는 표현을 하곤 합니다. 야구장의 수많은 팬들은 자기가 응원하는 팀이 상대방을 물리치고 승리했을 때 환호성을 지르며 기뻐 어쩔 줄을 모릅니다.

사람들은 심지어 거대하고 강력한 기계에 대해서도 경외심을 느낍니다. 처음 보잉 747 점보제트기를 탔을 때였는데, 기장이 기내 방송으로 지금 우리는 놀라운 비행기를 타고 날아가고 있다고 했습니다. 그는 이 비행기의 가격, 크기, 여객 수송 능력, 엔진의 힘 등을 설명하였습니다. 기장이 인간이 만든 이 위대한 창조물의 엄청난 위력에 대해 이야기할 때 승객들로부터 감탄사가 끊이지 않았습니다.

그러나 다른 모든 것과 같이 권력 또는 힘이란 선할 수도 있고 악할 수도 있습니다. 올바로 사용될 수도 있고 그릇 사용될 수도 있습니다. 본문 말씀은 그 힘을 그릇 사용한 사람, 즉 잔인하고 불의한 방법으로 상대방을 억누르는 사람을 가리킵니다.

그는 혹독하게 사람들을 압제하며 다른 사람들을 무시합니다. 사람들을 자기 마음대로 부리려 합니다. 본문은 그를 "패역한 자"라 말합니다. 그는 모든 것을 알고 있다고 자처하며 남에게 가르침을 받기를 싫어하고 고집이 세고 강퍅한 사람입니다. 그는 하나님과 사람에게 대들고 반항하며 덤빕니다.

이러한 사람은 부러움의 대상이 아니라 가엾게 여겨야 마땅한 사람입니다. 왜냐하면 자기 멸망을 향해 달려가고 있기 때문입니다. 하나님께서는 그 사람을 대적하십니다. 그 사람이 하나님과 싸우지만 그의 패배는 뻔한 사실입니다. 하나님은 그 사람의 길을 미워하십니다.

우리가 부러워해야 할 사람들은 주님과 조용히 동행하고 있는 하나님의 거룩한 백성들입니다. 그들은 세상이 진정 알 수 없는 비밀을 간직하고 있습니다. 예수님께서는 이렇게 말씀하셨습니다. "나의 계명을 가지고 지키는 자라야 나를 사랑하는 자니 나를 사랑하는 자는 내 아버지께 사랑을 받을 것이요 나도 그를 사랑하여 그에게 나를 나타내리라. 가룟인 아닌 유다가 가로되 '주여, 어찌하여 자기를 우리에게는 나타내시고 세상에게는 아니하려 하시나이까?' 예수께서 대답하여 가라사대 '사람이 나를 사랑하면 내 말을 지키리니 내 아버지께서 저를 사랑하실 것이요, 우리가 저에게 와서 거처를 저와 함께하리라'"(요한복음 14:21-23).

하나님의 백성들은 매 순간 하나님과의 교제 가운데 있습니다. 그들의 삶은 세상이 이해할 수 없는 평화로 가득 차 있습니다. 빌립보서 4:6-7에서는 이렇게 말씀합니다. "아무것도 염려하지 말고 오직 모든 일에 기도와 간구로 너희 구할 것을 감사함으로 하나님께 아뢰라. 그리하면 모든 지각에 뛰어난 하나님의 평강이 그리스도 예수 안에서 너희 마음과 생각을 지키시리라."

그들의 삶 속에는 주님께서 주시는 기쁨이 굳게 간직되어 있기 때문에, 그들은 늘 기쁨을 유지하며 "주 안에서 항상 기뻐"할 수 있습니다(빌립보서 4:4). "내가 이것을 너희에게 이름은 내 기쁨이 너희 안에 있어 너희 기쁨을 충만하게 하려 함이니라"(요한복음 15:11).

주님께서는 그들의 심령에 주님의 진리를 불어넣어 주십니다. 예수님은 기도 중에 이렇게 말씀하셨습니다. "천지의 주재이신 아버지여, 이것을 지혜롭고 슬기 있는 자들에게는 숨기시고 어린아이들에게는 나타내심을 감사하나이다"(마태복음 11:25).

또한 눈으로 보기에는 어떠하든지 범사의 배후에는 하나님의 사랑스런 손길이 있다는 확신을 그들은 가지고 있습니다. "지혜 있는 자들은 이 일에 주의하고 여호와의 인자하심을 깨달으리로다"(시편 107:43). 이 세상의 화려하나 헛된 것을 추구하기보다 하나님의 축복의 동산에 거하는 것이 참으로 더욱 만족스럽습니다.

악인의 집에는 여호와의 저주가 있거니와 의인의 집에는 복이 있느니라. 진실로 그는 거만한 자를 비웃으시며 겸손한 자에게 은혜를 베푸

시나니, 지혜로운 자는 영광을 기업으로 받거니와 미련한 자의 현달함은 욕이 되느니라. (3:33-35)

이 단락의 마지막 세 구절은 지혜로운 자와 미련한 자 간의 세 가지 대조점을 보여 줍니다. 의인의 행동과 죄인의 행동을 서로 비교하는 것은 잠언의 주된 방식입니다. 히브리 시의 평범하면서도 효과를 주는 이 대구법을 사용하여 의인, 겸손한 자, 지혜로운 자를 악인, 거만한 자, 어리석은 자와 아주 잘 대조하고 있습니다.

자신이 무서운 저주 아래 있음을 안다는 게 어떤 것인지 생각해 보신 적이 있습니까? 그것도 전능하신 하나님의 저주 아래 있다는 사실을 안다면? 오늘날 전 세계의 수많은 사람들이 자신들에게 끊임없이 악을 도모하는, 증오심 많고 야비하고 사악한 신을 몹시 두려워하며 소망 없이 살고 있습니다. 매일 그 신의 노여움을 풀어 주고 그 비위를 맞추어 주기 위해 노래를 부르며 향을 피우며 의식을 거행합니다. 마음 깊은 곳에서는 그러한 일이 모두 소용없는 짓인 줄을 알지만, 그래도 계속하고 있습니다.

늘 죽음과 멸망의 공포 가운데 노예처럼 살다가 마침내 속량을 받은 사람들과 대화를 나눈 적이 있습니다. 그들은 참되시고 살아 계신 하나님의 은혜의 빛 가운데로 돌아왔습니다. 그리스도께로 돌아온 후에는 평화롭게 누워 잠을 잘 수 있었습니다. 지금까지 그들을 압제했던 악한 귀신을 더 이상 두려워하지 않게 되었습니다. 사탄은 자기 손아귀에 있는 사람들을 혹사시키는 실로 악한 두목입니다.

악인과 의인의 대조의 첫 번째는 악인의 집에는 여호와의 저주가 있다는 사실입니다. 성경에서 이런 경우를 수없이 많이 대합니다. 광야에서 방황할 때의 이스라엘 자손이 바로 그런 경우입니다. 하나님께서는 이스라엘 자손을 "그 미워하는 자의 손에서 구원하시며 그 원수의 손에서 구속"하셨습니다(시편 106:10).

그러나 그다음에 이상한 일이 벌어졌습니다. 그들은 오래되지 않아 곧 "그 행사를 잊어버리며 그 가르침을 기다리지 아니하고 광야에서 욕심을 크게 발하며 사막에서 하나님을 시험"하였습니다(시편 106:13-14). 그들은 하나님께서 주신 음식에 싫증을 느끼기 시작했습니다. "이스라엘 중에 섞여 사는 무리가 탐욕을 품으매 이스라엘 자손도 다시 울며 가로되 '누가 우리에게 고기를 주어 먹게 할꼬? 우리가 애굽에 있을 때에는 값없이 생선과 외와 수박과 부추와 파와 마늘들을 먹은 것이 생각나거늘, 이제는 우리 정력이 쇠약하되 이 만나 외에는 보이는 것이 아무것도 없도다' 하니"(민수기 11:4-6).

그들의 요구에 응답하여 하나님께서는 그들이 요구한 대로 주셨습니다. 하지만 그들의 영혼을 파리하게 하셨습니다(시편 106:15).

틀림없이 그들은 자신들이 하나님을 강요하여 자신들의 요구에 굴복시켰다고 생각했을 것입니다. 자신들이 하나님을 이겼다고 생각했습니다. 하나님과 싸워 하나님을 패배시킨 것입니다. 어깨에 힘을 주고 고개를 높이 쳐들고 가슴을 확 젖히고 입가에 미소를 지으면서 거드름 피우며 진중을 활보하고 다녔습니다. 그러나 자신들이 하나님의 저주 아래 있다는 사실을 몰랐습니다. 그들의 배는 불렀지만 그들의 영혼은 파리해졌습니다. 그들의 육체적 욕구는 만족되었지만 그들의 영혼은 메말라 갔습니다. 수백 년 후 말라기 2:2에서는 이렇게 기록합니다. "만군의 여호와가 이르노라. 너희가 만일 듣지 아니하며 마음에 두지 아니하여 내 이름을 영화롭게 하지 아니하면 내가 너희에게 저주를 내려 너희의 복을 저주하리라. 내가 이미 저주하였나니 이는 너희가 그것을 마음에 두지 아니하였음이니라".

　신약성경도 하나님의 저주에 대하여 말하고 있습니다. 사도 바울은 복음을 전파하기 위해 갈라디아로 갔습니다. 그곳의 많은 사람들이 예수 그리스도 안에 있는 영생의 선물을 받아들여 그들의 삶을 예수 그리스도께 드렸습니다. 그러나 은혜로 값없이 주시는 영광스러운 구원에 행위의 짐을 첨가함으로써 그리스도의 진리를 왜곡시키는 무리들이 생겨났습니다. 사도 바울은 자신이 바리새인 중의 바리새인이었기 때문에 율법의 저주 아래 사는 삶에서 느끼는 공포심을 잘 알고 있었습니다.

　행위에 의해 구원을 얻으려는 삶은 죽음의 길임을 알기에 바울은 이렇게 말했습니다. "그리스도의 은혜로 너희를 부르신 이를 이같이 속히 떠나 다른 복음 좇는 것을 내가 이상히 여기노라. 다른 복음은 없나니 다만 어떤 사람들이 너희를 요란케 하여 그리스도의 복음을 변하려 함이라. 그러나 우리나 혹 하늘로부터 온 천사라도 우리가 너희에게 전한 복음 외에 다른 복음을 전하면 저주를 받을지어다. 우리가 전에 말하였거니와 내가 지금 다시 말하노니 만일 누구든지 너희의 받은 것 외에 다른 복음을 전하면 저주를 받을지어다"(갈라디아서 1:6-9).

바울은 자기의 메시지가 부활하신 그리스도로부터 직접 온 것임을 알고 있었습니다. "형제들아, 내가 너희에게 알게 하노니 내가 전한 복음이 사람의 뜻을 따라 된 것이 아니라. 이는 내가 사람에게서 받은 것도 아니요 배운 것도 아니요 오직 예수 그리스도의 계시로 말미암은 것이라"(갈라디아서 1:11-12).

그러나 악인과 대조적으로, 하나님께서는 의인의 집에는 복을 주십니다. 구약 시대에는 하나님께서 자기 백성들이 두 가지 중 한 가지를 선택하게 하셨습니다. "보라. 내가 오늘날 생명과 복과 사망과 화를 네 앞에 두었나니 곧 내가 오늘날 너를 명하여 네 하나님 여호와를 사랑하고 그 모든 길로 행하며 그 명령과 규례와 법도를 지키라 하는 것이라. 그리하면 네가 생존하며 번성할 것이요, 또 네 하나님 여호와께서 네가 가서 얻을 땅에서 네게 복을 주실 것임이니라. 내가 오늘날 천지를 불러서 너희에게 증거를 삼노라. 내가 생명과 사망과 복과 저주를 네 앞에 두었은즉 너와 네 자손이 살기 위하여 생명을 택하고"(신명기 30:15-16,19).

생명을 택한 사람, 즉 하나님의 계명을 좇아 사는 자들은 "의인의 집"에 거하는 자들입니다. 반면, 사망을 택한 사람, 즉 하나님과 하나님의 거룩한 법도를 거역하는 자들은 "악인의 집"에 거하는 자들이며, 그들 위에는 하나님의 저주가 있습니다.

사망을 택하는 자들은 또한 "거만한 자"라 불립니다. 한번은 인도네시아의 욕야카르타에 있는 옛 왕궁을 관람한 적이 있었습니다. 그때 안내자가 옛날 이 땅을 다스렸던 고대의 왕들의 초상화 중 하나를 가리켰습니다. 그런데 그 왕의 초상화의 눈길이 내가 방안 어디를 가도 나를 따라다니는 것 같았습니다. 왼쪽 끝으로 가도, 오른쪽 끝으로 가도 그는 여전히 나를 똑바로 쳐다보고 있는 것 같았습니다. 나는 섬뜩한 느낌이 들었습니다.

거만한 자는 틀림없이 때로 이런 느낌을 받을 것입니다. 하나님께서는 교만한 자들을 물리치시고 하나님을 거역하는 자들을 대적하십니다. 거만한 자들을 경멸하십니다. 바벨탑에서 그렇게 하셨습니다. 바벨탑 당시의 사람들은 그들의 노력으로 하늘에까지 다다를 탑을 쌓기로 결정했습니다. 하나님께서는 교만과 거만을 드러내려는 이 고의적인 시도를 주목하시고 그 일을 재빨리 중단시켰습니다(창세기 10-11장).

또 하나의 경우는 애굽왕 바로가 열 가지 재앙의 생생한 교훈을 무시하고, 애굽을 떠나고 있는 이스라엘 민족을 추격한 일입니다. 그는 하나님 및 하나님의 백성과 전쟁을 벌이려 했습니다. 그러나 그 결과는 전혀 예상치 못했습니다. 여호와께서는 애굽 군대를 바닷속에 쓸어 넣어 버리셨습니다. "물이 다시 흘러 병거들과 기병들을 덮되 그들의 뒤를 쫓아 바다에 들어간 바로의 군대를 다 덮고 하나도 남기지 아니하였더라"(출애굽기 14:28). 바로는 자신이 이스라엘의 하나님을 조소하고 비웃을 때 그 마음을 가득 채운 하나님을 향한 경멸과 비웃음에 대해 결국 보응을 받은 것입니다. 바로는 자기가 심은 것의 열매를 먹었습니다. 바로는 하나님의 비웃음을 받으며 바다 가운데서 멸망했습니다.

이사야 37장에 보면, 앗수르왕 산헤립 역시 하나님과 하나님의 백성을 경멸한 인물이었습니다. 산헤립은 강력하고 기고만장한 왕이었습니다. 그가 유다를 치러 올라왔습니다. 그가 정복했던 다른 성들과 마찬가지로 예루살렘을 포위 공격하여 멸망시키려 했습니다. 예루살렘 주민들에게 이르기를, 예루살렘을 함락시키지 못하게 하려는 시도는 한마디로 웃기는 일이라고 하였습니다. 그는 성 안에 있는 사람들에게, 히스기야에게 미혹되어 바보 같은 짓은 그만두고, 특히 그들의 하나님께서 그들을 능히 건질 것으로 믿지 말라고 모욕하며 무조건 항복을 요구하는 글을 보냈습니다.

히스기야는 이 모욕적인 항복 요구를 받고 여호와께 나아가 그 글을 여호와 앞에 펴 놓고 기도했습니다. "그룹 사이에 계신 이스라엘 하나님 만군의 여호와여, 주는 천하만국의 유일하신 하나님이시라 주께서 천지를 조성하셨나이다. 여호와여, 귀를 기울여 들으시옵소서. 여호와여, 눈을 떠 보시옵소서. 산헤립이 사자로 사시는 하나님을 훼방한 모든 말을 들으시옵소서. 우리 하나님 여호와여, 이제 우리를 그의 손에서 구원하사 천하만국으로 주만 여호와이신 줄을 알게 하옵소서"(이사야 37:16-17,20).

하나님께서는 앗수르 군대를 전멸시킴으로 이 기도에 응답하셨고, 또 한 번 거만한 자는 자기가 심은 것의 열매를 맛보았습니다. 이와는 반대로 겸손했던 히스기야는 하나님의 은혜로 말미암아 구원을 받았습니다. 그는 하나님을 의지하였고, 하나님은 그에게 응답하셨습니다.

예수 그리스도의 교훈을 대적하고 그를 멸시하고 비웃은 바리새인들 역시 그들이 심은 것의 열매를 맛보았습니다. 예수님은 이렇게 말씀하셨습니다. "그러므로 내가 너희에게 이르노니 하나님의 나라를 너희는 빼앗기고 그 나라의 열매 맺는 백성이 받으리라"(마태복음 21:43).

그러나 심령에 통회하며 마음이 겸손한 자들 위에는 하나님의 은혜가 부어집니다. 자기의 병든 하인을 위해 예수님께 나아온 로마 군인의 예를 주목하십시오. 예수님께서 "내가 가서 고쳐 주리라" 하고 말씀하시자, 백부장은 이렇게 대답했습니다. "주여, 내 집에 들어오심을 나는 감당치 못하겠사오니 다만 말씀으로만 하옵소서. 그러면 내 하인이 낫겠삽나이다"(마태복음 8:7-8).

겸손한 마음으로 회개하며 기도한 세리는 그의 죄를 용서받고 하나님 앞에서 의롭다 하심을 받았습니다(누가복음 18:13-14). "지존무상하며 영원히 거하며 거룩하다 이름하는 자가 이같이 말씀하시되, '내가 높고 거룩한 곳에 거하며 또한 통회하고 마음이 겸손한 자와 함께 거하나니 이는 겸손한 자의 영을 소성케 하며 통회하는 자의 마음을 소성케 하려 함이라'"(이사야 57:15). '겸손한 자에게 은혜를 베푸신다'는 하나님의 약속은 영원토록 변함이 없습니다.

오늘날의 일반적인 생각과는 대조적으로 온유한 자는 땅을 기업으로 받게 됩니다(시편 37:11, 마태복음 5:5). 왜 그렇습니까? 하나님께서는 "겸손한 자"에게 은혜를 베푸신다고 말씀하셨기 때문입니다. 그러나 그 마음이 자기가 대단한 존재라는 생각으로 가득 차 있고 목이 뻣뻣하며 "거만한 자"에게는 하나님의 은혜가 들어설 자리가 없습니다. 보잘것없고 부패해 있으며 쓸데없는 '자아'라고 하는 우상을 버리고, 유일하게 인간의 마음을 통치할 권리를 가지고 계신 하나님을 기꺼이 삶의 중심에 모시는 것이 겸손한 심령입니다.

겸손한 자, 곧 하나님 앞에서 의로운 자는 또한 "지혜로운 자"라는 얘기를 듣습니다. 이것은 "미련한 자"와는 대조를 이룹니다. 지혜로운 자는 영광을 기업으로 받으나, 미련한 자는 수치와 욕을 당합니다.

살다 보면 우리는 과도한 기대를 가지는 때가 있습니다. 아이들에게는 크리스마스가 그런 때입니다. 자기 이름이 쓰여 있는 선물 꾸러미 속에 과연 무엇이 들어 있을까 매우 궁금해합니다. 꾸러미를 열어 보고 싶어 안달이 납니다. 그들의 기대는 끝이 없습니다. 사랑에 빠진 두 남녀 역시 그와 같은 기대감을 가지고 있습니다. 결혼 행진곡에 맞추어 식장에 입장하는 그날을 고대합니다.

35절에는 바로 그러한 감정과 흥분을 일으키는 단어 두 개가 나옵니다. 첫 번째 단어는 "기업"입니다. 여기서 기업이란 상속 재산, 즉 유산을 가리킵니다. 먼 친척으로부터 생각지도 않았던 유산을 물려받기로 되어 있는 사람을 한번 상상해 보십시오. 아마 잠을 못 이룰 것입니다. 유산은 얼마나 될까? 언제 받게 될까? 그것으로 무엇을 하지? 그는 곧 도착하게 될 유산에 온통 마음이 가 있을 것입니다.

두 번째는 "현달함"입니다. 이 말은 지위나 명성이 높아지고 이름이 널리 드러나는 것입니다. 일례로 직장에서의 승진을 들 수 있습니다. 얼마 안 있어 곧 승진할 사람을 생각해 보십시오. 드디어 승진을 하게 되나? 새로 맡을 직책은 무엇일까? 봉급은 얼마나 오를까? 새로 맡을 일은 마음에 들까? 그 일을 감당할 수 있을까?

잠언 3장의 마지막 구절 역시 "미련한 자"에 대해 언급하고 있습니다. 미련한 자란 지적 능력이 떨어지는 사람을 가리키는 말이 아닙니다. 보다 나은 판단력을 가지고 있음에도 불구하고 의도적으로 하나님을 부인하는 사람입니다. 시편 기자는 시편 14편과 53편에서 그러한 사람에 대해 언급합니다. 둘 다 같은 말로 시작됩니다. "어리석은 자는 그 마음에 이르기를 하나님이 없다 하도다." '하나님이 없다'는 이런 말을 하는 미련한 자는 거만한 자요, 모욕하는 자요, 교만한 자요, 전능하신 하나님과 하나님을 믿는 사람들을 조소하며 이 세상을 살아가는 사람입니다.

이 구절은 "지혜로운 자"에 대해서도 말합니다. 이 사람 역시 지적 능력이 많거나 지능 지수가 높은 사람을 가리키지 않습니다. 하나님의 선하시고 기뻐하시고 온전하신 뜻에 굴복하면서 사는 사람이 곧 지혜로운 사람입니다. 교회에 가 보면 세상에서 존귀하고 높은 자리에 있는 사람들도 있고, 세상에서 천하고 낮은 자리에 있는 사람들도 있습니다. 유명한 대학교의 총장도 있고 그 학교의 수위도 있습니다. 그러나 그들은 모두 주님을 따르고 있는 그리스도 안에서의 형제입니다.

35절에서 서로 대비되는 또 다른 두 개의 단어는 "영광"과 "욕"입니다. 다니엘 12:2-3은 이에 대해 잘 설명해 주고 있습니다. "땅의 티끌 가운데서 자는 자 중에 많이 깨어 영생을 얻는 자도 있겠고 수욕을 받아서 무궁히 부끄러움을 입을 자도 있을 것이며, 지혜 있는 자는 궁창의 빛과 같이 빛날 것이요 많은 사람을 옳은 데로 돌아오게 한 자는 별과 같이 영원토록 비취리라."

지혜로운 자, 겸손한 자, 의로운 자가 누릴 기업은 말로 다 할 수 없습니다. 이 사람은 하나님의 무한한 지식을 소유하게 됩니다. 반면 미련한 자, 거만한 자, 악한 자의 현달은 영원한 수치와 욕이 됩니다. 그 대표적인 예가 유다인들을 몰살시키려 한 "악한 하만"입니다(에스더 7:6). 그는 총리 위치에까지 높이 올라갔지만, 모르드개를 달려던 높은 나무에 도리어 자기가 달려 온 세상의 조롱거리가 되었습니다(에스더 7:10).

이 모든 훈계는 의인 또는 지혜로운 자란 하나님과 긴밀한 관계 가운데 하나님과 동행하는 사람이라는 사실을 보여 줍니다. 시편 기자는 이런 사람에 대해 다음과 같이 말합니다. "주의 궁정에서 한 날이 다른 곳에서 천 날보다 나은즉 악인의 장막에 거함보다 내 하나님 문지기로 있는 것이 좋사오니, 여호와 하나님은 해요 방패시라. 여호와께서 은혜와 영화를 주시며 정직히 행하는 자에게 좋은 것을 아끼지 아니하실 것임이니이다. 만군의 여호와여, 주께 의지하는 자는 복이 있나이다"(시편 84:10-12).

7

"지혜가 제일이니"

잠언 4:1-19

지혜로운 사람은 겸손히 하나님과 동행하기 위해 몇 가지 중요한 선택을 해야 합니다. 잠언의 다음 두 부분에서 평생토록 인간의 행동 양식이 되어야 할 특성과 동기에 대해 이야기합니다. 지혜로운 자는 하나님과의 교제를 유지해야 하는 책임을 받아들여야 합니다.

본문은 계속 "아들들아"(4:1), "내 아들아"(4:10)라는 말을 사용함으로써 아버지가 자녀에게 이야기하는 형식을 띠고 있습니다. 여기에 보면 3세대가 나타나 있습니다(4:3). 이런 진리를 전달하는 가장 좋은 분위기는 가족 사이에서 형성됩니다. 가정은 사랑의 유대가 가장 강한 곳이기 때문입니다. 자녀들은 세상에서 가장 아름다운 삶의 형태인 가정생활을 통해 가르침을 받기 때문에 그 가르침은 확실합니다. 이 모든 가르침의 핵심은 지혜입니다. 지혜가 "제일"이기 때문입니다(4:7).

둘째 부분(10-19절)에서는 두 가지 길이 서로 비교되고 있습니다. 앞에서부터 계속 다루어 온 것이기도 합니다. 10-13절에는 지혜의 길이, 14-17절에는 악의 길이 나오며, 18-19절에서는 이 두 길이 비교됩니다. 그러면서 지혜의 길을 택하라고 권면합니다.

> 아들들아, 아비의 훈계를 들으며 명철을 얻기에 주의하라. 내가 선한 도리를 너희에게 전하노니 내 법을 떠나지 말라. (4:1-2)

몇 년 전 우리는 콜로라도주의 이글 호반에서 열리는 네비게이토 선교회의 소년 캠프를 위한 간사를 선발할 원칙을 정하느라 고심하고 있었습니다. 네비게이토 선교회의 회장인 론 쎄니가 회의를 주재하고 있었습니다. 카운슬러와 수상 안전원 그리고 조각과 사격술과 양궁에서 지도 교사로 섬길 사람들의 자격 조건에 관한 의견을 모두 듣고 나더니, 그는 이렇게 한마디 덧붙였습니다. "제 생각에는 소년들을 키워 본 경험이 있는 사람이 두어 사람 꼭 있어야 할 듯합니다. 그들은 집에 대한 소년들의 그리움이나 고독감 등을 더 잘 이해하고 공감해 줄 수 있을 것입니다. 소년들이 무서움이나 배탈, 또는 물집으로 어려움을 겪을 때도 인내와 명철로써 잘 지도해 줄 것입니다."

이는 매우 중요한 요소입니다. 캠프에는 전문 기술을 갖춘 사람들이 꼭 필요한 게 사실이지만, 직접 아들을 키워 본 경험이 있는 사람도 있어야 다른 모든 훈련이 제공할 수 없는 또 다른 차원의 필요를 채워 줄 수 있습니다.

본문에서 솔로몬은 예술의 후원자나 박식한 동물학자, 식물학자, 천문학자로서 말하고 있지 않습니다. 한 아버지로서 말하고 있습니다. 그러므로 그가 말하는 지혜는 학문적인 면에 기초를 둔 것이 아니라, 따뜻하고 인자하고 온유하고 지혜로운 아버지의 마음에서 나온 것입니다.

아버지는 자녀의 교육에 깊은 관심을 기울입니다. 자녀가 유명한 시인의 시를 외우며, 세계적인 화가의 그림을 이해하고 감상하며, 유명 문학 작품을 인용해 가며 이야기하고, 수학이나 과학 등에도 정통하기를 원합니다. 그러나 그 아버지에게 자녀를 위해 기도하고 있는 내용이 무엇인지 물으면, 아마 자녀가 품행이 좋은 사람이 되며, 선하고 친절하고 인자하고 도덕적으로 올바른 사람으로 잘 자라도록 기도한다고 대답할 것입니다.

아버지는 자녀의 지적인 면을 위한 교육에도 관심이 많지만, 자녀가 심성과 생활에서 선하고 순결해지도록 해 주는 데에는 더욱 많은 책임감을 느낍니다. 그래서 자녀들에게 자신이 가르치는 선한 도리와 자신이 제시하는 법도를 듣고 주의하며 거기서 떠나지 말라고 훈계합니다.

두말할 나위 없이 여기서 "법"이란 하나님의 법을 말합니다. 우리 삶에 자유를 가져다주는 것은 바로 하나님의 법에 순종하는 것이기 때문입니다. 자유란 우리가 마땅히 해야 할 것을 할 수 있는 권리이지, 자기가 원하는 대로 할 수 있다는 허가증이 아닙니다. 연회석상에서 가장 편안한 마음으로 여유를 즐길 수 있는 사람은 연회석상의 예절을 아주 잘 알고 있는 사람입니다. 그의 행동은 예의범절에 맞으며 어색한 데가 없습니다. 이것이 몸에 배어 있기 때문에 무의식중에도 실수가 없습니다. 그러나 그러한 예절을 모르는 사람은 언제나 불안합니다. 포크와 접시를 어떻게 사용하는지, 어떤 컵이 적당한지를 몰라 눈치를 살피느라 안절부절못합니다.

아버지의 교훈이 자녀의 유익을 위함이라는 사실은 말할 필요도 없습니다. "그렇지만 아빠, 친구들은 다 하고 있는데요"라든가, "누구나 이런 식으로 생각하고 있어요"와 같은 자녀의 반문에도 불구하고, 아버지는 하나님의 말씀에 기초한 진리와 건전한 교훈을 굳게 지켜야 합니다. 그게 아버지가 자녀에게 마땅히 전해 주어야 할 지혜의 길입니다.

나도 내 아버지에게 아들이었었으며 내 어머니 보기에 유약한 외아들이었었노라. 아버지가 내게 가르쳐 이르기를, "내 말을 네 마음에 두라. 내 명령을 지키라. 그리하면 살리라. 지혜를 얻으며 명철을 얻으라. 내 입의 말을 잊지 말며 어기지 말라. 지혜를 버리지 말라. 그가 너를 보호하리라. 그를 사랑하라. 그가 너를 지키리라. 지혜가 제일이니 지혜를 얻으라. 무릇 너의 얻은 것을 가져 명철을 얻을지니라. 그를 높이라. 그리하면 그가 너를 높이 들리라. 만일 그를 품으면 그가 너를 영화롭게 하리라. 그가 아름다운 관을 네 머리에 두겠고 영화

로운 면류관을 네게 주리라" 하였느니라. (4:3-9)

　이 구절을 주목하여 보십시오. 여기서 하나님의 마음에 합한 사람이었던 다윗의 마음을 엿볼 수 있습니다 솔로몬은 자기 아버지가 자기에게 전해 준 바를 말하고 있습니다. 이는 하나님의 사람 다윗의 성품에 대하여 또 다른 면모를 보여줍니다. 다윗을 생각할 때면 으레 여러 가지 모습이 머릿속에 떠오르게 마련입니다. 그는 베들레헴 산언덕에서 양을 치는 목동이었습니다. 양 떼를 해치려 드는 사자와 곰을 물리치는 장면이 생각납니다. 또 돌 몇 개를 가지고, 장대하고 힘이 세고 뛰어난 블레셋 장수인 거인 골리앗과 싸우러 나갔습니다. 그리고 사울의 왕궁에 있으면서 수금을 타며 노래를 불러 이스라엘의 첫 왕인 사울의 괴로운 마음을 달래 주었습니다. 또 군대의 지휘관이요 왕이었습니다. 노래를 잘하는 자요, 시인이었습니다. 또한 임종을 앞두고 후계자 솔로몬을 위해 기도하는 늙고 연약한 다윗을 봅니다.
　하지만 화롯불 가에서 편히 쉬면서 자기 아들을 가르치는 아버지로서의 다윗을 생각해 보신 적이 있습니까? 이 구절에서 바로 그런 모습을 그려 주고 있습니다. 다윗은 솔로몬을 자기 생명처럼 사랑했으며, 지혜와 명철을 구하는 일에 전념해야 함을 가르쳐 주기 위해 많은 시간을 함께 보냈음이 분명합니다.
　여기서 또한 솔로몬이라는 인물의 새로운 면모를 볼 수 있습니다. 그는 성장한 후 아버지가 자기에게 말씀해 주신 바를 다른 사람과 나누기를 즐겼습니다. 이것은 지혜로운 사람의 삶 속에서 보게 되는 아름다운 모습입니다. 왜냐하면 자기 분야에서 좀 성공한 젊은이가 자기 아버지의 낮은 위치를 부끄럽게 여기는 경우가 너무나 많기 때문입니다.

어떤 잡지에서 읽은 이야기입니다. 유명한 음악가가 어느 도시에서 연주를 거부한 사건에 대한 기사입니다. 아무도 그 이유를 몰랐습니다. 나중에 그 도시가 그 음악가의 고향이라는 사실이 드러났습니다. 그의 부모는 소박하고 평범한 분들이었습니다. 그는 부모님이 자기 연주회장에 나타나 자신을 난처하게 할까 봐 두려웠던 것입니다. 자기 친구들이 초라한 모습의 자기 부모를 만나는 것을 원하지 않았습니다. 그러나 그 부모는 그의 음악 공부를 시켜 준 분들이었습니다.

솔로몬은 아버지의 교훈을 통하여, 자기가 배운 바를 다른 사람들에게 전해 주는 일의 필요성을 배우게 되었습니다. 이러한 원리는 또한 영적 자녀에게도 적용됩니다. 우리는 디모데에게 한 바울의 말을 기억해야 합니다. "내 아들아, 그러므로 네가 그리스도 예수 안에 있는 은혜 속에서 강하고, 또 네가 많은 증인 앞에서 내게 들은 바를 충성된 사람들에게 부탁하라. 저희가 또 다른 사람들을 가르칠 수 있으리라"(디모데후서 2:1-2).

다윗이 자기 아들에게 말한 내용은 정말이었습니다. 실제로 그런 일이 일어났기 때문입니다. 지혜는 솔로몬을 위대한 사람으로 만들었습니다. 솔로몬이 지혜를 추구하는 한, 하나님의 방법대로 일을 행함으로 뒤따르는 축복이 모두 그의 것이 되었습니다. 그가 지혜를 얻을 때 그는 명철해졌습니다. 그가 지혜를 추구하는 한 지혜가 그를 보호하며 지켜 주었습니다. 그가 지혜를 높이고 가슴에 두는 한, 지혜는 그를 높이 들며 그를 영화롭게 해 주었습니다.

이처럼 솔로몬이 하나님의 지혜를 따라 살 때 사람들 앞에서 영광스럽고 존귀한 위치로 높이 들림을 받았습니다. 그의 영광은 주변의 다른 나라에도 알려졌고, 그의 지혜는 천하의 경탄 거리가 되었습니다. 그는 자기 아버지의 말씀에 귀를 기울였습니다. 아버지의 말씀을 마음에 간직했고, 그 말씀을 떠나거나 잊지 않았으며, 그 교훈을 버리지 않았습니다.

이 축복은 또한 우리도 소유할 수 있습니다. 우리는 성장하면 할수록, 나이가 들면 들수록 부모님이 하신 말씀이 옳았음을 더욱 실감하게 됩니다. 그 교훈은 하나님으로부터 나온 것이요 평생의 경험에 기초를 두고 있기 때문입니다. 솔로몬은 아비의 교훈을 잘 배웠고, 이제 그 교훈을 자기 아들에게 전해 주고 있습니다.

> 내 아들아, 들으라. 내 말을 받으라. 그리하면 네 생명의 해가 길리라. 내가 지혜로운 길로 네게 가르쳤으며 정직한 첩경으로 너를 인도하였은즉, 다닐 때에 네 걸음이 곤란하지 아니하겠고 달려갈 때에 실족하지 아니하리라. 훈계를 굳게 잡아 놓치지 말고 지키라. 이것이 네 생명이니라. (4:10-13)

오늘날은 방어 시스템에 관한 말들을 많이 합니다. 의회에서는 가장 훌륭하고 확실한 국가 방위 수단에 대해 토의합니다. 도둑이나 강도로부터 집을 보호하기 위해 여러 가지 도난 방지 경보 시스템이 시판되고 있습니다. 사람들은 재산을 지키려고 잘 훈련된 개를 삽니다. 질병과 쇠약으로부터 몸을 지키기 위한 비타민과 건강식품이 불티나게 팔리고 있습니다. 여행자들은 해외로 여행할 때 각 지방의 풍토병이나 특수한 질병으로부터 보호하기 위한 의약품을 휴대해야 합니다. 구강 청결제를 만드는 회사들은 소비자의 관심을 끌려고 치열한 경쟁을 벌입니다. 서로 자기네 제품이 경쟁사 제품보다 더 향이 좋고 효과가 오래가기 때문에 대인 관계에서 구취로 인해 상대방에게 폐를 끼치지 않게 해 준다고 소비자들에게 선전합니다.

본문에서는 지혜를 하나님의 방어 시스템으로 간주합니다. 지혜는 우리 삶의 폭과 시야를 제한하는 게 아니라 넓혀 줍니다. 잘 닦아 둔 인생길을 달려갈 때 우리는 실족하지 않게 됩니다.

오클라호마주가 모래와 흙먼지가 흩날리는 건조 지대였던 시대에 고향 오클라호마를 등지고 희망을 안고 캘리포니아로 간 사람들이 겪은 절망적인 곤경에 대해 들은 적이 있을 것입니다. 막상 거기에 도착에 보니 더 큰 어려움이 그들을 기다리고 있었습니다. 친구도 돈도 없었고, 제대로 살아갈 방도도 없었습니다. 당시 남자들은 일자리를 얻을 수 있는 교육도 받지 못했고 기술도 없었습니다. 끼니로는 빵 몇 조각이 고작이었습니다. 거처도 매우 협소하여 겨우 비집고 들어가야 할 정도였습니다. 남자들이 얻을 수 있는 일거리라고는, 절망적인 처지에 있는 수많은 사람들이 구하고 있는 일거리 정도뿐이었습니다.

본문은 훌륭한 교육은 살아갈 방도에 대한 염려로부터 우리를 구해 주며, 보다 폭넓은 삶을 살 수 있는 기회를 준다고 상기시킵니다. 부지런히 지혜를 구하며, 열심히 공부하며, 젊은 시절에 최선을 다해 배우면, 만년에 곤궁하거나 구차한 삶으로 전락하지 않게 됩니다.

본문의 마지막 구절은 긴박한 어조로 "훈계를 굳게 잡아 놓치지 말고 지키라"라고 말씀합니다. 이는 삶의 모든 영역에 적용됩니다. 시작은 잘했으나 결코 성취하지는 못한 젊은이들을 알고 있을 것입니다. 승진의 기회가 왔을 때, 다른 사람들은 자기 업무에 필요한 바를 배우는 일에 힘썼기에 승진하였지만, 그런 젊은이는 배우기를 게을리하여 승진 대상에서 탈락되었습니다.

시간을 헛되이 보내는 젊은이, 남들이 열심히 책을 읽을 때 노는 젊은이는 결국 그 게으름을 후회할 날이 옵니다. 그러나 부지런한 사람, 전심으로 그 지혜를 구하는 사람은 초라한 삶을 살지 않으며, 승진의 기회를 놓치지 않게 됩니다. 이것은 자기의 직업에서 성실하게 노력하면서 하나님 앞에서 가치 있는 삶을 살고자 하는 젊은이들에게는 중대한 충고입니다.

사특한 자의 첩경에 들어가지 말며 악인의 길로 다니지 말지어다. 그 길을 피하고 지나가지 말며 돌이켜 떠나갈지어다. 그들은 악을 행하지 못하면 자지 못하며 사람을 넘어뜨리지 못하면 잠이 오지 아니하며 불의의 떡을 먹으며 강포의 술을 마심이니라. (4:14-17)

사람으로 하여금 죄악의 삶을 택하게 하는 것은 과연 무엇일까요? 지식이 없어서일까요? 무엇이 더 좋은지 몰라서일까요? 시편 14:4에서는 이렇게 묻습니다. "죄악을 행하는 자는 다 무지하뇨? 저희가 떡 먹듯이 내 백성을 먹으면서 여호와를 부르지 아니하는도다."

그렇습니다. 지식이 없어서가 아니라 도덕적 확신이 결여되어 있기 때문입니다. 그들은 실제로 자신이 선택한 생활 방식을 즐기고 있습니다. 다른 사람들을 자신의 타락한 생활 방식으로 끌어들이는 데 성공할 때 그 즐거움은 더 커집니다. 예수님께서는 "나의 양식은 나를 보내신 이의 뜻을 행하며 그의 일을 온전히 이루는 이것이니라"라고 말씀하셨습니다(요한복음 4:34). 하나님의 뜻을 행하며 하나님의 일을 온전히 이루는 이것이 우리의 양식 곧 우리의 삶을 유지시켜 주는 것이 되어야 합니다. 악을 행하기 원하는 자들의 떡은 불의의 떡이며 그들의 술은 강포의 술입니다. 궁극적으로 보면 그들의 불의는 악한 자를 전폭적으로 따르는 데 그 원인이 있습니다.

예수님께서는 자신을 대적하는 자들의 말에 대답하시면서 이렇게 말씀하셨습니다. "진실로 진실로 너희에게 이르노니 죄를 범하는 자마다 죄의 종이라. 너희는 너희 아비 마귀에게서 났으니 너희 아비의 욕심을 너희도 행하고자 하느니라. 저는 처음부터 살인한 자요 진리가 그 속에 없으므로 진리에 서지 못하고 거짓을 말할 때마다 제 것으로 말하나니, 이는 저가 거짓말쟁이요 거짓의 아비가 되었음이니라"(요한복음 8:34,44).

이제 이 말씀은 죄악의 길을 걷고 있는 자에게 나타나는 심각한 문제를 제기합니다. 그의 삶이 나아가는 방향이 잘못되어 있다면, 그 상황에서는 주위에서 베푸는 어떠한 도움도 그에게 아무 소용이 없습니다. 자기는 동쪽으로 가기를 원하지만 실제로는 자기도 모르게 서쪽으로 가고 있는 처지라면, 그의 말과 행동이 좀 선해진다고 해도 궁극적 운명에 변화를 가져오지는 못합니다. 결국 파멸에 이르고 맙니다. 그의 운명을 바꿔 놓을 수 있는 유일한 방법은 삶의 방향을 전환하도록 도와주는 것입니다. 서쪽으로 가던 것을 중단하고 동쪽으로 돌아서게 하는 것뿐입니다.

그것이 바로 회개에 대한 성경의 가르침입니다. 회개란 완전한 방향 전환을 의미합니다. 그러나 악한 생활 방식에 헌신되어 있는 자의 마음은 그러한 교훈과 충고에 굳게 닫혀 있기 때문에 절망적으로 보입니다. 인간적으로 보면 실제로 희망이 없습니다. 그러나 하나님의 은혜와 자비와 사랑의 능력에 감사해야 하는 이유는 복음을 들을 때 우리가 회개할 수 있게 해 주시는 성령이 계시기 때문입니다. 성령께서는 아무리 악한 사람일지라도 회개에 이르게 하실 수 있습니다.

사특한 자들은 자신이 따르고 있는 악한 자 곧 마귀의 행동 양식을 그대로 따라갑니다. 먼저 마귀는 하나님을 거역함으로써 죄를 지었습니다. 마귀의 두 번째 행동은 다른 사람들도 또한 죄를 짓도록 유혹하는 일입니다. 엄청난 열심으로 경건치 못한 길을 계속 추구하는 죄악의 일꾼들을 주위에서 흔히 볼 수 있습니다.

시편 기자는 이런 악을 다음과 같이 묘사합니다. "악인의 죄얼이 내 마음에 이르기를 '그 목전에는 하나님을 두려워함이 없다' 하니, 저가 스스로 자긍하기를 자기 죄악이 드러나지 아니하고 미워함을 받지도 아니하리라 함이로다. 그 입의 말은 죄악과 궤휼이라 지혜와 선행을 그쳤도다. 저는 그 침상에서 죄악을 꾀하며 스스로 불선한 길에 서고 악을 싫어하지 아니하는도다"(시편 36:1-4).

수백 년 후 사도 베드로는 이러한 악인들을 다음과 같이 생생하게 묘사했습니다. "그러나 이 사람들은 본래 잡혀 죽기 위하여 난 이성 없는 짐승 같아서 그 알지 못한 것을 훼방하고 저희 멸망 가운데서 멸망을 당하며, 불의의 값으로 불의를 당하며 낮에 연락을 기쁘게 여기는 자들이니 점과 흠이라. 너희와 함께 연회할 때에 저희 간사한 가운데 연락하며 음심이 가득한 눈을 가지고 범죄하기를 쉬지 아니하고 굳세지 못한 영혼들을 유혹하며 탐욕에 연단된 마음을 가진 자들이니 저주의 자식이라. 저희가 바른 길을 떠나 미혹하여 브올의 아들 발람의 길을 좇는도다. 그는 불의의 삯을 사랑하다가 자기의 불법을 인하여 책망을 받되 말 못하는 나귀가 사람의 소리로 말하여 이 선지자의 미친 것을 금지하였느니라. 이 사람들은 물 없는 샘이요 광풍에 밀려가는 안개니 저희를 위하여 캄캄한 어두움이 예비되어 있나니"(베드로후서 2:12-17).

선지자 미가는 이렇게 기록했습니다. "침상에서 악을 꾀하며 간사를 경영하고 날이 밝으면 그 손에 힘이 있으므로 그것을 행하는 자는 화 있을진저"(미가 2:1). 이와 같이 악을 꾀하는 자들이 악을 행하기 위해 노력하는 것 이상으로, 예수 그리스도를 따르는 사람들은 더욱 거룩한 열심으로 선을 행하기 위하여 노력해야 하지 않겠습니까?

우리 마음과 언어는 이 절망적인 세상에 생명과 소망의 소식을 전해 주는 방법과 수단이 되어야 합니다. 우리가 우리 세대의 사람들에게 베풀 수 있는 가장 큰 유익은 예수님을 전하여 그들을 우리 주 예수 그리스도를 아는 지식으로 인도하는 것입니다.

오늘날 세상은 멋모르는 젊은 세대들의 몸에 죄의 독을 주사함으로써 세상 구석구석까지 퍼지게 했습니다. 우리는 인간의 삶을 변화시키는 예수 그리스도의 메시지를 그들의 마음과 심령 속에 심는 일을 부지런히 해야 합니다. 예수 그리스도만이 적의 공격으로부터 그들을 보호하실 수 있으며, 적의 공격을 좌절시키고, 그들을 의의 길로 안전하게 옮겨다 놓을 능력이 있으십니다.

> 의인의 길은 돋는 햇볕 같아서 점점 빛나서 원만한 광명에 이르거니와, 악인의 길은 어둠 같아서 그가 거쳐 넘어져도 그것이 무엇인지 깨닫지 못하느니라. (4:18-19)

나는 가족들과 함께 아내의 고향을 즐겨 방문합니다. 그곳은 주변 경치가 아름답기 때문입니다. 집 뒤에는 깎아지른 듯한 높은 절벽이 있고 주위에는 아름드리나무들이 우뚝우뚝 솟아 있습니다. 어느 날 밤 아들 랜디와 나는 가파른 절벽 꼭대기까지 설치되어 있는 나무 계단을 따라 올라가 보기로 했습니다. 한 삼분의 일쯤 올라갔을 때 나무 계단들이 썩어 있는 것을 발견했습니다. 날이 너무 어두웠기 때문에 우리가 딛고 있는 곳의 상태를 제대로 볼 수가 없었습니다. 발목을 삐거나 떨어져 다칠 위험이 있었기에 도로 내려가기로 했습니다. 이튿날 아침 다시 올라갔을 때는 위험을 피하기가 비교적 쉬웠습니다. 전날 밤과 그 이튿날 아침과의 차이는 무엇입니까? 곧 주위의 사물을 볼 수 있을 만큼 빛이 충분히 있었다는 점입니다.

본문 말씀은 이와 동일한 묘사를 사용하여, 하나님과 동행하고 있는 사람의 길과 그렇지 않은 사람의 길을 대비시키고 있습니다. 하나님의 자녀의 길을 비추는 빛은 곧 하나님 자신의 찬란한 빛입니다. 하나님의 빛은 인간이 만든 등불인 이 세상 지혜의 희미하고 약한 빛과는 다릅니다. 세상의 빛은 밝지도 않으며 쉽사리 꺼집니다. 하나님의 빛은 별똥별의 빛처럼 보이자마자 꺼져 버리는 순간적인 빛이 아닙니다.

하나님께서 주시는 빛은 곧 하나님의 말씀입니다. 찬송가 작가인 제임스 새미스는 그 사실을 이렇게 표현했습니다.

> 주님의 말씀의 빛 안에서
> 주님과 함께 걸을 때
> 주님은 우리 길을 환하게 비추신다.
> 우리가 주님의 선하신 뜻을 행할 때
> 주님은 늘 우리와 함께하시며,
> 주님을 의지하고 순종하는 모든 이와
> 언제나 함께하시리라.

본문에서는 또한 점진적인 영적 성장에 대해 말합니다. 새로이 주님의 제자가 된 사람은 처음에는, 그의 길에 길게 그림자를 늘어뜨린 과거의 죄와 싸울지도 모릅니다. 자신의 지혜를 하나님의 지혜보다 앞세우려는 유혹과 싸울지도 모릅니다. 전적으로 그리스도의 의만을 의지하는 데 방해가 되는 자기 의의 발자취와 싸울지도 모릅니다.

그러나 점차 은혜 안에서 자라 감에 따라 과거의 어둠의 속박에서 해방되어 하나님의 영광스런 빛 가운데로 나아오게 됩니다. 옛 습관, 옛 인간관계, 옛 방식은 물러가고 하나님의 선하시고 기뻐하시고 온전하신 뜻을 따라 살게 됩니다. 그리하여 빛은 더욱 밝게 그의 삶 속을 비춥니다.

우리는 벳새다의 소경이 예수님을 만난 경험을 통해 이러한 진리를 이해할 수 있습니다. "벳새다에 이르매 사람들이 소경 하나를 데리고 예수께 나아와 손대시기를 구하거늘, 예수께서 소경의 손을 붙드시고 마을 밖으로 데리고 나가사 눈에 침을 뱉으시며 그에게 안수하시고 '무엇이 보이느냐?' 물으시니, 우러러보며 가로되 '사람들이 보이나이다. 나무 같은 것들의 걸어가는 것을 보나이다' 하거늘, 이에 그 눈에 다시 안수하시매 저가 주목하여 보더니 나아서 만물을 밝히 보는지라"(마가복음 8:22-25). 이것은 그리스도인의 신분적 위치를 묘사한 것이 아니라, 그리스도인의 삶을 묘사한 것입니다. 즉 우리는 점점 그리스도의 모습을 닮아 가는 것입니다.

그러나 악인의 길은 어둠의 길이며, 예수 그리스도와 동행함으로써 얻는 안전과 위로와 방향 제시 같은 게 없는 길입니다. 죄에 대한 사랑이 그 빛을 꺼 버립니다. 악인의 외침을 들어 봅시다. "우리가 소경같이 담을 더듬으며 눈 없는 자같이 두루 더듬으며 낮에도 황혼 때같이 넘어지니 우리는 강장한 자 중에서도 죽은 자 같은지라"(이사야 59:10).

복음은 그리스도께로 인도하는 길인 동시에, 그리스도를 거스르는 자들에게는 걸림돌입니다. 로마서 9:31-33에서는 이렇게 말씀합니다. "의의 법을 좇아간 이스라엘은 법에 이르지 못하였으니 어찌 그러하뇨? 이는 저희가 믿음에 의지하지 않고 행위에 의지함이라. 부딪힐 돌에 부딪혔느니라. 기록된 바 '보라. 내가 부딪히는 돌과 거치는 반석을 시온에 두노니, 저를 믿는 자는 부끄러움을 당치 아니하리라' 함과 같으니라."

흑암 속에 있는 자들에게 그리스도를 전할 때 우리는 기도해야 합니다. 왜냐하면 그들이 그리스도의 복음을 믿지 못하도록 사탄이 그들의 마음을 혼미하게 하기 때문입니다. 고린도후서 4:3-4에서는 이렇게 말씀합니다. "만일 우리 복음이 가리웠으면 망하는 자들에게 가리운 것이라. 그중에 이 세상 신이 믿지 아니하는 자들의 마음을 혼미케 하여 그리스도의 영광의 복음의 광채가 비춰지 못하게 함이니, 그리스도는 하나님의 형상이니라."

기도를 통해 우리는 그들의 영적인 눈이 밝아지는 것을 볼 수 있습니다. 그리하여 그들이 복음의 빛 가운데로 들어오는 것을 보는 즐거움을 맛볼 수 있습니다. 우리는 기도하고 행함을 통해, 어둠 속에서 살고 있는 자들, 자신이 왜 걸려 넘어졌는지조차도 모르는 자들로 하여금 복음의 광채를 보고 풍성한 삶에 이르는 길을 걷도록 도와주게 됩니다.

8

지혜와 인간관계

잠언 4:20-5:23

인간관계 중에서 가장 가깝고 친밀한 관계인 결혼 생활에 대해 이야기하기에 앞서, 이 잠언을 읽는 자들과 듣는 자들에게 각자의 영적인 건강 상태를 살펴보도록 권면합니다. 올바른 결혼 생활을 하려면 마땅히 삶 속의 몇 가지 기본적인 문제를 해결해야 합니다. 몇 가지 기본적인 문제란 하나님과의 올바른 관계 및 인간관계에서의 건전한 견해와 태도와 행동입니다.

성경적이고 하나님께서 축복하시는 결혼 생활을 하기 위해서, 부부는 서로에게 헌신하기에 앞서 먼저 하나님께 대한 개인적인 헌신을 해야 합니다. 이 면에서 우선 자기 자신을 진단해 보기 바랍니다. 자신을 진단해 보아야 할 부분은 마음과 입과 눈과 발입니다. 본문 말씀의 첫 부분인 잠언 4:20-27은 지혜의 목소리에 귀를 기울이라는 말로 시작됩니다. 왜냐하면 우리의 영적 기초를 견고히 세우는 방법은 익히 잘 알고 있는 영원한 진리를 주의 깊게 상고하는 것이기 때문입니다.

일단 인간관계의 기초가 견고하게 세워지면, 더욱더 친밀한 결혼 생활에 대해 이야기할 수 있게 됩니다. 그리하여 본문은 둘째 부분인 5:1-23에서 먼저 음녀의 교묘한 유혹에 대해 경고하고(5:1-6), 그다음 부정에 대해 강한 경고를 하며(5:7-14), 건전하고 올바른 결혼 생활을 그 반대 경우와 대조함으로써 결론을 짓습니다(5:15-23).

> 내 아들아, 내 말에 주의하며 나의 이르는 것에 네 귀를 기울이라. 그것을 네 눈에서 떠나게 말며 네 마음속에 지키라. 그것은 얻는 자에게 생명이 되며 그 온 육체의 건강이 됨이니라. (4:20-22)

아마 한두 번은 사무실에 찾아온 외판원으로부터 물건을 산 적이 있을 것입니다. 마침 자신에게 필요한 물건을 파는 외판원이 찾아오면 무척 기분이 좋습니다. 그리고 그 물건이 신제품이고 혁신적이며 삶을 더 낫고 윤택하게 해 줄 거라는 생각이 들면 그 물건을 삽니다.

그런데 외판원이 다음과 같이 말한다면 어떻게 하겠습니까? "진정으로 당신에게 도움이 될 물건이 있습니다. 당신에게 결정해야 할 일 생겼을 때 올바른 결정을 하도록 도와줍니다. 또한 근처에 숨어 있는, 당신이나 당신 가족에게 분명히 해를 끼칠 모든 위험을 경보해 줍니다. 당신이 올바른 사실을 알게 도와주고,

그릇된 것은 피하게 해 주며, 그것을 사용하여 해로운 길을 떠날 수 있게 해 줍니다."

이 외판원의 말을 들으면서 그 물건이 너무나 기막힌 것이라 실제로 그런 게 존재할 리가 없다고 생각할지 모르겠습니다. 그 사람이 파는 물건이 성경이 아니라면 여러분의 생각은 옳습니다. 그 물건이 성경이라면 안심하고 사셔도 좋습니다. 왜냐하면 하나님의 말씀인 성경의 지혜는 영원하며 참되기 때문입니다. 성경은 진실로 앞에서 말한 모든 것을 제공해 줄 수 있습니다.

책에서 어느 아프리카인에 대해 읽은 적이 있습니다. 그는 어느 날 가까운 부락의 책방에 자기네 언어로 된 성경책이 곧 들어온다는 소식을 들었습니다. 지금까지 그가 속해 있는 부족은 자기네 부족 언어로 된 성경을 가져 본 적이 없었습니다. 이제 오랜 수고 끝에 번역자들이 성경 번역 작업을 완성했습니다. 성경책이 도착할 날이 가까워 옴에 따라 그의 흥분은 날로 더해 갔습니다. 성경이 도착하기 전날 밤에는 도저히 잠을 이룰 수가 없었습니다. 그의 흥분과 기대는 너무도 컸습니다. 이튿날 아침 일찍 제일 먼저 성경을 사려고 마을까지 30리 길을 걸어갔습니다. 거기에 도착해 보니 이미 다른 이들이 와 있었습니다. 그들 역시 크나큰 흥분과 기대감 속에 그 책방으로 달려온 것이었습니다.

그다음 일요일, 성경은 교회에도 운반되었습니다. 사람들은 성경을 보자 기뻐 어쩔 줄을 몰랐습니다. 환호성을 지으며 펄쩍 펄쩍 뛰기도 하고 흥겨워 노래를 부르기도 했습니다. 그때 누군가가 "우리에게 이 성경을 주신 것에 대해 우리 모두 하나님

지혜와 인간관계 165

께 감사합시다" 하고 외쳤습니다. 예배가 시작되기도 전이었지만 그들은 그 자리에서 하나님께서 그들의 언어로 된 성경을 주신 것에 대해 감사 기도를 드렸습니다. 이제 "그것을 네 눈에서 떠나게 말며 네 마음속에 지키라"라는 잠언의 훈계를 따르는 데 어려움이 없어졌습니다.

성령께서 하나님의 말씀을 사용하셔서 우리 마음에 예수 그리스도를 계시해 주실 때 우리의 영적인 삶이 시작됩니다. 그때 우리는 영적인 눈을 뜨게 되고 회개하고 믿음으로써 예수님께로 갑니다. 그다음 우리의 영적 건강을 유지하기 위해서는 하나님의 말씀으로 우리 영혼을 먹이고 살찌워야 합니다. 성경은 치료하는 능력이 있어서 이 세상의 모든 영적 및 도덕적 병을 치료할 수 있습니다.

우리가 성경 말씀에 관심을 갖고 하나님께서 우리에게 말씀해 주신 것에 귀를 기울일 때, 지금 이 세상에서 영원한 삶이 의미하는 모든 것을 실제로 경험할 수 있습니다. 진실로 하나님의 말씀에 주의 깊게 집중할 때 "그것은 얻는 자에게 생명"이 됩니다.

무릇 지킬 만한 것보다 더욱 네 마음을 지키라. 생명의 근원이 이에서 남이니라. 궤휼을 네 입에서 버리며 사곡을 네 입술에서 멀리하라. 네 눈은 바로 보며 네 눈꺼풀은 네 앞을 곧게 살펴 네 발의 행할 첩경을 평탄케 하며 네 모든 길을 든든히 하라. 우편으로나 좌편으로나 치우치지 말고 네 발을 악에서 떠나게 하라. (4:23-27)

이미 말씀드린 바와 같이 하나님의 말씀에 헌신되어 있을 때라야 자신의 마음과 입과 눈과 발을 살펴봄으로써 영적 건강에 대한 자체 진단을 할 수 있습니다.

"마음"(23절). 사도 바울은 이렇게 기도합니다. "믿음으로 말미암아 그리스도께서 너희 마음에 계시게 하옵시고"(에베소서 3:17). 이 중요한 진리는 많은 다른 성경 구절에서도 입증되고 있습니다.

성경에서 마음은 속사람의 보좌가 있는 방을 가리킵니다. 마음은 사람의 인성을 지칭하는 가장 포괄적인 용어입니다. 잠언에서 이 "마음"이라는 용어가 지(3:3, 6:21), 정(15:15,30), 의(11:20, 14:14), 속사람 전체(3:5)를 가리키는 등 다양한 의미를 지니고 있습니다. 성경은 나아가, 오직 예수 그리스도께서 우리 속의 중심 자리, 가장 높은 자리, 존귀와 통치권이 있는 자리, 즉 우리 마음을 차지하셔야만 한다고 말씀합니다.

전인격을 가리키는 '마음'에는 그늘 속에 숨어 있는 온갖 적이 있는데, 이들은 위험하고 치명적인 해를 가하곤 합니다. 이 적들은 우리 삶의 지배권을 빼앗으려고 호시탐탐 공격할 기회만을 노리고 있습니다. 사탄은 우리가 빠져들기 쉬운 죄가 무엇인지 너무나 잘 알고 있습니다. 그래서 우리가 죄의 길로 한 걸음만 움직여도 사탄은 그것을 이용하여 우리를 삼키려고 기다립니다.

세상은 잠깐 있다 사라져 버릴 보화와 쾌락으로 우리를 '나 개인의 이익과 영광'이라는 금지된 길로 유혹하려고 기회를 엿봅니다. 마귀는 끊임없이 의심의 불화살을 쏘아 하나님을 향한 우리의 사랑을 무디게 만듭니다. 탐욕과 시기와 정욕과 교만으로 무장한 육은 멸망으로 인도하는 이 넓은 길로 우리를 끌어들이기 위해 공격하려고 합니다. 그러므로 본문 말씀은 "무릇 지킬 만한 것보다 더욱 네 마음을 지키라"라고 한 것입니다. 흠정역에는 "모든 부지런을 다하여 네 마음을 지키라"라고 되어 있습니다. 우리는 부지런히 열심을 다하여 그 무엇보다도 우리 마음을 지켜야 합니다.

하지만 우리가 모든 부지런을 다하기만 하면 앞에서 든 이 모든 위험 속에서 우리 마음을 지킬 수 있는 걸까요? 당연히 불가능한 일입니다. 오직 하나님만이 하실 수 있습니다. 그러면 왜 그렇게 하라고 훈계하였습니까? 그 이유는 자기 마음을 지켜, 순결하고 그리스도를 높이며 그리스도 중심의 삶을 살려는 이러한 갈망은 하나님께서 경건한 사람을 지키시며 그를 도와 그런 위험을 이기게 하시려고 사용하는 수단이 되기 때문입니다. 하나님의 말씀에 주의하고 하나님께서 하시는 말씀에 귀를 기울이며, 자기 눈에서 떠나지 않게 하며, 자기 마음속에 하나님의 말씀을 간직하여 지키는 그 사람이 바로 모든 부지런함으로 자기 마음을 지키는 사람이요, 진실로 살아 있고 건강한 사람입니다(잠언 4:20-22).

예수님은 이 중요한 진리를 여러 번 가르치셨습니다. 특히 사람의 속으로부터 나오는 것을 언급하실 때 이것을 말씀하셨습니다(마가복음 7:15-23, 누가복음 6:45, 요한복음 4:14, 7:38). 이 가르침은 잠언의 이 구절들 속에 암시적으로 언급되어 있습니다.

바울 역시 '우리의 노력과 하나님의 역사'라는 이 주제에 대해 말했습니다. "그러므로 나의 사랑하는 자들아, 너희가 나 있을 때뿐 아니라 더욱 지금 나 없을 때에도 항상 복종하여 두렵고 떨림으로 너희 구원을 이루라. 너희 안에서 행하시는 이는 하나님이시니 자기의 기쁘신 뜻을 위하여 너희로 소원을 두고 행하게 하시나니"(빌립보서 2:12-13).

짧은 편지인 유다서의 결론에는 이 주제가 인상적으로 나타나 있습니다. "하나님의 사랑 안에서 자기를 지키며 영생에 이르도록 우리 주 예수 그리스도의 긍휼을 기다리라. 능히 너희를 보호하사 거침이 없게 하시고 너희로 그 영광 앞에 흠이 없이 즐거움으로 서게 하실 자 곧 우리 구주 홀로 하나이신 하나님께 우리 주 예수 그리스도로 말미암아 영광과 위엄과 권력과 권세가 만고 전부터 이제와 세세에 있을지어다. 아멘"(유다서 1:21,24-25).

그러므로 우리를 지키시는 하나님의 능력을 신뢰하고, 부지런히 기도와 경건의 시간 등과 같은 실질적인 일에 힘쓰는 것이 우리의 마음을 지키는 열쇠입니다. 본문의 구절들은 성경 암송을 통하여 하나님의 말씀을 우리 마음 판에 새김으로써 우리 삶을 말씀으로 흠뻑 적시는 일이 필요함을 이미 보여 준 바 있습니다.

우리는 우리 마음을 지킬 수 없으나, 하나님은 지키실 수 있습니다. 하나님은 하나님의 말씀 안에서 우리에게 주시는 하나님의 지도하심에 우리가 협력하여 순종하기를 원하십니다. 다윗은 이렇게 기도했습니다. "내 원수를 보소서. 저희가 많고 나를 심히 미워함이니이다. 내 영혼을 지켜 나를 구원하소서. 내가 주께

피하오니 수치를 당치 말게 하소서"(시편 25:19-20).

우리가 자신을 하나님께 드리며 기도하는 일에 부지런하고, 하나님의 말씀을 규칙적으로 섭취하는 삶을 살 때 하나님의 성령이 우리의 마음과 삶을 지배하시게 됩니다. 그러나 사탄의 공격에 굴복하여 우리 마음을 사탄이 장악하게 되면 우리의 지휘 본부를 적에게 빼앗기는 셈이 됩니다. 즉 사랑과 열망과 동기와 목표를 상실하게 됩니다. 그러므로 마음은 죄의 본부가 되기도 하고 거룩함의 본부가 되기도 합니다. 예수님께서는 이렇게 말씀하셨습니다. "선한 사람은 그 쌓은 선에서 선한 것을 내고 악한 사람은 그 쌓은 악에서 악한 것을 내느니라"(마태복음 12:35).

우리 주위에는 지켜야 할 것이 많습니다. 길, 의복, 차, 집 등이 모든 것은 잘 지켜지고 유지되어야 합니다. 그러나 무엇보다도 우리 마음을 지켜야 합니다. 생명의 근원이 여기에서 나기 때문입니다.

"입"(24절). 마음을 지키라는 훈계에 이어 입술을 지키라는 훈계가 나옵니다. 옳은 것을 행할 뿐 아니라, 옳은 것을 말하는 것도 지혜의 표시입니다. 올바른 행동을 할 뿐 아니라 올바른 말을 해야 합니다. 본문은 진리를 왜곡 또는 곡해하는 것에 대해 경고합니다. 다른 사람들이 내가 한 말로 인해 멸망의 길로 가게 될 수 있다는 사실을 생각하면 등골이 오싹해집니다.

나는 시카고 철도회사의 매표원으로 근무할 때, 잘못된 정보를 주느니보다는 아무 정보도 주지 않는 게 훨씬 낫다는 사실을 배웠습니다.

그러므로 우리는 성령께서 우리 삶과 입술을 지키시게 해 드려야 합니다. 나무가 좋으면 그 열매도 좋을 것이라고 예수님은 말씀하셨습니다(마태복음 12:33). 나무가 좋지 않으면 그 열매도 마찬가지로 좋지 않을 것입니다. 이처럼 열매로 그 나무가 어떤 나무인지 알려지듯이, 우리의 말로 인해 우리가 어떤 사람인지 알려집니다. 예수님은 이렇게 말씀하셨습니다. "이는 마음에 가득한 것을 입으로 말함이라"(마태복음 12:34). 우리 말은 우리 마음속에 무엇이 있는가를 나타내 줍니다. 그러므로 야고보서 3:2 말씀을 기억하십시오. "우리가 다 실수가 많으니 만일 말에 실수가 없는 자면 곧 온전한 사람이라. 능히 온 몸도 굴레 씌우리라."

다윗의 기도는 우리 모두를 위한 모범이 됩니다. "여호와여, 내 입 앞에 파수꾼을 세우시고 내 입술의 문을 지키소서"(시편 141:3). "나의 반석이시요 나의 구속자이신 여호와여, 내 입의 말과 마음의 묵상이 주의 앞에 열납되기를 원하나이다"(시편 19:14). 그리고 기도를 한 후에는 패역한 입과 사악한 입술을 버리며 멀리하기를 힘써야 합니다.

"눈"(25절). 입 다음에는 눈입니다. 예수님께서는 이렇게 말씀하셨습니다. "눈은 몸의 등불이니, 그러므로 네 눈이 성하면 온 몸이 밝을 것이요, 눈이 나쁘면 온 몸이 어두울 것이니, 그러므로 네게 있는 빛이 어두우면 그 어두움이 얼마나 하겠느뇨?"(마태복음 6:22-23). 눈은 죄가 우리 마음속으로 들어가는 주요 통로 중 하나입니다. 매일 우리 사회에서는 TV, 영화, 책, 잡지, 신문, 인터넷 등이 아주 그럴 듯하고 흥미 있는 내용을 가지고 우리를 공격합니다. 이런 대중 매체와 책으로부터 흘러나오는 것 중 많은 내용이 바로 지옥의 구멍에서 토해 낸 것입니다. 마귀의 무리는 문학과 오락의 주된 흐름 속에다 매일 몇 톤씩이나 되는 오염 물질을 방출함으로써 인간의 마음과 생각을 더럽히려고 밤낮을 가리지 않고 힘쓰고 있습니다.

이것은 새로운 전술이 아닙니다. 사탄이 에덴동산에서부터 써 먹던 전술입니다. 에덴동산에서 하와는 먼저 그 나무의 열매가 먹음직도 하고 보암직도 하고 지혜롭게 할 만큼 탐스럽기도 한 것을 보았습니다(창세기 3:6). 베드로후서 2:14에서는 "음심이 가득한 눈을 가지고 범죄하기를 쉬지 아니"하는 자들에 대해 말씀합니다. 시편 기자는 "내 눈을 돌이켜 허탄한 것을 보지 말게 하시고 주의 도에 나를 소성케 하소서"(시편 119:37)라고 기도했습니다.

나는 어렸을 때 시골에서 살았는데, 일을 할 때 눈을 지키는 것이 중요함을 배웠습니다. 옥수수 밭에서 말이 끄는 쟁기를 몰고 가다가 한눈을 팔게 되면 손해를 보곤 했습니다. 즉 옥수수를 키우기는커녕 도리어 죽이고 마는 것입니다. 언제나 나의 눈은 자라고 있는 곡식의 이랑에 가 있어야만 했습니다. 한눈을 팔았다가는 옥수수가 채 자라기도 전에 갈아 버릴 수가 있었습니다. 어떤 때는 하루에 두세 번씩 그런 실수를 했습니다. 내가 무엇을 쳐다보느냐가 농사에 중대한 영향을 미칩니다.

그 후 어느 성경학교에서도 동일한 위험을 목격했습니다. 나는 일주일 간 예배당에서 설교를 하며, 자유 시간에는 학생들과 상담도 했습니다. 어느 날 휴게실에 앉아 젊은이 몇 명과 이야기를 나누고 있었습니다. 그들은 이야기 도중에도 여학생이 옆으로 지나가면, 자동적으로 눈은 그 여학생으로 향했습니다. 그들은 육체의 정욕을 자극하는 일에 눈이 사용되는 것을 허락하고 있었습니다. 이것은 중대한 결과를 가져올 수도 있으며, 그들을 유혹으로 이끄는 것을 바라봄으로써 결국 유혹에 넘어가는 경우가 많습니다.

옛 성품 속에는 매우 많은 가연성 물질이 들어 있기 때문에 거기에 불을 붙일 수 있는 일을 하는 것은 바보짓입니다. 아간은 바로 이 함정에 빠졌고, 자기 자신과 가족의 멸망을 초래했으며, 민족 전체에 비극을 가져왔습니다. 아간은 후에 이렇게 자백했습니다. "내가 노략한 물건 중에 시날산의 아름다운 외투 한 벌과 은 이백 세겔과 오십 세겔중의 금덩이 하나를 보고 탐내어 취하였나이다. 보소서. 이제 그 물건들을 내 장막 가운데 땅속에 감추었는데 은은 그 밑에 있나이다"(여호수아 7:21).

그 순서는 이렇습니다. 맨 먼저 그는 보았습니다. 그다음 탐내었습니다. 그다음 취했습니다. 이 모든 것은 눈으로부터 시작되었습니다. 아간뿐 아니라 우리 모두가 경험한 바입니다. 이에 대한 유일한 보호책은 인생길을 걸어가는 동안 눈을 예수 그리스도께 고정키시고 앞만 바라보며 똑바로 걸어가는 것입니다.

"발"(26-27절). 본문은 사람들에게 자기 발이 걸어가는 첩경을 잘 살피라고 주의함으로써 끝납니다. 우리는 이상하고 낯선 길로 우리를 끌어들이는 것들을 피해야 합니다. 우리가 하나님의 길로 걸어가는 것을 방해하는 장애물이나 걸림돌을 제거하고 피해야 합니다. 우리는 두 가지 방법에 의해 하나님께서 우리를 위해 예비해 주신 길로부터 떠나갈 수 있습니다. 첫째 적의 완강한 저항에 부딪혀 하나님의 길로부터 떠나는 경우가 있고, 둘째는 사탄의 유혹에 의해 하나님의 길로부터 떠나는 경우가 있습니다. 이런 경우는 어떤 대가를 치르고서라도 피해야 합니다.

잠언은 자주 악한 친구 관계의 위험에 대해 경고합니다. 우리는 죄인들의 꾐에 넘어가지 말고 발을 금하여 그들의 길에서 떠나야 합니다. 그러면 다음과 같은 질문이 나올 수 있습니다. "우리가 그들을 피한다면, 그들을 어떻게 그리스도께로 인도할 수 있는가?"

성경은 하나님과 우리의 관계를 약화시키거나 파괴하는 모임은 어떤 것이든 피해야 한다고 가르칩니다. 그러므로 입이 거칠고 더러우며 생활 방식이 타락된 사람과 함께 있을 때 마음속에 어떤 반응이 일어나는가를 스스로 살펴보아야 합니다. 만일 그 사람에 대해 짐을 느끼고 그에게 복음을 증거하며 그를 위하여 기도한다면 좋습니다. 그러나 만일 여러분이 악한 길을 좇는 사람이나 무리와 함께 있을 때 그로 인해 악한 일에 호기심을 느끼게 된다면 여러분은 중대한 위험에 처해 있는 셈입니다. 만일 그들의 생활 방식이 재미있고 어쩌면 더 멋있고 스릴이 있는 것처럼 보여 그들의 삶에 마음이 끌린다면, 그 모임에서 떠나십시오.

빠르면 빠를수록 좋습니다. 그들과 어울리는 것은 여러분과 하나님과의 교제를 약화시키게 됩니다.

여러분이 해야 할 바를 결정하는 데 도움을 주는 간단한 방법은 다음과 같습니다. 접시저울의 한쪽에는 하나님의 말씀을 놓고, 다른 쪽에는 하려는 행동을 놓습니다. 저울이 어느 쪽으로 기울고 있습니까? 하나님의 말씀 쪽입니까, 아니면 하려는 행동 쪽입니까? 두 가지 질문이 도움을 줍니다. "그 행동은 옳은가?" "그것은 어디로 인도할 것인가?"

옳고 그름을 분별할 수 있는 유일한 방법은 성경의 분명한 교훈 위에 그 기초를 두는 것입니다. 끊임없이 변하는 통속적인 견해나 이 세상의 표준은 부패하여 아무 도움이 되지 않습니다. 그것들은 불확실한 인간의 이성에 따라 흔들리며 이리저리 변합니다. 여러분은 간단히 주위를 돌아봄으로써, 어떤 행동이 여러분을 어디로 인도할 것인가를 대개 결정할 수 있습니다. 이 세상의 낙오자들을 보면 대개 한때는 젊은이다운 희망과 흥분과 모험심으로 가득 차 있었지만, 쾌락의 길을 택한 나머지 지금은 절망의 수렁에 빠져 허우적거리고 있습니다. 그들은 게으름의 길을 택하며, 쉬운 길을 찾으려고 했기에, 이제는 하나님의 말씀이 약속한 찬란한 희망보다는 오히려 세상이 약속하는 쓰디쓴 배신의 짐을 지고 있습니다.

여러분의 나아가야 할 길이나 친구를 선택해야 할 때 진지하게 다음 질문을 해 보기 바랍니다. 첫째, 그것은 나와 하나님과의 교제를 깊게 해 줄 것인가? 둘째, 그것은 옳은가? 셋째, 그것은 나를 어디로 이끌어 갈 것인가? 좌로나 우로나 치우치지 말고 자신의 길을 든든히 하며, 여러분의 발을 악에서 떠나게 하십시오.

시편 기자는 다음과 같이 경고합니다. "악인이 의인을 엿보아 살해할 기회를 찾으나"(시편 37:32). 그러나 하나님의 말씀으로 그 마음을 가득 채운 자에게는 성경에 이렇게 약속되어 있습니다. "그 마음에는 하나님의 법이 있으니 그 걸음에 실족함이 없으리로다"(시편 37:31).

내 아들아, 내 지혜에 주의하며 내 명철에 네 귀를 기울여서 근신을 지키며 네 입술로 지식을 지키도록 하라. 대저 음녀의 입술은 꿀을 떨어뜨리며 그 입은 기름보다 미끄러우나 나중은 쑥같이 쓰고 두 날 가진 칼같이 날카로우며 그 발은 사지로 내려가며 그 걸음은 음부로 나아가나니, 그는 생명의 평탄한 길을 찾지 못하며 자기 길이 든든치 못하여도 그것을 깨닫지 못하느니라. 그런즉 아들들아, 나를 들으며 내 입의 말을 버리지 말고 네 길을 그에게서 멀리하라. 그 집 문에도 가까이 가지 말라. 두렵건대 네 존영이 남에게 잃어버리게 되며 네 수한이 잔포자에게 빼앗기게 될까 하노라. 두렵건대 타인이 네 재물로 충족하게 되며 네 수고한 것이 외인의 집에 있게 될까 하노라. 두렵건대 마지막에 이르러 네 몸, 네 육체가 쇠패할 때에 네가 한탄하여 말하기를 "내가 어찌하여 훈계를 싫어하며 내 마음이 꾸지람을 가벼이 여기고 내 선생의 목소리를 청종치 아니하며 나를 가르치는 이에게 귀를 기울이지 아니하였던고? 많은 무리들이 모인 중에서 모든 악에 거의 빠지게 되었었노라" 하게 될까 하노라. (5:1-14)

겉에 설탕이 발라져 있는 독약 역시 독약입니다. 먹을 때는 달겠지만 금세 죽음으로 인도합니다. 다른 모양과 형태를 띠고 나타날 수도 있고, 그래서 어떤 사람들은 그것이 독약이 아니라고 말할지도 모릅니다. 또한 그 맛까지도 다를 수 있습니다. 그러나 여전히 독약입니다. 사람들이 아무리 이러쿵저러쿵 해도 먹어 보면 금방 알게 됩니다. 그것은 사탕이 아니라 독약입니다. 먹을 때 그 맛이 달 수도 있으나, 결국에는 마음과 양심에 쓰디쓴 결과를 가져올 것입니다. 그것은 두 날 가진 칼과 같습니다. 날이 아주 날카로워서 한 번만 쳐도 치명적인 상처를 입힙니다.

경험을 가지고 말하는 사람보다 더 권위 있고 확신 있게 말하는 사람은 없습니다. 스키 선수는 경사진 언덕을 내려갈 때의 스릴에 대해 말할 수 있습니다. 수상스키를 하는 사람은 물 위를 미끄러지듯 활주할 때의 흥분을 말할 수 있습니다. 고기잡이 하는 어부는 저 넓은 바다에서 고기를 끌어올릴 때의 만족과 희열에 대해 이야기할 수 있습니다.

본문에서, 유혹에 빠져 자신을 망친 뒤 인생의 황혼녘에 자기 뒤에 오는 사람들에게 경고를 하는 사람의 간증을 봅니다. 그의 메시지는 자기 아들에게 한 것이지만, 넓은 의미로는 이 세상 모든 젊은이에게 경고하고 있습니다. 그는 또 다른 책에서 이렇게 말했습니다. "내가 깨달은즉 마음이 올무와 그물 같고 손이 포승 같은 여인은 사망보다 독한 자라. 하나님을 기뻐하는 자는 저를 피하려니와 죄인은 저에게 잡히리로다"(전도서 7:26).

본문 말씀은 유혹하는 여자의 겉모습을 넘어서 바로 그 중심을 폭로합니다(1-6절). 그다음 간음의 위험에 대해 경고합니다(7-14절). 본문은 완곡하게 말하지 않습니다. 이 경고는 나이를 불문하고 모두에게 해당됩니다.

사탄의 주된 목표 중 하나가 우리 마음을 삶의 중요한 문제로부터 떠나게 하며 죄의 쾌락에 빠지게 하는 것입니다. 사탄은 우리를 잠시 지나가는 화려한 행렬에 꽉 사로잡히게 하여, 오직 예수 그리스도 안에서만 발견될 수 있는 영원한 기쁨을 맛보지 못하게 하려고 있는 힘을 다하고 있습니다.

사탄은 자기의 거짓말과 속임수를 선전해 주는 응원 부대가 많습니다. 우리 삶이 단지 이생뿐이라면 죄악을 즐겨도 괜찮을 수 있습니다. 죽은 이후의 삶이 없다면 이생에서 가능한 한 더 많은 재미와 쾌락을 맛보며 추구하는 것이 나아 보입니다. 우리의 죄를 심판하실 하나님이 계시지 않는다면 걱정할 필요가 있겠습니까? 오로지 인생을 마음껏 즐기십시오. 죽으면 끝나는 인생인데, 먹고 마시고 즐겨야 하지 않겠습니까?

오늘날 이와 같은 인본주의 철학이 계속 우리네 대학의 강의실에서 널리 선전되고 있습니다. 이런 생각은 성경 시대에도 이미 있었습니다. "너희가 기뻐하며 즐거워하여 소를 잡고 양을 죽여 고기를 먹고 포도주를 마시면서 내일 죽으리니 먹고 마시자 하도다"(이사야 22:13). "내일 죽을 터이니 먹고 마시자"(고린도전서 15:32). "먹고 마시고 맘껏 즐겨라. 내일이면 모든 것이 끝나기 때문이다" 이렇게 주장합니다. 이치에 맞는 것 같지 않습니까? 그러나 거기에는 한 가지 빠진 것이 있습니다. 하나님의 심판입니다. "한 번 죽는 것은 사람에게 정하신 것이요 그 후에는 심판이 있으리니"(히브리서 9:27). 죽음으로 끝나는 것이 아닙니다. 죽음 이후에도 삶이 있습니다. 의와 공의로 세상을 심판하실 하나님이 계십니다.

육체적 쾌락을 추구하는 삶의 위험 중 하나는 이성의 유혹에 넘어가는 것입니다. 본문은 아름다운 외모와 말로 유혹하는 여자 곧 음녀의 꾐에 대하여 아들에게 경고하는 내용이지만, 이것은 딸에게도 똑같이 적용됩니다. 딸 역시 '이방' 남자의 유혹을 경계해야 합니다.

이런 유혹에 마주치면 젊은이는 도망가야 합니다. 피하라! 가까이 가지 말라! 이것이 성적 유혹을 다루는 길입니다. 미친개가 돌아다니는 거리를 피하듯이 피해야만 합니다. 이 죄에 빠지는 사람은 자기의 존영을 남에게 잃어버리게 됩니다. 오늘날 많은 기록이 이 사실을 생생하게 증거합니다. 높은 지위에 있던 사람들이 이 죄에 빠진 나머지 권력의 정상에서 타락과 수치의 돼지우리로 떨어지고 말았습니다. 국민을 대표한다는 의원들까지도 이런 죄에 빠져들었습니다. 그리하여 잠언에서 이미 3천 년 전에 예언했듯이 그들의 명예와 명성은 사라지고 그들은 파멸당했습니다. 자기 자신을 제어하지 않았기 때문입니다.

이런 성적 유혹을 가볍게 보는 것은 성경 전체를 경시하는 것이나 다름없습니다. 하나님께서 성경의 여러 곳에서 이 죄에 대해 거듭거듭 경고하시기 때문입니다. 우리는 그 경고를 주의 깊게 새겨들어 삼가 조심해야 합니다. 그 예는 너무도 많아서 일일이 열거할 수도 없습니다. 단적인 예가 다윗이 밧세바를 취한 죄입니다. 이 사건을 통해서 이 죄가 하나님 앞에서 얼마나 무서우며, 이생에서 얼마나 무서운 결과를 초래하는가를 엿볼 수 있습니다.

본문 말씀은 다가올 심판에 대해 이야기할 뿐만 아니라 이 죄가 우리 삶에 영향을 끼치는 방법까지도 이야기합니다. 이러한 유혹에 빠졌을 때의 결과로 '쓴 쑥', '두 날 가진 칼', '사지', '음부'와 같은 강력한 단어가 사용되고 있습니다(4-5절). 그리고 이 죄가 육체에 미칠 영향은 "네 몸, 네 육체가 쇠패하게 될 때"라는 말에 암시되어 있습니다(11절). 본문은 또한 이 죄가 사람들에게 가져올 수치에 대해서도 말합니다.

이 모든 불행은 교훈의 말, 곧 근신과 지식으로 이끄는 하나님의 말씀의 지혜와 명철을 무시할 때 시작됩니다(1-2절). 훈계를 싫어하며, 꾸지람을 가벼이 여기며, 경건한 스승의 목소리를 청종치 않으며, 가르치는 이에게 귀를 기울이지 않으며, 하나님의 말씀에 귀를 막고 마음에 두지 않을 때, 이 모든 불행이 시작됩니다. 불순종과 거역의 대가는 실로 무섭고 엄청납니다.

너는 네 우물에서 물을 마시며 네 샘에서 흐르는 물을 마시라. 어찌하여 네 샘물을 집 밖으로 넘치게 하겠으며 네 도랑물을 거리로 흘러가

게 하겠느냐? 그 물로 네게만 있게 하고 타인으로 더불어 그것을 나
누지 말라. 네 샘으로 복되게 하라. 네가 젊어서 취한 아내를 즐거워
하라. 그는 사랑스러운 암사슴 같고 아름다운 암노루 같으니 너는 그
품을 항상 족하게 여기며 그 사랑을 항상 연모하라. 내 아들아, 어찌
하여 음녀를 연모하겠으며 어찌하여 이방 계집의 가슴을 안겠느냐?
대저 사람의 길은 여호와의 눈앞에 있나니 그가 그 모든 길을 평탄케
하시느니라. 악인은 자기의 악에 걸리며 그 죄의 줄에 매이나니 그는
훈계를 받지 아니함을 인하여 죽겠고 미련함이 많음을 인하여 혼미하
게 되느니라. (5:15-23)

본문은 계속 결혼 생활에서 정절의 길을 좇으라고 권면합니
다. 좋은 아내의 미덕을 격찬합니다. 자기 집 샘물처럼, 자기 가
정에서 느끼는 즐거움은 깨끗하고 순수하고 시원하며 건강에
좋습니다. 사도 바울은 그리스도와 교회와의 관계를 남편과 아
내의 관계로 비유합니다(에베소서 5:22-33, 고린도후서 11:2 참
조). 이는 우리에게 남편과 아내 사이의 정조와 신실의 문제에
대한 분명한 방향을 제시해 주고 있습니다. 교회는 오직 예수 그
리스도께만 자기를 드리기 위해 자신을 지켜야 합니다. 그리고
자기 교회를 향한 주님의 사랑은 깊고 희생적이고 영원합니다.
　우리는 음란하고 악한 세대에 살고 있습니다. 현 세대는 결혼
생활에 있어서의 정절에 대해 의문을 제기하며 그것을 비웃기
까지 합니다. 결혼이란 개념 자체가 시대에 뒤진 것이라는 딱지
가 붙어 있으며 조소를 받고 있습니다. 많은 사람들이 결혼 제도

를 없애야 한다고 공개적으로 주장합니다. 그들은 TV와 영화, 연극, 음악, 책 및 여러 대중매체 등을 통하여 그런 주장을 선전함으로써 젊은이들의 마음을 미혹하고 사로잡고 있습니다.

이 '새로운 도덕'이라는 미명하에 많은 이들이 세상 사람들의 마음과 관심을 끌 수 있는 능력을 통해 유명 인사가 되었습니다. 불행한 사실은 그들은 팬과 추종자들에게 자신들의 타락한 생활 방식을 모방하도록 부추긴다는 것입니다. 그들은 남편(아내)에게 평생토록 헌신한다는 개념을 비웃습니다. 사람은 누구나 자기가 함께 살고 싶은 사람과 살아야 하며, 그러다가 싫증을 느끼면 헤어지는 게 옳다고 주장합니다.

자라나는 젊은 세대들은 이 '새로운 도덕'의 분위기 속에서 자라면서 폭력, 반항, 혼란, 피 흘림, 죽음, 심리적 상처 등 무법의 비극적인 결과를 보여 주고 있습니다. 오만하고 교만한 인간은 하나님께서 인류 역사의 시초부터 제정하시고 명하시고 축복을 약속하신 결혼이라는 제도를 없애려고 합니다. 반역적인 인간은 살아 계신 하나님의 말씀을 비웃고 으스대면서 선조들의 생활 방식을 조소하고 있습니다.

세상은 우리에게 싫증나는 '옛 윤리'를 벗어 던지도록 요구합니다. 그들이 주창하는 '새로운 도덕'은 정부에게는 선을 행하라고 하면서 국민들에게는 악을 행하라고 요구하는 이상한 주장을 합니다. 그들은 '정부의 도덕성'을 외치며 정부 지도자들의 성적 비행을 비난합니다. 그러나 국민 개개인에게는 부도덕을 권합니다. 이 얼마나 모순입니까? 이는 마치 자신을 위해 화려

하고 아름다운 집을 짓지만, 한 가정을 진실로 아름답게 만드는 것 곧 사랑, 헌신, 희생, 친절, 인내 등은 가족들에게 가르치기를 거부하는 것과 마찬가지입니다.

그들은 하나님의 말씀을 따라서 사는 삶의 영원한 기쁨을 순간적인 죄의 쾌락으로 대체시키려 합니다. 혐오감과 거부감을 자아내는 이것들이 정기적으로 이 사회에 토하여지고 있다는 사실은 무서운 일입니다. 그런 잡지와 책이 서점 및 거리나 공공장소의 신문 판매대, 도서 비치 장소에 버젓이 꽂혀 있습니다. 춘화나 외설적인 책이나 영상과 영화가 전국적으로 급속도로 배포되고 있습니다. 또한 일간 신문에 게재되는 대부분의 소설 및 주간지들도 선정적인 내용을 담고 있습니다. 이 모든 것들은 경건치 못한 사람들의 심령으로부터 나온 치명적인 독을 가지고 있으며, 젊은이들의 마음속에 불경건한 죄의 찌꺼기와 오염된 잔재를 남겨 놓습니다. 법정은 오늘날 이 '자유'를 허락하고 있으며, 이 사회의 타락은 더욱 빠른 속도로 진행되고 있습니다.

이 모든 것이 잠언과 성경 말씀 전체가 무시되고 있기 때문에 일어납니다. 본문은 참된 성경적 결혼 생활 즉 '죽음이 두 사람을 가를 때까지' 서로 하나가 되는 것에 대해 말할 때, 샘과 샘물이라는 상징을 사용하여 교훈을 시작합니다(5:15-18상). 그다음 직접적인 말로 남편과 아내의 관계를 묘사합니다(5:18하-19). 결혼 생활의 즐거움 및 점점 발전해 나가는 친밀함과 대조시키기 위해 또다시 "음녀"에 대해 경고한 다음, "악인"(하나님의 말씀대로가 아니라 자기 생각대로 사는 사람)에게 진지한 경고를 함으로써 결론을 맺습니다.

하나님의 길은 언제나 가장 좋습니다. 남녀노소를 불문하고 지혜로운 사람은 살아 계신 하나님의 말씀을 듣고 하나님의 길을 좇습니다. "주께서 생명의 길로 내게 보이시리니 주의 앞에는 기쁨이 충만하고 주의 우편에는 영원한 즐거움이 있나이다"(시편 16:11).

9

지혜가 없을 때 빠지는 함정

잠언 6:1-35

본문에서는 인간의 가장 큰 문제 중의 하나인 부도덕에 대한 토의로 돌아가기에 앞서, 결혼을 떠난 성관계뿐 아니라 오늘날 사람들이 자주 직면하는 몇 가지 실제적인 문제도 언급합니다. 이 문제들 역시 우리를 큰 죄와 불필요한 빚, 게으름, 불량하고 악한 행동 및 하나님께서 미워하시는 일곱 가지 무서운 죄로 이끌 수 있습니다(6:1-19). 끝으로 간음이라는 무서운 죄에 대해 언급합니다(6:20-35).

이 모두는 조심성 없는 사람들이 빠지는 함정입니다. 어리석게도 하나님의 말씀의 분명한 교훈을 무시한 까닭에 함정에 빠지게 됩니다. 남녀노소 할 것 없이 삶에 지혜가 결여된 사람들은 인생길을 가다가 마귀가 설치해 놓은 덫에 걸리기가 쉽습니다. 우리는 잠언의 경고에 주의해야만 합니다.

내 아들아, 네가 만일 이웃을 위하여 담보하며 타인을 위하여 보증하였으면 네 입의 말로 네가 얽혔으며 네 입의 말로 인하여 잡히게 되었느니라. 내 아들아, 네가 네 이웃의 손에 빠졌은즉 이같이 하라. 너는 곧 가서 겸손히 네 이웃에게 간구하여 스스로 구원하되, 네 눈으로 잠들게 하지 말며 눈꺼풀로 감기게 하지 말고, 노루가 사냥꾼의 손에서 벗어나는 것같이, 새가 그물 치는 자의 손에서 벗어나는 것같이 스스로 구원하라. (6:1-5)

해병대에서 유행하는 말로 이런 말이 있습니다. "친구를 잃고 싶거든 돈을 빌려 주라." 군 생활 중 종종 이 격언이 사실로 입증되는 것을 보았습니다. 포커 게임에서 돈을 많이 잃게 되면, 그 빚을 갚기 위해 친구에게 돈을 꾸기 마련입니다. 그러고 나서 무슨 일이 생겨 친구에게 빌린 돈을 약속 날짜에 갚을 수가 없는 경우가 있습니다. 그러는 사이 친구는 휴가 갈 돈이 필요했고, 그래서 그를 찾아가지만 돈을 돌려받지 못합니다. 이윽고 두 사람 사이는 친구에서 원수로 변합니다. 때로는 싸움이 벌어집니다. 욕설이 오가고 쓴 뿌리가 생기는 일이 더욱 잦아집니다. 해병대 내에서 이런 일이 심심치 않게 일어났습니다.

본문은 다른 사람에게 돈을 빌려 주는 것을 금한 것이 아니라, 어리석게도 너무 많이 빌렸을 경우에 일어나는 문제를 다루고 있습니다. 기본적인 해결책은 될 수 있는 한 빨리 그 빚을 갚는 것입니다. 무거운 빚은 가족들의 마음에 큰 고통을 줍니다. 더욱이 만일 갚는 일이 어려워지면 온 가족이 수치를 당하게 됩니다.

오늘날 우리 사회는 빚 문제의 가장 심각한 모습을 보여 줍니다. 돈을 가장 그릇 사용하는 경우는 진짜 필요한 것이 아닌 것을 사기 위해 빚을 지는 것입니다. 충동에 의해 외상으로 물건을 사는 경우가 허다합니다. 본문은 아주 지혜롭게 일차적으로는 젊은이들에게 충고합니다. 어른들 역시 이 충고가 필요하지만, 특히 젊은이들은 부드럽게 접근하는 외판원의 그럴 듯한 말에 쉽게 넘어가기 때문입니다.

많은 젊은이들이 해외에서 근무하는 동안 비싼 카메라를 산다든지, 성능이 아주 좋은 오디오를 산다든지 함으로써 많은 빚을 지는 것을 직접 목격했습니다. 일반적으로 이런 물건들이 할인 판매되고 있긴 하지만, 여전히 그 값을 지불해야 한다는 문제는 남습니다. 그리고 그보다 싼 카메라나 오디오가 그들이 산 것과 성능이 다를 바 없는 경우가 허다합니다.

자동차를 사는 것 역시 빚을 지기 쉬운 경우입니다. 젊은이들은 엔진의 마력이 세고 부속 장치가 잘되어 있는 고급 스포츠카를 사려는 경향이 있습니다. 차를 산 후에는 그 값을 지불하느라 몇 년을 보냅니다. 그러는 사이에 차는 점차 낡고 녹이 슬어 헌 차가 됩니다. 최신 제품을 사려고 하는 데 있어서의 문제는, 단 몇 달만 지나면 구형이 되고 또 다른 신형이 판을 친다는 점입니다.

이것저것 많이 산다고 부유해지는 게 아닙니다. 어떤 물건을 재빨리 사 버림으로써 돈을 절약하게 되는 경우는 없습니다. "지금 사는 게 절약하는 거다"라는 말은 사실 그 자체가 모순입니다. 물론 물건을 사는 데 더 좋은 시기가 있다는 것은 사실입니다. 그러나 최상의 충고는 물건을 살 때는 마음 내키는 대로 사지 말고 깊이 생각하라는 것입니다. 세상은 여러분이 오랫동안 수고해서 어렵게 번 돈을 빼앗아 가려고 혈안이 되어 있습니다. 지혜롭게 돈을 사용하는 법을 배우십시오. 무분별한 충동구매를 경계하십시오. 무엇보다도 돈을 빌려 줄 때는 삼가 조심하십시오.

> 게으른 자여, 개미에게로 가서 그 하는 것을 보고 지혜를 얻으라. 개미는 두령도 없고 간역자도 없고 주권자도 없으되 먹을 것을 여름 동안에 예비하며 추수 때에 양식을 모으느니라. 게으른 자여, 네가 어느 때까지 눕겠느냐? 네가 어느 때에 잠이 깨어 일어나겠느냐? 좀 더 자자, 좀 더 졸자, 손을 모으고 좀 더 눕자 하면 네 빈궁이 강도같이 오며 네 곤핍이 군사같이 이르리라. (6:6-11)

내 아들 랜디가 개미집을 상으로 타던 때가 기억납니다. 랜디가 초등학교에 다닐 때였는데, 랜디네 반에서는 반에 필요한 몇 가지 물품을 구입하기 위해 과자를 팔기로 했습니다. 가장 많이 판 아이에게 개미집을 상으로 주겠다고 했습니다. 랜디는 그 일에 아주 재미를 느껴 열심히 팔았습니다. 집집마다 돌아다녔고, 내 친구 집에도 전화를 했고, 과자를 팔기 위해 할 수 있는 일은 모두 했습니다. 랜디가 개미집을 상으로 타 가지고 집에 왔을 때, 그것을 관찰하는 것은 우리 식구에게 신선한 즐거움을 가져다주었습니다.

개미는 가만히 지켜보면 재미있는 동물입니다. 개미를 바라보고 있으면 열심히 일하고 있는 개미의 자연적 본능에 감명을 받습니다. 언제나 부지런히 뭔가를 나르고, 어디론가 가며, 뭔가를 하는 듯 보입니다. 활동적이며 항상 깨어 있으며 생산적이며 부지런해 보였습니다.

하나님께서는 일상생활을 사는 법을 가르치시려고 우리를 개미에게로 보내셨습니다. 하나님께서는 우리를, 꾀를 배우도록 여우에게로 보내지도 않고, 속임수를 배우도록 카멜레온에게로 보내지도 않으셨습니다. 하나님께서는 지도자도 없고 일을 감독하는 감독자도 없고 그 일을 시킬 주권자도 없지만 모든 열심과 모든 기술과 모든 힘을 다하여 일하는 벌레인 개미에게로 우리를 보내십니다.

오늘날 대개의 사람들에게는 "열심히 일을 해야 한다"라는 이 생각이 탐탁지 않은 것 같습니다. 아무것도 하지 않고도 뭔가 얻으려 하는 것이 수많은 사람들의 꿈입니다. 한번은 아무 일도 하지 않았는데 회사로부터 100달러를 받은 버스 운전사와 이야기를 나눈 적이 있습니다. 버스를 운전하거나 표를 팔지도 않았습니다. 일약 주위 사람들의 부러움의 대상이 되었습니다. 만일 오랫동안 열심히 수고한 대가로 정당한 보수를 받았다고 말했다면 사람들은 아마 그를 대수롭지 않게 생각했을 것입니다. 사람들은 아무것도 하지 않고도 뭔가를 얻는 것을 멋지다고 생각합니다.

　게으름과 태만이 안고 있는 문제는 그 대가가 반드시 따라온다는 사실입니다. 게으른 자가 게으름을 피우며 자고 있을 동안, 또 하나의 배우가 게으른 자의 인생이라는 무대 중앙에 서기 위해 숨어 기다리고 있습니다. 게으른 자는 그것도 모르고 잠만 잡니다. 드디어 막이 열리고 그 배우는 주역으로 무대에 등장하여 자기의 정체를 드러냅니다. 이 배우의 이름은 '빈궁'입니다. 게으른 자의 인생의 주연 배우는 빈궁과 곤핍인 것입니다.

　성경은 게으름을 육신의 약점으로 보지 않고 죄로 간주합니다. 게으름을 그냥두면 점점 그 힘이 강해져서 마침내는 삶 전체를 삼켜 버립니다. 우리는 주님의 힘으로 게으름을 대적해야 합니다. 게으름은 여러 가지 형태로 우리 몸과 마음과 영혼에 해를 끼치는 강력한 적입니다. 주님께 구하면 이 게으름을 이기도록 주님은 우리를 도와주십니다. 사도 바울은 이렇게 말했습니다. "그러므로 내 사랑하는 형제들아, 견고하며 흔들리지 말며 항상 주의 일에 더욱 힘쓰는 자들이 되라. 이는 너희 수고가 주 안에서 헛되지 않은 줄을 앎이니라"(고린도전서 15:58).

　　불량하고 악한 자는 그 행동에 궤휼한 입을 벌리며 눈짓을 하며 발로 뜻을 보이며 손가락질로 알게 하며 그 마음에 패역을 품으며 항상 악을 꾀하여 다툼을 일으키는 자라. 그러므로 그 재앙이 갑자기 임한즉 도움을 얻지 못하고 당장에 패망하리라. (6:12-15)

본문은 단어를 주의 깊게 선택하여 아주 생생하게 "다툼을 일으키는 자"를 묘사합니다. 그는 입과 눈짓과 발짓과 손짓과 모든 것을 다 동원하여 사람들 사이에 불화를 일으킵니다. 그의 입은 실로 쓰레기통처럼 지저분합니다. "궤휼"이란 말은 교묘하고 간사한 말로 속이는 것을 말합니다. 그의 입은 온갖 더럽고 부패한 것으로 가득 차 있습니다. 그래서 입만 벌리면 입에서는 더러운 것이 쏟아져 나옵니다. 그는 고집이 세어 다루기도 어렵습니다.

공군에 근무하는 내 친구가 한번은 특별한 기도를 했습니다. 영화배우에게 간증을 할 기회를 달라고 주님께 기도했습니다. 어느 날, 한 유명한 영화배우가 그 공군기지의 장교들과 군사 정책에 대해 이야기를 나누기 위해 방문한다는 소식이 기지 내에 방송되었습니다. 그것은 그 여배우 편에서 일종의 항의를 하기 위한 것이었지만, 기지 사령관은 그에게 의견을 발표한 기회를 주었습니다.

그 여배우의 발표가 끝난 후 질문할 기회가 주어졌습니다. 내 친구는 잠시 기다렸다가, 예수 그리스도께서 어떻게 이 모든 것의 해결책이 될 수 있겠는지 견해를 물었습니다. 그 배우는 재빨리 그 질문을 받아넘기고 다른 사람의 질문을 받았습니다. 약 30분쯤 지난 후, 내 친구는 다시 동일한 질문을 한 다음 그 질문을 하는 이유를 덧붙였습니다. 진정으로 예수 그리스도가 자기 삶에 참된 평화를 가져다주었기 때문이라고 간증을 했습니다. 친구는 그 배우가 자기 간증에 대해 긍정적인 반응을 보이기를 바랐습니다.

그 순간 배우의 눈빛이 달라지더니 태도가 돌변했습니다. 그 입에서는 예수 그리스도를 욕하는 더럽고 모욕적인 언사가 쏟아져 나왔습니다. 아름다운 용모 뒤에는 자신이 제어할 수 없는, 다루기 힘들고 상스러운 입이 있음이 모든 사람에게 분명히 드러나게 되었습니다.

워싱턴의 어느 체육관에서 있었던 일입니다. 체육관 한쪽에 나이도 지긋하고 사회적으로도 지위가 높아 보이는 사람 대여섯 명이 둘러서서 이야기하는 내용을 지나가다가 들었습니다. 그들은 의원이나 판사나 은행장임이 분명했습니다. 한 사람이 큰 소리로 이런 말을 했습니다. "자네, 그 뚱뚱보 텍사스 놈에 대해 들었나?" 곧이어 입에서는 추잡하고 외설적인 이야기가 흘러나왔습니다.

궤휼한 입은 어느 계층에나 다 있습니다. 사업가, 영화배우, 교사 등 어디에나 있습니다. 심지어 초등학생들도 궤휼한 입을 가지고 있습니다. 한번은 아내와 함께 산책길에 근처 초등학교의 운동장을 거닐고 있었습니다. 쉬는 시간이어서 아이들이 운동장에 나와 놀고 있었습니다. 그런데 아이들 입에서는 더러운 말들이 흘러나왔습니다. 어린 나이에 벌써 궤휼한 말을 하는 습관을 익힌 것입니다. 우리 부부는 그들의 언어에 충격을 받았습니다.

더러운 입을 제어하는 방법은 예수님의 말씀을 생각해 보는 것입니다. "독사의 자식들아, 너희는 악하니 어떻게 선한 말을 할 수 있느냐? 이는 마음에 가득한 것을 입으로 말함이라"(마태복음 12:34). 그리고 악한 말은 그다음 구절에 있는 눈짓, 발짓, 손짓 등의 제스처로 이어집니다.

잠언 6:15에 언급된 재앙을 피하는 유일한 방법은 예수 그리스도께로 나아오는 것입니다. 먼저 예수 그리스도를 개인의 구주와 주님으로 마음속에 모셔 들여야 합니다. 그다음 지속적으로 자신의 삶을 하나님의 말씀으로 채워야 합니다. 성경은 이런 약속을 합니다. "너는 귀를 기울여 지혜 있는 자의 말씀을 들으며 내 지식에 마음을 둘지어다. 이것을 네 속에 보존하며 네 입술에 있게 함이 아름다우니라"(잠언 22:17-18).

성경 암송을 통해 하나님의 말씀이 우리 삶을 지배하며 마음속에 깊이 저장될 때, 우리 입은 속에 있는 바를 드러내게 됩니다.

> 여호와의 미워하시는 것 곧 그 마음에 싫어하시는 것이 육칠 가지니, 곧 교만한 눈과 거짓된 혀와 무죄한 자의 피를 흘리는 손과 악한 계교를 꾀하는 마음과 빨리 악으로 달려가는 발과 거짓을 말하는 망령된 증인과 및 형제 사이를 이간하는 자니라. (6:16-19)

하나님의 크나큰 진노와 하나님의 측량할 수 없는 자비가 공존하고 있다는 것은 이상하고도 놀라운 사실입니다. 하나님의 모든 진노가 죄를 향하고 있을 때, 하나님의 모든 자비는 죄인을 향하고 있습니다. 하나님의 진노는 인간의 분노와는 전혀 다릅니다. 하나님의 진노는 죄를 결코 용납하지 않고 끝까지 대적하신다는 하나님의 확고한 태도를 보여 줍니다. 하나님은 죄를 미워하시되 철저히 미워하십니다.

본문에서는, 하나님의 진노를 초래하며 하나님께서 미워하시는 일곱 가지 죄를 말씀합니다. 역사적으로 '일곱 가지 큰 죄'로 불리어 왔습니다.

"교만한 눈." 마음속의 교만은 종종 하나님과 사람을 향해 가증한 죄를 짓게 합니다. 교만은 흔히 다른 사람을 경멸하게 합니다. 타인을 자신의 오만한 야심을 이루기 위한 도구로 사용하게 합니다. 종종 교만은 사람들이 그리스도를 거부하는 주된 요인이 되어 하나님으로부터 영원한 분리에 이르게 합니다. 교만은 우리가 하나님의 뜻을 행하기 위해 하나님의 능하신 손 아래서 자신을 겸손하게 하는 것을 싫어하게 만듭니다. 그리하여 교만은 우리를 하나님께서 계획하신 최선의 삶에 훨씬 못 미치는 인생으로 이끕니다. 이 죄를 하나님께서 미워하신다는 것은 전혀 놀랄 만한 일이 아닙니다.

"거짓된 혀." 하나님은 진리이십니다. 예수님께서는 "내가 곧… 진리"라고 말씀하셨습니다(요한복음 14:6). 성경은 하나님은 거짓말을 하시지 못하는 분이라고 말합니다(민수기 23:19). 구원의 메시지는 "복음 진리의 말씀"으로 불리워집니다(골로새서 1:5). 예수님은 하나님의 말씀이 진리라고 가르치셨습니다(요한복음 17:17). 성경은 우리에게 사랑 안에서 참된 것을 말하라고 권면합니다(에베소서 4:15,25). 거짓을 말하는 혀는, 하나님께서 귀하게 여기시고 인간에게 유익한 모든 것에 반대되기 때문에 분명히 죄의 목록에 올라 있습니다. 하와를 거짓말쟁이인 사탄의 꾐에 넘어가게 한 것이 바로 이 거짓된 혀입니다. 엘리사의 종 게하시를 문둥병으로 이끈 것도 바로 이 거짓된 혀입니다. 아나니아와와 삽비라를 죽음으로 끌고 간 것도 이 거짓된 혀이었습니다.

성경의 맨 마지막 책은 이렇게 말하고 있습니다. "그러나 두려워하는 자들과 믿지 아니하는 자들과 흉악한 자들과 살인자들과 행음자들과 술객들과 우상 숭배자들과 모든 거짓말 하는 자들은 불과 유황으로 타는 못에 참예하리니 이것이 둘째 사망이라"(요한계시록 21:8).

"무죄한 자의 피를 흘리는 손." 그다음에 나오는 큰 죄는 살인입니다. 생명은 신성하며 하나님께 속한 것입니다. "살인하지 말지니라"(출애굽기 20:13)라고 하신 하나님의 계명은 언제나 변함이 없습니다. 예수님은 이 살인죄의 원천을 말씀해 주셨습니다. "너희는 너희 아비 마귀에게서 났으니 너희 아비의 욕심을 너희도 행하고자 하느니라. 저는 처음부터 살인한 자요 진리가 그 속에 없으므로 진리에 서지 못하고 거짓을 말할 때마다 제 것으로 말하나니, 이는 저가 거짓말쟁이요 거짓의 아비가 되었음이니라"(요한복음 8:44).

"악한 계교를 꾀하는 마음." 인간의 마음속 깊은 곳에는 악을 연구하고 제조하는 실험실이 있습니다. 이곳은 불의하고 추악한 상상과 원한을 품은 생각으로 꽉 차 있는 무시무시한 방입니다. 인간은 실로 말로 다 할 수 없는 악을 꾀하여 온 게 사실입니다.

역사는 2차 세계 대전 중에 모든 유대인을 멸절시키려고 했던 나치의 가공할 음모를 결코 잊지 못할 것입니다. '대학살'이라는 저 끔찍한 사건을 기억하고 있는 사람들은 그 당시의 강제 수용소와 가스실을 보면 지금도 소름이 끼치는 것을 느낍니다. 인간의 마음은 가장 사악한 계획까지도 할 수 있습니다.

"빨리 악으로 달려가는 발." 인간은 악을 행하는 데는 빠르나, 선을 행하는 데는 느린 듯합니다. 그 마음에 계획한 악을 행하는 일에는 실로 신속합니다. 나치는 1939년 한 달 만에 폴란드를 점령하고, 6주 만에 트럭들이 유대인 집 앞에 들이닥쳐 사전에 '최후의 해결책'으로 준비해 둔 강제 수용소로 유대인들을 실어 갔습니다. 악을 행하는 데 있어서는 한 시도 지체됨이 없었습니다. 사람들의 발은 악을 행하기 위해 빨리 달려갔습니다.

"거짓을 말하는 망령된 증인." 여기서 하는 사소한 거짓말과 저기서 하는 비꼬는 말이 타인의 명예에 큰 손상을 입힐 수가 있습니다. 많은 사람들이 남이 한 거짓 증언 때문에 인생을 망치고 미치거나 자살하기도 했습니다. 또 어떤 사람들은 타인의 거짓 증언 때문에 감옥에서 고생을 해야 했으며, 좌천되거나 재산과 모든 것을 잃어버리기도 했습니다.

"형제 사이를 이간하는 자." 하나님께서 미워하시는 일곱 가지 목록 중 마지막은 형제 사이를 이간하는 자입니다. 성경은 이렇게 강하게 권고합니다. "형제들아, 내가 너희를 권하노니 너희 교훈을 거슬러 분쟁을 일으키고 거치게 하는 자들을 살피고 저희에게서 떠나라. 이 같은 자들은 우리 주 그리스도를 섬기지 아니하고 다만 자기의 배만 섬기나니 공교하고 아첨하는 말로 순진한 자들의 마음을 미혹하느니라"(로마서 16:17-18). 하나님께서는 자기 자녀들이 화평과 조화 가운데 함께 사는 모습을 보실 때 기뻐하십니다. "형제가 연합하여 동거함이 어찌 그리 선하고 아름다운고"(시편 133:1).

불화와 불일치의 죄는 하나님께서 특히 눈여겨보십니다. 마귀는 그리스도인들 사이에 불화를 일으키기 위해 시간외 근무까지 합니다. 그리스도인들이 연합하여 그리스도를 증거할 때 얼마나 큰 능력이 있는가를 잘 알고 있습니다. 초대 교회의 그리스도인들을 통해 그 위력을 목격했기 때문입니다. "믿는 무리가 한마음과 한뜻이 되어 모든 물건을 서로 통용하고 제 재물을 조금이라도 제 것이라 하는 이가 하나도 없더라. 사도들이 큰 권능으로 주 예수의 부활을 증거하니 무리가 큰 은혜를 얻어"(사도행전 4:32-33).

> 내 아들아, 네 아비의 명령을 지키며 네 어미의 법을 떠나지 말고 그것을 항상 네 마음에 새기며 네 목에 매라. 그것이 너의 다닐 때에 너를 인도하며 너의 잘 때에 너를 보호하며 너의 깰 때에 너로 더불어 말하리니, 대저 명령은 등불이요 법은 빛이요 훈계의 책망은 곧 생명의 길이라. (6:20-23)

하나님의 말씀은 우리의 신앙과 생활의 법과 규례입니다. 이미 앞에서 다른 내용 중의 일부를 반복하는 본문 말씀에서 다시 한번 하나님의 법과 명령의 지배를 받는 삶을 살도록 격려합니다. 자녀를 하나님께로 인도하여, 그들로 하여금 성경의 교훈대로 살도록 가르치는 것이야말로 부모가 자녀를 위해 할 수 있는 최선입니다.

본문은 그 이유를 설명합니다. 우리가 하나님의 말씀을 마음에 새기고 거기서 떠나지 않을 때, 성령께서는 우리 속에 새겨진 하나님의 말씀을 사용하셔서, 낮에는 우리를 인도하시고, 밤에는 우리를 보호하시며, 깰 때에 우리에게 새로운 힘을 주십니다(6:22). 우리 삶 속으로 침식해 들어오는 세상의 영향에 대항하여 우리를 가장 안전하게 지킬 수 있는 방법은 매일 하나님과의 교제 시간을 통해 하나님의 말씀 안에 거하는 것입니다.

예배 시간에 종종 목사님들이 병이나 여행이나 무관심이나 다른 이유로 해서 예배에 참석하지 못한 이들을 위해 기도합니다. 하나님께서 결석한 교우들의 믿음의 불에 부채질을 하셔서 믿음의 불꽃이 활활 타오르게 해 달라고 기도합니다. 한번은 예배 시간에 이 기도를 듣고 내 마음은 우리 집 벽난로로 향했습니다. 이 기도에 담겨 있는 지혜를 보았습니다. 종종 활활 타고 있는 불 위에 젖은 나무토막들을 집어넣으면, 지글지글 소리를 내면서 타는 것을 봅니다. 나무가 활활 타게 하기 위해서는 부채질을 해야 합니다. 그냥 그대로 놔두면 차츰 연기를 내면서 불은 꺼지고 맙니다.

믿음의 불꽃 역시 부채질이 필요할 뿐 아니라 계속 장작을 공급해 주는 것이 필요합니다. 아무리 잘 타고 있는 불이라 할지라도 장작을 넣어 주지 않으면 이내 꺼져 버립니다. 그리스도인의 삶에서, 믿음의 불꽃이 타오르게 하기 위한 장작은 하나님의 말씀입니다. 그렇기 때문에 21절에 "그것을 항상 네 마음에 새기며"라고 훈계합니다.

말씀을 마음에 새기는 가장 생산적이고 좋은 방법 하나는 꾸준히 말씀을 암송하는 것입니다. 하나님의 말씀을 우리 마음 판에 새길 때, 성령께서는 우리 영혼을 먹이시며 살찌게 하십니다. 이로써 우리 믿음은 더욱 강해지며 영적인 생활은 힘이 있게 됩니다.

뿐만 아니라 하나님께서는 이 말씀을 사용하셔서 우리가 인생이라는 순례의 길을 가는 동안 우리를 인도해 주십니다. "그것이 너의 다닐 때에 너를 인도하며." 참으로 크고 놀라운 약속입니다. 나는 오늘 하루 어떤 일이 일어날지 모르지만, 하나님께서 말씀으로 나를 인도하고 계신다는 사실을 알고 있습니다.

다윗은 이렇게 기도합니다. "하나님이여, 주의 생각이 내게 어찌 그리 보배로우신지요? 그 수가 어찌 그리 많은지요? 내가 세려고 할지라도 그 수가 모래보다 많도소이다. 내가 깰 때에도 오히려 주와 함께 있나이다"(시편 139:17-18). 이는 예수님 말씀에 비추어 볼 때 중요한 의미가 있습니다. "좁은 문으로 들어가라. 멸망으로 인도하는 문은 크고 그 길이 넓어 그리로 들어가는 자가 많고, 생명으로 인도하는 문은 좁고 길이 협착하여 찾는 이가 적음이니라"(마태복음 7:13-14).

교육자들은 자신이 알고 있는 진리를 최선을 다해 우리에게 가르칩니다. 철학자들은 자신이 본 인생을 우리에게 제시합니다. 정치가들은 나라의 법을 통해 다스림으로써 국민들을 이끕니다. 그러나 하나님은 그 말씀의 찬란한 빛을 통해 우리를 인도하십니다. 그것은 완전히 믿을 만합니다. 하나님의 말씀은 절대적인 진리입니다. 하나님의 말씀은 절대 확실합니다. 하나님의 말씀은 변하지 않으며 영원합니다. 우리가 하나님의 법의 인도를 받는다면 우리의 길은 환하게 빛나고 평탄하게 됩니다.

더욱이 이것이 이 장에서 제시한 함정을 피하는 유일한 방법입니다. 이 훈계가 본 장의 중간에 전략적으로 자리 잡고 있는 이유는, 앞서 언급한 여러 문제 즉 빚, 게으름, 불량하고 악한 행동, 일곱 가지 큰 죄 및 이 훈계 뒤를 이어 나오는 간음이라는 큰 문제를 극복하는 일에 이 훈계가 중요함을 보여 주기 위해서입니다. 우리는 오직 하나님의 말씀 안에 있음으로써만 이 모든 죄로부터 살아남을 수 있습니다.

이것이 너를 지켜서 악한 계집에게, 이방 계집의 혀로 호리는 말에 빠지지 않게 하리라. 네 마음에 그 아름다운 색을 탐하지 말며 그 눈꺼풀에 홀리지 말라. 음녀로 인하여 사람이 한 조각 떡만 남게 됨이며 음란한 계집은 귀한 생명을 사냥함이니라. 사람이 불을 품에 품고야 어찌 그 옷이 타지 아니하겠으며, 사람이 숯불을 밟고야 어찌 그 발이 데지 아니하겠느냐? 남의 아내와 통간하는 자도 이와 같을 것이라.

무릇 그를 만지기만 하는 자도 죄 없게 되지 아니하리라. 도적이 만일 주릴 때에 배를 채우려고 도적질하면 사람이 그를 멸시치는 아니하려니와 들키면 칠 배를 갚아야 하리니 심지어 자기 집에 있는 것을 다 내어 주게 되리라. 부녀와 간음하는 자는 무지한 자라. 이것을 행하는 자는 자기의 영혼을 망하게 하며 상함과 능욕을 받고 부끄러움을 씻을 수 없게 되나니, 그 남편이 투기함으로 분노하여 원수를 갚는 날에 용서하지 아니하고 아무 벌금도 돌아보지 아니하며 많은 선물을 줄지라도 듣지 아니하리라. (6:24-35)

육체의 정욕을 좇으려는 유혹은 언제나 존재할뿐더러 강력합니다. 우리는 일생토록 육체의 정욕으로부터 공격을 받기가 쉽습니다. 이 공격에서 제외된 사람은 아무도 없습니다. 나이나 하나님과 동행한 경험도 우리를 타락으로부터 보호해 주지 못합니다. 인간은 누구나, 아무리 영적으로 성장한 사람이라 할지라도, 이 육체의 정욕의 공격에는 취약합니다. 그러므로 끊임없이 철저히 방비하지 않으면 안 됩니다.

내가 아직 영적으로 어렸을 때, 너무도 충격적인 사건이 있었습니다. 그 충격 때문에 잠을 못 이룰 정도였습니다.

나는 해외 선교사로 파송되기로 예정된 사람을 알고 있었습니다. 그의 경건한 삶과 좋은 간증뿐 아니라 선교사가 되려는 열망은 나에게 큰 감명을 주었습니다. 그 교회는 희어져 추수하게 된 밭으로 훈련된 그리스도의 일꾼을 보내고 있다는 생각에 뜨거운 마음으로 작별 인사를 하고 그를 떠나보냈습니다. 그런데 몇 달 후 그가 미국으로 돌아왔다는 말이 들렸습니다. 동료 선교사가 보니 그는 복음을 전하러 간 나라에서 육체의 정욕에 빠져 지내고 있었다고 합니다.

소아마비 예방용 백신이 개발되기 전에는 소아마비로 인해 철제로 된 호흡 보조기 신세를 지는 사람이 많았습니다. 이 호흡 보조기 속에서 몇 년 동안 살다 보면 몸은 야위고 쇠약해집니다. 내게도 오랜 세월을 이렇게 보낸 두 사촌이 있습니다. 소아마비를 앓고 나서 그 후유증으로 고생하고 있는 어떤 젊은이와 이야기를 나눈 적이 있습니다. 팔과 다리는 앙상하게 뼈와 가죽만 남아 있었습니다. 자기 힘으로는 숟가락질도 책장을 넘기지도 못했습니다. 옆에 있던 내 친구가 "날마다 가장 견디기 힘든 게 무엇입니까?" 하고 물었더니 전연 뜻밖의 대답을 했습니다. 그 대답을 듣고 깜짝 놀랐습니다. "육체의 정욕의 유혹입니다"라고 대답했기 때문입니다.

이 영역에서의 위험은 엄청나게 크며 남녀노소 구분이 없습니다. 약하고 썩은 널판을 가는 철사로 엮어서 우리를 만들어 놓은 동물원에 초대를 받았다고 해 봅시다. 이 허술한 우리 안에는 힘세고 몹시 굶주린 맹수들이 어슬렁거리고 있습니다. 사자, 호랑이, 곰, 표범, 이리… 등. 여러분이 그 동물원에 있다면 어떤 생각이 들겠습니까? 아마 식은땀이 날 것입니다.

각 사람 속에는 방금 얘기한 바와 같은 동물원이 있습니다. 그 안에는 인간의 거칠고 강한 육욕적 충동들이 어슬렁거리고 있습니다. 만일 예수 그리스도가 없다면, 저 약하고 부서지기 쉬운 나무 울타리만으로 그 충동들을 가두어 두어야 합니다. 정욕의 사자를 비롯하여 탐욕, 시기, 교만, 분노 등 온갖 맹수들이 언제라도 울타리 밖으로 뛰쳐나오려고 으르렁대고 있습니다. 그러나 주님의 말씀으로 이 맹수 우리를 튼튼하게 할 수 있습니다.

성경은 이렇게 말씀합니다. "시험을 참는 자는 복이 있도다. 이것에 옳다 인정하심을 받은 후에 주께서 자기를 사랑하는 자들에게 약속하신 생명의 면류관을 얻을 것임이니라. 사람이 시험을 받을 때에 내가 하나님께 시험을 받는다 하지 말지니, 하나님은 악에게 시험을 받지도 아니하시고 친히 아무도 시험하지 아니하시느니라. 오직 각 사람이 시험을 받는 것은 자기 욕심에 끌려 미혹됨이니, 욕심이 잉태한즉 죄를 낳고 죄가 장성한즉 사망을 낳느니라"(야고보서 1:12-15).

본문의 경고는 비록 아들에게 한 것이지만 딸에게도 해당됩니다. 아들이든 딸이든 모두 육체의 정욕을 느끼며, 그러므로 끊임없이 자신을 경계해야만 합니다. 악인들 및 그들의 호리는 말로부터 우리를 보호할 수 있는 것은 오직 하나님의 말씀뿐입니다. 우리는 잘 생긴 이성의 외모를 탐하거나 그 눈짓에 홀려서는 안 됩니다(6:24-25). 우리를 곁길로 인도하는 자들은 우리에게 해를 입힐 것이며, 그 유혹에 빠짐으로써 우리가 치러야 할 대가는 실로 엄청납니다(6:26).

그다음 본문은 두 가지의 실감나는 비유를 사용합니다. 하나는 불을 품에 품는 것이요, 다른 하나는 숯불을 밟는 것입니다(6:27-28). 우리의 옛 성품은 불에 타기 쉬운 물질과 같아서 불을 가지고 노는 것은 실로 어리석은 짓입니다. 우리는 마치 반 드럼의 휘발유를 지닌 채 걸어 다니는 사람과 같습니다. 그런 경우에 성냥과 불을 가지고 논다는 것은 위험하고 어리석기 짝이 없습니다.

그 위험은 촛불 주위를 날아다니는 나방과 똑같습니다. 나방은 겁도 없이 점점 촛불 가까이로 다가갑니다. 그러다가 날개가 불에 타 더 이상 날 수 없고 죽게 됩니다.

우리는 삼가 음란한 접촉은 피해야 합니다. 이 영역의 죄는 너무나 쉽게 빠져들기 때문입니다. 마치 나방이 위험을 무릅쓰고 불꽃 근처로 가는 것이 어리석은 것처럼 우리가 죄에 가까이 가는 것도 어리석은 짓입니다.

성경은 분명히 말합니다. "무릇 그를 만지기만 하는 자도 죄없게 되지 아니하리라"(6:29). 너무도 흔히, 한 번 쳐다보는 것이 간음죄의 시작이 되곤 합니다. 다윗이 그러했습니다. 다윗은 밧세바를 보았고, 이어서 정욕이 일어났고, 그다음 데려와 간음을 했습니다. 욥은 올바른 해답을 가지고 있었습니다. "내가 내 눈과 언약을 세웠나니 어찌 처녀에게 주목하랴?"(욥기 31:1). 시편 기자는 이렇게 기도했습니다. "내 눈을 돌이켜 허탄한 것을 보지 말게 하시고 주의 도에 나를 소성케 하소서"(시편 119:37).

우리 눈이 정욕을 채우도록 허락하는 것은 모닥불에 휘발유를 붓는 것과 같아서 무서운 결과를 가져옵니다. 유일한 방어책은 하나님의 말씀이며, 다음과 같은 성경의 슬기로운 충고를 따르는 것입니다. "악은 모든 모양이라도 버리라"(데살로니가 전서 5:22).

도둑질과 비교해 보면 그 심각성이 더 잘 나타납니다. 도둑에 대한 대개의 반응은, 특히 매우 주려 있는 도둑의 경우에는, 약간 동정은 하겠지만 그래도 배상을 요구할 수 있습니다. 그러나 간음은 영혼의 파멸과 사회적인 매장을 초래합니다.

본문에서 도둑질과 간음에 대한 일반적인 반응을 알 수 있습니다. 굶어 죽지 않기 위해, 또 주린 가족을 먹이기 위해, 빵 한 덩어리 훔치는 경우에는 사람들이 약간 동정의 눈으로 바라보기 마련입니다(6:30). 배상은 해야 하지만, 멸시를 당하거나 사회에서 매장되지는 않습니다(6:31). 그러나 이웃의 아내를 훔친 경우에는 그렇지 않습니다. 이 사람은 아무 동정도 받지 못합니다. 사람이 멸시의 눈초리로 쳐다봅니다. 그는 배고픔을 채운 게 아니라, 자기 정욕을 채운 것이기 때문입니다. 배고픈 도둑처럼 정말 필요해서가 아니라, 단지 정욕에 눈이 어두웠던 것입니다.

본문에 있는 강력한 경고는 신약성경에서도 반복되어 나옵니다. "음행과 온갖 더러운 것과 탐욕은 너희 중에서 그 이름이라도 부르지 말라. 이는 성도의 마땅한 바니라. 누추함과 어리석은 말이나 희롱의 말이 마땅치 아니하니 돌이켜 감사하는 말을 하라. 너희도 이것을 정녕히 알거니와 음행하는 자나 더러운 자나 탐하는 자 곧 우상 숭배자는 다 그리스도와 하나님 나라에서 기업을 얻지 못하리니, 누구든지 헛된 말로 너희를 속이지 못하게 하라. 이를 인하여 하나님의 진노가 불순종의 아들들에게 임하나니, 그러므로 저희와 함께 참예하는 자 되지 말라"(에베소서 5:3-7).

종종, 간음한 자는 스스로를 용서할 수도 없습니다. 그 죄를 범한 후 제 정신을 되찾고 나면 용서할 수 없는 증오의 눈초리로 자신을 바라봅니다. 한순간의 부정한 쾌락을 위해 자기 이름에 지울 수 없는 오점을 남긴 데 대해 자신을 경멸합니다. 순간의 쾌락은 고통으로 변하고 밤낮으로 괴롭힙니다. "상함과 능욕을 받고 부끄러움을 씻을 수 없게 되나니"(6:33).

또한 간음한 여인의 남편의 분노를 불러일으키게 됩니다. 폭력과 복수를 유발할지도 모릅니다. 우리는 삼가 정신을 차리고, 이 무서운 죄로부터 보호해 주시도록 하나님께 기도해야 합니다. "그런즉 선 줄로 생각하는 자는 넘어질까 조심하라"(고린도전서 10:12).

10

지혜와 순결

잠언 7:1-27

경건한 삶은 하나님의 자녀에게 매우 중요하기 때문에 잠언은 계속해서 부도덕과 순결에 대한 경고와 교훈을 주고 있습니다. 이 부분의 주제는 바로 앞부분(6:20-35)과 비슷하나, 이번에는 드라마의 형태로 표현되어 있습니다.

서론 부분(7:1-5)은 다시 이 부도덕의 유혹을 물리칠 수 있는 수단을 제시합니다. 곧 하나님의 말씀입니다. 부도덕과 부정의 유혹으로부터 하나님의 자녀를 보호하기 위해 앞에서 사용된 것과 유사한 언어를 사용하고 있습니다.

드라마(7:6-23)는 멸망으로 인도하는 "음녀"의 유혹에 빠져 어두운 골목으로 들어가는 어리석은 젊은이를 묘사합니다.

결론 부분(7:24-27)은 이 죄에 빠지지 않기 위한 방어책을 제시함으로써 이 일화를 우리 삶에 적용하도록 촉구합니다.

> 내 아들아, 내 말을 지키며 내 명령을 네게 간직하라. 내 명령을 지켜서 살며 내 법을 네 눈동자처럼 지키라. 이것을 네 손가락에 매며 이것을 네 마음 판에 새기라. 지혜에게 너는 내 누이라 하며 명철에게 너는 내 친족이라 하라. 그리하면 이것이 너를 지켜서 음녀에게, 말로 호리는 이방 계집에게 빠지지 않게 하리라. (7:1-5)

다시 한번 솔로몬은 성경 말씀에 순종하며 그것을 삶에 적용하라고 주님의 이름으로 권면합니다. 앞에서 살펴보았듯이 잠언에서 한 가지 흥미 있는 사실을 거듭거듭 접합니다. 성경 말씀을 간직하며, 하나님의 말씀을 따라 살며, 하나님의 말씀을 전적으로 신뢰하라고 간절히 호소합니다. 그런데 이 말을 한 사람이 그저 하나님을 따르는 평범한 사람에 불과했다면, 이 권면은 그리 주목할 만한 게 못 될지도 모릅니다. 그러나 그는 세상에서 가장 지혜로운 자로 알려진 사람이면서도, 자기에게가 아니라 하나님께 귀를 기울이라고 우리에게 간청하고 있습니다. 자신이 분명 하나님께로부터 받은 지혜를 우리에게 나누어 주고 있음에도, 그는 우리를 계속 단순하게 성경 말씀 자체로 돌아가게 합니다.

본문은 하나님의 말씀을, 잘 간수해야 할 보배로 묘사합니다. 매우 귀중한 물건을 가진 사람은 그 물건을 아주 조심스럽게 다룹니다. 그렇지 않으면 후회를 하게 될지도 모릅니다. 한번은 홍콩에서 샀던 좋은 카메라를 댈러스의 호텔 방에서 도난당했습니다. 부주의하게도 그 카메라를 옷장 위에 그냥 얹어 둔 게 화근이었습니다. 나중에 와 보니 카메라가 없었습니다. 나는 그것을 간수하는 일에 주의를 기울이지 않았던 것입니다.

마귀는 우리에게서 하나님의 말씀의 영향력을 빼앗아 가려고 애씁니다. "말씀이 길가에 뿌리웠다는 것은 이들이니 곧 말씀을 들었을 때에 사단이 즉시 와서 저희에게 뿌리운 말씀을 빼앗는 것이요"(마가복음 4:15). 사탄은 우리로 하여금 성경 말씀을 의심하고 불순종하고 무시하게 함으로써 우리에게서 하나님의 말씀의 영향력을 빼앗아 갈 수 있습니다.

본문의 훈계는 강경합니다. 우리는 하나님의 말씀이 없이는 결코 살 수 없다는 마음 자세로 하나님의 말씀을 간수하지 않으면 안 됩니다. 음식물 중에도 필수적인 것이 있어서, 그것을 섭취하지 않으면 쇠약해지고 병이 들게 됩니다. 어떤 선교사와 이야기를 나눈 적이 있는데, 선교지에서 건강이 점점 나빠지고 있는데 철분 섭취가 부족하기 때문이라고 했습니다. 중동에 사는 한 친구는 비타민 B 결핍으로 건강에 어려움을 겪었습니다. 신체의 건강을 유지하기 위해서는 매일 필수 영양분이 필요하듯, 우리의 영적 건강을 위해서는 하나님의 말씀이 필수 요소입니다. 예수님은 이렇게 가르치셨습니다. "기록되었으되 '사람이 떡으로만 살 것이 아니요 하나님의 입으로 나오는 모든 말씀으로 살 것이라' 하였느니라"(마태복음 4:4).

이 모든 사실에 비추어 볼 때, 하나님의 말씀을 마음 판에 새기라는 하나님의 명령은 결코 이상한 게 아닙니다. 말씀을 마음에 새기는 것은 수많은 사람들의 심령과 삶에 축복을 주시기 위하여 하나님께서 사용해 오신 놀라운 방법입니다. 하나님의 말씀은 우리 삶의 중심이 되어야 합니다. 곧 우리의 눈동자 - 가장 소중한 것 - 처럼 되어야 합니다.

몇 달 전 용서라는 주제에 대해 연구하고 있었습니다. 그래서 멀트노마 성경학교의 잭 미첼 박사에게 도움을 요청했더니 그 주제에 대한 성경 말씀을 나눈 녹음 파일을 보내 주었습니다. 나는 그가 자유자재로 성경 말씀을 인용하는 것을 듣고 깜짝 놀랐습니다. 그 주제에 대해 이야기할 때 수많은 성경 말씀이 그의 입에서 흘러나왔습니다. 그의 설교를 듣기 위해 사방에서 사람들이 모여드는데, 이는 그의 내적인 지혜 때문이 아니라 오랫동안 그가 자기 마음 판에 새긴 하나님의 말씀 때문이라고 생각되었습니다.

말씀을 마음 판에 새기면 여러분도 역시 성경에 약속된 풍성한 삶을 살게 되며, 나아가 여러분의 삶은 주위 사람들에게도 큰 축복을 가져다주게 됩니다.

이어 본문은 부도덕의 유혹으로부터 지켜 주는 지혜의 능력에 관해 한두 마디의 충고를 덧붙였습니다. 이 역시 잠언에서 계속 제기되는 주제이며 거기에는 충분한 이유가 있습니다. 어떤 주제에 대한 참된 지혜를 발견하기란 어렵습니다. 만일 어떤 사람이 어떤 주제에 대해 권위자라면 전 세계 사람들이 그에게로 몰려올 것입니다. 학생들은 종종 자신이 선택한 분야의 전문가가 교수로 있는 대학을 선택하기도 합니다. 이어 그 분야에 대해 더욱 많은 지식을 얻고자 그런 교수나 학자의 책과 연구 논문을 탐독하거나 직접 만나기도 합니다.

첫째, 경건한 지혜와 아주 친밀해지라고 권면합니다. 마치 한 식구인 형제나 자매를 알듯이 잘 알라는 것입니다. 함께 성장한 형제 자매는 서로를 아주 잘 압니다. 그들 사이의 우애는 깊고 지속적입니다.

딸 베키가 결혼했을 때 막내인 랜디는 누나와의 이별을 몹시 아쉬워했습니다. 결혼식이 끝나고 우리는 곧장 동부 해안으로 여행을 했습니다. 집으로 돌아오는 길에, 랜디는 누나가 쓰던 방을 그대로 두자고 했습니다. "그렇게 하면 아마 누나가 그 방에 있는 것처럼 보일 거야"라고 말했습니다. 그들도 여느 형제 자매처럼 다투기도 많이 했습니다. 그러나 그 바탕에는 깊은 사랑이 있었습니다.

본문은 지혜와 바로 이러한 관계를 가지라고 권면합니다. "지혜에게 너는 누이라 하며"(7:4). 지혜는 어떤 일을 하나님의 방식으로 하는 것이며, 우리의 사랑의 대상이요 기쁨의 원천이 되어야 합니다. 우리 삶 속에 나타나는 지혜의 유익한 결과와 그리고 무지 – 우리의 생각대로 사는 것 – 가 초래하는 위험을 마음속으로 다시 한번 깊이 생각해 보면, 이 명령을 반복하는 이유를 알게 됩니다.

둘째, 지혜는 우리를 굳게 지켜 준다고 말씀합니다. 사실 삶의 모든 영역에서 지혜는 우리를 지켜 줍니다. 집 안에 말라리아를 옮기는 모기가 있다는 사실을 안다면, 나는 그 모기를 잡든지 모기장 안에서 잘 것입니다. 물속에 상어가 있다는 사실을 안다면, 각별한 주의를 하면서 물 가까이에서 헤엄을 칠 것입니다. 또 동네에 도둑이 있다는 사실을 안다면, 밤에 문단속을 철저히 하고 잘 것입니다. 어떤 상인이 사기꾼이라는 사실을 안다면, 다른 가게에서 물건을 살 것입니다. 이 문제들에 있어서 우리가 가진 지혜는 우리를 지켜 줍니다.

여기서는 말로 호리는 이방 여인으로부터 방어하는 것에 대해 얘기하고 있습니다. 또는 달콤한 말로 여자를 유혹하는 이방 남자일 수도 있습니다. 본문은 이 이방 여인에 대하여 경고합니다. 이방 여인과의 사귐이 우리를 어디로 인도하는지를 안다면, 어떤 대가를 치르고서라도 피할 것입니다. 성적인 유혹과 연관해서는 속히 피하는 것이 최상의 방어입니다.

방어하는 방법에는 두 가지가 있을 수 있습니다. 하나는 적극적인 공격입니다. 이는 우리가 선하고 거룩하고 온전한 일에 적극 참여하는 것입니다. 그렇게 되면 이 모든 유혹을 피할 수 있습니다. 다른 하나는 불필요한 접촉을 피하는 것입니다. 세상이 날마다 우리 앞에 쏟아 놓는 유혹의 도구들, 예를 들면 잡지, TV, 인터넷, 인쇄물, 불건전한 친구 등이 우리를 충동질합니다. 그러므로 꼭 필요한 것이 아니면 이런 것과의 접촉을 피하는 게 하나의 방어책입니다. 지혜는 우리를 올바르게 인도할 것입니다.

내가 내 집 들창으로, 살창으로 내어다보다가 어리석은 자 중에, 소년 중에 한 지혜 없는 자를 보았노라. 그가 거리를 지나 음녀의 골목 모퉁이로 가까이하여 그 집으로 들어가는데 저물 때, 황혼 때, 깊은 밤

흑암 중에라. 그때에 기생의 옷을 입은 간교한 계집이 그를 맞으니 이 계집은 떠들며 완패하며 그 발이 집에 머물지 아니하여 어떤 때에는 거리, 어떤 때에는 광장 모퉁이, 모퉁이에 서서 사람을 기다리는 자라. 그 계집이 그를 붙잡고 입을 맞추며 부끄러움을 모르는 얼굴로 말하되 "내가 화목제를 드려서 서원한 것을 오늘날 갚았노라. 이러므로 내가 너를 맞으려고 나와서 네 얼굴을 찾다가 너를 만났도다. 내 침상에는 화문 요와 애굽의 문채 있는 이불을 폈고 몰약과 침향과 계피를 뿌렸노라. 오라 우리가 아침까지 흡족하게 서로 사랑하며 사랑함으로 희락하자. 남편은 집을 떠나 먼 길을 갔는데 은 주머니를 가졌은즉 보름에나 집에 돌아오리라" 하여 여러 가지 고운 말로 혹하게 하며 입술의 호리는 말로 꾀므로 소년이 곧 그를 따랐으니 소가 푸주로 가는 것 같고 미련한 자가 벌을 받으려고 쇠사슬에 매이러 가는 것과 일반이라. 필경은 살이 그 간을 뚫기까지에 이를 것이라. 새가 빨리 그물로 들어가되 그 생명을 잃어버릴 줄을 알지 못함과 일반이니라. (7:6-23)

여기서 소개하는 이 비극적 드라마는 오늘날도 수없이 반복되고 있습니다. 젊은이는 악한 여인에게 꾐을 받습니다. 젊은 여자 역시 악한 남자에게 꾐을 받으며, 나이든 사람들도 이 죄의 유혹을 받습니다.

공군에 근무하는 내 친구 제프는 해외 근무를 명받고 비행기를 타고 임지로 가던 중 비행기에서 한 사람을 만나 이런저런 대화를 하게 되었습니다. 그는 자기도 교회에 나가고 있다고 했습니다. 새로운 나라에 도착했을 때 그 사람은 성경공부에 관심을 보였습니다. 제프는 기뻤습니다. 그와 함께 기도도 하며 교제도 하고 싶다고 했더니 좋다고 했습니다. 그래서 헤어지면서 그다음 날 아침에 그의 모텔로 찾아가겠다고 했더니 좋다고 했습니다.

이튿날 아침 제프는 그가 머물고 있는 모텔로 갔습니다. 그의 방은 쉽게 찾을 수 있었습니다. 제프는 방문을 열고 안으로 들어갔습니다. 그런데 놀랍게도 그는 악한 여인의 꾐에 빠져 있었습니다.

본문에서 아주 극적으로 묘사한 이 비극적인 이야기가 오늘날 영화로 제작되어 상영된다면, 아마 비극 영화가 되지는 않을 것입니다. 이 악한 여인은 아마 그 영화의 스타가 될 것입니다. 관객들은 그 여인이 이 어수룩한 시골뜨기 젊은이를 유혹하여 데리고 가는 것을 보고 웃음을 터뜨리며 즐거워할 것입니다. 그 여인의 악한 행동은 즐겁고 유쾌한 삶을 위한 하나의 승리이며, 현대의 새로운 도덕과 자유를 실천한 사례라고 선전될 것입니다.

그러나 이 이야기는 결코 희극이 아닙니다. 한 젊은이의 파멸과 멸망을 그린 슬픈 이야기입니다. 이 이야기는 무방비 상태의 젊은이(7:6-9), 꾀는 여인(7:10-12), 여인의 접근과 유혹(7:13-21), 젊은이의 타락(7:22-23) 이렇게 네 부분으로 되어 있습니다.

무방비 상태의 젊은이. 그를 인도해 줄 안내인도, 항로를 알려 주는 나침반도 없이 인생의 바다에 나온 젊은이가 여기 있습니다. 지혜더러 그의 누이라, 명철더러 그의 친족이라 부르지도 않았습니다. 하나님의 말씀을 섭취하지 않고 있었습니다. 길을 갈 때 그를 인도해 줄 성경 말씀을 가지고 있지 않기 때문에 그는 "지혜가 없습니다"(7절). 그는 끊임없이 그를 둘러싸고 있는 육적인 유혹 가운데서 주야로 인생길을 걸어가고 있습니다.

십중팔구 어리석은 자들을 친구로 택했으리라. 좀 더 나은 무리와 어울렸다면 일말의 희망이 있었을 터입니다. 잠언 13:20에서는 "지혜로운 자와 동행하면 지혜를 얻고 미련한 자와 사귀면 해를 받느니라"라고 경계합니다.

이 젊은이는 또 하나의 돌이킬 수 없는 실수를 했습니다. 이것은 오늘날 수없이 되풀이되는 것입니다. 그는 할 일이 없었습니다. 너무나 한가했습니다. 그래서 이리저리 거리를 쏘다녔습니다. 어떤 유익한 스포츠나 적극적인 활동에 참여했더라면 꾐에 넘어가지 않았을 텐데 말입니다. 그러나 그는 할 일이 없이 밤중에 거리의 음침한 곳에서 서성거리고 있었습니다. 스스로 문제를 자초하고 있었고, 마침내 그 속에 빠지고 말았습니다.

꾀는 여인. 그 여인은 분명히 그가 오는 것을 보았을 것입니다. 그래서 그를 만나러 나갔습니다. 예로부터 거리의 여인들이 써 먹던 수법입니다. 세계 어느 도시에서나 이런 일이 있습니다. 파리에도 동경에도 뉴욕에도 있습니다.

그 여인의 외모는 틀림없이 아주 매력적이었을 것입니다. 아주 멋있게 차려 입었을 것입니다. 그러나 내적으로는 "떠들며 완패"하였습니다. 집에 가만히 앉아 있지 못하는 여자였습니다. 그래서 거리에 나가 "어리석은" 자들을 기다렸습니다. 무방비 상태에 있는 자들을 유혹하러 나갔던 것입니다. 분명 일방적인 싸움이었습니다. 결과가 뻔한 싸움이었습니다.

여인의 접근과 유혹. 부끄러움을 모르는 얼굴로 그 여인은 그 젊은이를 붙잡고 곧바로 입을 맞춥니다. 그런 다음, 자기가 얼마나 이때를 기다렸는지를 말하고 자기가 서원한 의식을 행하도록 도와 달라고 초청합니다. 그 여인은 그에게 "내가 너를 찾고 있었다"라고 말해 그를 추켜올림으로써 그를 더욱더 유혹합니다. 그 여인은 자기 침실을 매혹적으로 묘사함으로써 그의 마음을 더욱 현혹시킨 후, 이 "사랑"의 침대에서 자기와 함께 즐기자고 초청을 합니다. 그 여인은 또한, 그에게 자기 남편은 먼 길을 갔기 때문에 두려워할 게 하나도 없다고 말해 그를 안심시킵니다. 그 여인은 온갖 고운 말로 그를 혹하게 하며 꾀어 자기의 집으로 유혹했습니다.

젊은이의 타락. 그는 아무런 방비도 되어 있지 않았기 때문에 그 유혹에서 벗어날 가망이 없었습니다. 이렇게 해서 그는 그 여인을 따라갔는데, 마치 도살장으로 끌려가는 미련하고 말 못하는 소와 같았습니다. 얼마나 위험한지는 완전히 잊어버린 채 파멸의 길로 들어섰습니다. 그의 어리석은 마음은 육적인 쾌락만 생각할 뿐이었습니다. 눈앞에 있는 아름다운 여인과의 즐거운 시간 이외에는 보이는 게 없었습니다. 마치 은밀하게 쳐 놓은 그물 속으로 죽음을 향해 들어가는 새처럼, 이런 육적인 쾌락만을 마음에 그리면서 그 여인을 따라 멸망을 향해 걸어갔습니다.

성경은 이런 행동과 연관하여 이렇게 말씀합니다. "하나님께로서 난 자마다 범죄치 아니하는 줄을 우리가 아노라. 하나님께로서 나신 자가 저를 지키시매 악한 자가 저를 만지지도 못하느니라"(요한일서 5:18).

우리에게는 하나님께서 말씀을 통해 주신 지혜를 사용해야 할 엄숙한 책임이 있습니다. 성경의 인도를 따라야 할 책임이 있습니다. 악한 친구와 악한 환경으로부터 우리 자신을 지켜야 할 책임이 있습니다. 이들은 수치와 후회와 질병을 가져오며 하나님을 향해 강퍅한 마음을 갖게 하기 때문입니다. 이는 음란 잡지나 광고 및 영상, 외설, 이른바 새로운 도덕 등으로 포위당한 우리 세대에 절실히 필요한 아주 중요한 경고입니다.

> 아들들아, 나를 듣고 내 입의 말에 주의하라. 네 마음이 음녀의 길로 치우치지 말며 그 길에 미혹지 말지어다. 대저 그가 많은 사람을 상하여 엎드러지게 하였나니 그에게 죽은 자가 허다하니라. 그 집은 음부의 길이라. 사망의 방으로 내려가느니라. (7:24-27)

다음과 같은 상황에서 여러분은 어떤 생각이 들까요? 여러분이 어떤 도시의 병원 근처에 살고 있다고 해 봅시다. 여러분은 매일 이상하고도 무서운 광경을 목격합니다. 여러분이 살고 있는 곳 근처에는 넓은 길이 있는데, 매일 아침 수많은 사람들이 그 길을 지나가고, 저녁이면 그들 중 많은 사람들이 팔다리가 부러지고 온몸이 상처투성이가 되어 피를 흘리며 구급차에 실려 그 길을 다시 돌아와 병원으로 옮겨집니다. 그 길을 가는 사람들은 자기들도 십중팔구 그날 저녁에는 그런 무서운 꼴이 되어 다시 돌아오게 된다는 사실을 환히 알고 있습니다. 그러나 그들은 여전히 와자지껄 떠들면서 그 길을 지나갑니다. 멸망으로 간다는 사실을 뻔히 알면서도 계속 고집하며 그 길로 가고 있습니다.

여러분은 이런 행동에 대하여 이상하게 여기지 않겠습니까? 결국은 그 길로 가는 것이 어리석다는 사실을 알게 될 거라고 생각하지 않겠습니까? 그 길이 황폐해지고 모든 차량이 뚝 끊기게 될 거라고 생각지 않겠습니까? 그러나 세상은 그렇지 않습니다. 그 길은 여전히 사람들로 붐비며, 무리를 지어 몰려 나아갑니다. 얼마 후에 절망적이고 끔찍한 모습으로 다시 실려 오기 위해서 말입니다.

본문 말씀은 드라마의 결론을 통해 바로 이런 상황을 미연에 방지하고자 합니다. 이 사망의 길을 막고 서서, 죄의 길을 택함으로써 겪게 되는 아픔과 고뇌로부터 젊은이들을 구하려고 합니다. 젊은이들에게 생명으로 인도하는 좁고 협착한 길로 가라고 촉구합니다. 또한 그들에게 그 마음이 잘못된 방향으로 조금씩 나아가지 못하게 하며 그들의 발을 육욕적 욕구와 육체의 정욕의 길에 들여놓지 말라고 간절히 부탁합니다.

이방 여인의 유혹하는 힘을 묘사하는 데 사용한 말을 주목하십시오. 음녀의 길로 치우치지 말라, 그 길에 미혹지 말라, 그가 많은 사람을 상하여 엎드러지게 하였다, 그에게 죽은 자가 허다하다, 그 집은 음부의 길이다, 사망의 방으로 내려간다. 이것은 슬픔, 멸망, 타락, 죽음 등이 그려져 있는 불길한 그림입니다. 그러나 마귀는 이런 그림을 들고서, 그것을 선하고 매력적이고 열심히 추구할 만한 것으로 사람들에게 보이게 할 수 있다는 점이 놀랍지 않습니까? 너무도 더럽고 파괴적으로 위험한 것이 마음에 끌리고 호소력이 있는 것이 될 수 있어 많은 경건한 그리스도인들을 미혹합니다.

이 범죄의 길은 종종 책이나 잡지, 영화, 인터넷, 또는 더러운 대화나 음란한 농담 등으로 야기된 순결치 못한 생각에서 시작됩니다. 그 첫 단계에서 멈춘다면 그 길을 피할 수 있습니다. 그러나 처음의 유혹을 허락한다면, 돌이킬 수 없는 미끄러운 내리막길로 빠져들게 됩니다.

우리는 골로새 성도들에게 한 경고에 주의해야 합니다. "그러므로 너희가 그리스도와 함께 다시 살리심을 받았으면 위엣것을 찾으라. 거기는 그리스도께서 하나님 우편에 앉아 계시느니라. 위엣것을 생각하고 땅엣것을 생각지 말라. 그러므로 땅에 있는 지체를 죽이라. 곧 음란과 부정과 사욕과 악한 정욕과 탐심이니 탐심은 우상 숭배니라. 이것들을 인하여 하나님의 진노가 임하느니라"(골로새서 3:1-2,5-6).

베드로전서 2:11 말씀은 오늘날도 여전히 진리입니다. "사랑하는 자들아, 나그네와 행인 같은 너희를 권하노니 영혼을 거스려 싸우는 육체의 정욕을 제어하라." 이 말씀을 무시하는 자들은 수치와 망신을 당하게 될 것입니다.

11

지혜에 대한 찬양

잠언 8:1-36

지금까지 잠언 말씀은 지혜에 대하여 이야기했습니다. 때로는 지혜를 의인화하였고, 때로는 지혜가 말하게 하기도 했습니다. 지혜는 이 잠언과 이 잠언에 담긴 교훈의 핵심이요 생명이기 때문에, 토의와 경고와 교훈의 중요한 주제가 되었던 것입니다.

본 장은 지혜를 의인화함과 아울러 지혜에게 그에 합당한 찬양을 돌리고 있는데, 잠언 전반부(1-9장)의 클라이맥스라 할 수 있습니다. 본문은 대단히 아름답습니다. 성경 학자들은 본문 속에서, 특히 지혜의 역할 중에서도 창조에 관한 부분에서 예수 그리스도가 나타나 있는 것을 봅니다(잠언 8:22-31). 전체의 요지는, 지혜를 영광스럽게 묘사하여 독자들에게 감명을 주려는 것보다 오히려 독자들에게 경건한 삶을 살도록 동기를 불러일으켜 주고자 하는 것입니다. 분문이 목표로 하고 있는 바는 그리스도인들로 하여금 하나님께서 그들 앞에 놓아둔 길을 따라 인생을 살아가며 하나님의 말씀을 삶에 적용하려는 마음을 불러일으키는 것입니다. 지혜에 대한 인간의 반응의 핵심은 단순히 하나님의 계획대로 사는 것, 즉 하나님께서 원하시는 바를 행하고, 하나님께서 원하시는 사람이 되는 것입니다.

본문은 다섯 부분으로 나누어집니다. 인도자로서의 지혜(1-5절), 삶의 길로서의 지혜(6-13절), 지혜가 주는 상급(14-21절), 지혜와 창조(22-31절), 지혜에 대한 마땅한 응답(32-36절)입니다.

> 지혜가 부르지 아니하느냐? 명철이 소리를 높이지 아니하느냐? 그가 길가의 높은 곳과 사거리에 서며 성문 곁과 문어귀와 여러 출입하는 문에서 불러 가로되, "사람들아, 내가 너희를 부르며 내가 인자들에게 소리를 높이노라. 어리석은 자들아, 너희는 명철할지니라. 미련한 자들아, 너희는 마음이 밝을지니라. 너희는 들을지어다." (8:1-5)

처음에는 어디서 들리는 목소리인지 몰랐습니다. 파리 시내의 어느 번화가에서 낮고 쉰 듯한 목소리로 어떤 사람이 속삭이듯이 나를 부르는 것을 들을 수 있었습니다. 뒤편 좁은 골목에서 들리는 목소리였습니다. 뒷골목의 어둠 속에서 한 사람이 나오더니 나에게로 걸음을 옮겼습니다. 말쑥하게 차려 입은 40대 중반의 신사였는데 좌우를 흘낏흘낏 살피면서 내 쪽으로 다가왔습니다. 그는 가까이 오더니 조용히 "선생님, 춘화 좀 사시지요?" 하고 말했습니다. 내가 필요 없다고 말하자, 그는 정중하게 발걸음을 돌리더니 종종걸음으로 한길 쪽으로 사라졌습니다. 그는 상당한 지위가 있는 점잖은 신사인 체 행동하면서도, 경관의 눈을 피하기 위해 최선을 다하고 있었습니다.

사람들은 대개 음란한 말을 퍼뜨릴 때는 은밀히 합니다. 이것이 인간의 방법입니다. 그러나 하나님의 방법은 인간의 방법과는 완전히 대조적입니다. 여기에서 지혜는 은밀히 말하지 않고 공개적으로 외칩니다. 길가의 높은 곳에서, 사거리에서, 붐비는 거리에서, 성문 곁과 문어귀와 여러 출입하는 문에서, 사람들이 모이는 곳이면 어디서나 지혜는 외칩니다(8:2-3). 밤의 어두운 그림자 속에 숨어 은밀히 부르는 죄의 방법과는 대조적으로, 지혜는 거기에 있는 모든 이들이 듣도록 시장터에서 진리를 외칩니다.

그 메시지는 솔직합니다. 아무 두려움도, 망설임도 없이 진리는 선포됩니다. 성경은 이렇게 선포합니다. "여호와의 손이 짧아 구원치 못하심도 아니요 귀가 둔하여 듣지 못하심도 아니라. 오직 너희 죄악이 너희와 너희 하나님 사이를 내었고 너희 죄가 그 얼굴을 가리워서 너희를 듣지 않으시게 함이니, 이는 너희 손이 피에, 너희 손가락이 죄악에 더러웠으며 너희 입술은 거짓을 말하며 너희 혀는 악독을 발함이라. 공의대로 소송하는 자도 없고 진리대로 판결하는 자도 없으며 허망한 것을 의뢰하며 거짓을 말하며 잔해를 잉태하여 죄악을 생산하며… 그 발은 행악하기에 빠르고 무죄한 피를 흘리기에 신속하며 그 사상은 죄악의 사상이라. 황폐와 파멸이 그 길에 끼쳐졌으며 그들은 평강의 길을 알지 못하며 그들의 행하는 곳에는 공의가 없으며 굽은 길을 스스로 만드나니 무릇 이 길을 밟는 자는 평강을 알지 못하느니라"(이사야 59:1-8).

구약과 신약은 모두 용서와 구원과 소망의 메시지를 선포합니다. "주의 약속은 어떤 이의 더디다고 생각하는 것같이 더딘 것이 아니라 오직 너희를 대하여 오래 참으사 아무도 멸망치 않고 다 회개하기에 이르기를 원하시느니라"(베드로후서 3:9).

잡히시던 밤, 끌려온 예수님께 대제사장은 예수님의 교훈과 주장에 대하여 물었습니다. 예수님은 이렇게 대답하셨습니다. "내가 드러내어 놓고 세상에 말하였노라. 모든 유대인들의 모이는 회당과 성전에서 항상 가르쳤고 은밀히는 아무것도 말하지 아니하였거늘 어찌하여 내게 묻느냐? 내가 무슨 말을 하였는지 들은 자들에게 물어 보라. 저희가 나의 하던 말을 아느니라"(요한복음 18:20-21).

예수님은 육신을 입은 지혜와 진리이십니다. 이것은 반드시 기억해야 할 중요한 사실입니다. 허위와 거짓과 미신과 오류에 근거한 메시지는 죽음으로 인도하며 전혀 무가치합니다. 동시에, 진리에 근거한 메시지도 사람이 그것을 듣지 않으면 아무 유익이 없습니다.

무지는 무서운 것입니다. 그것 때문에 질병이 퍼지고, 그것 때문에 풍성하고 생산적인 삶 대신에 초라하고 낭비적인 삶을 살게 되고, 그것 때문에 전 사회가 두려움 속에서 살며, 혐오스럽고 이상한 관습을 계속 행하고 있습니다. 아프리카에 살고 있는 어느 젊은 여자는 매일 밤마다 같은 시간에 무서운 고통에 휩싸입니다. 어머니가 주술사인데, 평소 딸에게 저주를 퍼부어 왔습니다. 그 때문에 고통스러운 발작이 밤마다 몸을 엄습할 뿐 아니라 이제는 설상가상으로 밤마다 자신을 부르는 이상하고 무서운 목소리들이 들려왔습니다.

올해 또다시, 아시아의 어느 축제에서 수천 명이 그들의 신들을 영화롭게 하기 위해 볼과 혀를 바늘이나 송곳으로 뚫어 자신의 육체를 괴롭힐 것입니다. 그들은 이것을 신들에게 드리는 최고의 제사로 생각합니다.

또 세계의 어느 외딴 지역에서는 여섯 살 된 소녀가 그 부족 노인들의 손에서 구출되어 죽음을 면했습니다. 노인들은 그 지역을 휩쓴 가뭄의 책임이 그 소녀에게 있다고 판결을 내렸던 것입니다. 소녀의 할아버지는 선교사들과 접촉하여 소녀를 안전한 곳으로 데려다주도록 요청했고, 선교사들이 이에 응하여 소녀는 목숨을 구하게 된 것입니다.

아프리카 중심부에는 몹시 사납고 굶주린 부족이 살고 있습니다. 이들은 빈번히 이웃 부족들을 습격하는데, 이웃 부족민을 사로잡으면 너무나 무자비하여 어린이나 부녀자, 노인들까지도 잔인하게 살해합니다. 그들은 살기가 아주 어려운 곳에서 살고 있습니다. 그래서 암소의 목에 있는 핏줄을 베어 거기서 흘러나오는 피로 영양을 보충합니다. 증오와 분노가 그들의 매일의 삶의 동기입니다.

또 여자들은 평생토록 몸에 거대한 금속 고리를 차고 살아야 하는 곳도 있습니다. 이것은 무겁고 거추장스러운 것인데, 여자들은 팔과 다리에 각각 11개, 목에 3개를 찹니다. 주야로 40kg 정도의 쇠붙이를 달고 다녀야 하는 여자들도 있습니다.

또 어떤 지역에서는 원치 않았거나 저주받은 아이가 태어나면 그 머리를 부수거나 질식시켜 죽입니다. 그럼에도 아무도 개의치 않습니다. 어둠과 무지가 보편화되어 있습니다.

그러나 반면에 오늘날은 사심 없고 겸손하고 복음을 전하려는 열정으로 가득 찬 선교사들이 예수 그리스도의 메시지와 하나님의 지혜를 가지고 도움도 소망도 없는 세계로 나아가는 시대이기도 합니다. 그들은 하나님의 지혜이신 예수 그리스도의 복음의 진리로 어둠과 무지를 추방하기 위해 갔습니다. 그곳에서 병자들을 치료하고, 문맹자들을 가르치고, 유능한 사람들을 훈련하고, 많은 사람들의 영혼을 구원으로 인도하고 있습니다. 그들의 사생활이란 거의 없다시피 하고, 초라한 오두막집에서 생활하며, 흙탕물과 더위와 먼지와 파리, 모기, 독사와 싸우며 살아갑니다. 어떤 이는 풍토병으로 죽고, 어떤 이는 화살에 맞거나 목 베임을 당하거나 맞아 죽기도 합니다. 그럼에도 불구하고 그들은 거리의 높은 곳에서, 사거리에서, 성문에서, 복음을 선포하면서 계속 전진하고 있습니다.

오늘날 그리스도인 실업가들은 자기 분야에서 복음을 전하고 있습니다. 그리스도인인 의사와 간호사들은 환자와 죽어 가는 사람들에게 복음을 전하고 있습니다. 공직에 근무하는 그리스도인들은 관공서에서, 그리스도인 직장인들은 직장에서, 그리스도인인 대학생들은 대학 캠퍼스에서 복음을 전하고 있습니다. 가정주부들은 이웃 사람들에게, 고등학생들은 교우들에게 복음을 전하고 있습니다. 또 사업가들의 오찬, 조찬 기도회, 캠퍼스 전도 집회, 이웃과 다과를 겸한 성경공부, 고등학교의 성경 클럽 등이 예수 그리스도의 복음을 전파하는 수단으로 하나님께 사용되고 있습니다. "이것이 정로니 너희는 이리로 행하라"(이사야 30:21). 그리스도의 복음은 모든 사람들에게 전파되고 있습니다. 지혜의 목소리는 공공연하게 모든 사람들을 향해 외치고 있습니다.

내가 가장 선한 것을 말하리라. 내 입술을 열어 정직을 내리라. 내 입은 진리를 말하며 내 입술은 악을 미워하느니라. 내 입의 말은 다 의로운즉 그 가운데 굽은 것과 패역한 것이 없나니, 이는 다 총명 있는 자의 밝히 아는 바요 지식 얻은 자의 정직히 여기는 바니라. 너희가 은을 받지 말고 나의 훈계를 받으며 정금보다 지식을 얻으라. 대저 지혜는 진주보다 나으므로 무릇 원하는 것을 이에 비교할 수 없음이니라. 나 지혜는 명철로 주소를 삼으며 지식과 근신을 찾아 얻나니, 여호와를 경외하는 것은 악을 미워하는 것이라. 나는 교만과 거만과 악한 행실과 패역한 입을 미워하느니라. (8:6-13)

지혜의 길은 가장 선합니다. 하나님의 도는 명확히 계시되고, 항상 공개 장소에서 여러 사람에게 선포됩니다. 그러므로 하나님의 지혜가 제시하는 것은 언제나 올바르고 참되고 의롭고 순전합니다. 악과 굽은 것과 패역한 것은 하나님과 전혀 조화가 될 수 없습니다. 인간이 하나님의 지혜를 자신의 삶의 지표로 삼는다면, 그 삶은 선하고 유익한 것으로 가득 차게 됩니다. 이것이 바로, 예수님께서 "내가 온 것은 양으로 생명을 얻게 하고 더 풍성히 얻게 하려는 것이라"(요한복음 10:10)라고 말씀하셨을 때 약속하신 바입니다.

본문은 지혜가 올바른 삶의 방법임을 이야기합니다. 이것은 사악한 자의 삶과는 너무나 큰 대조를 이룹니다. 이러한 참된 삶의 방법을 발견한 사람들은 삶에 변화를 일으키게 됩니다. 노예 상인이었던 존 뉴턴은 위대한 찬송가 작가가 되었고, 워터게이트 사건의 공범인 찰스 콜슨은 수감자들에게 열심히 복음을 전하는 일꾼이 되었으며, 미국 흑인 과격파인 검은 표범 당원이었던 엘드리지 클리버는 복음주의 신앙을 전파하는 훌륭한 전도자가 되었습니다. 총명 있는 자와 지식을 얻은 자는 이 길을 쉽게 알 수 있습니다(8:9).

솔로몬은 지혜를 은, 정금, 진주와 같은 값진 물건과 비교하지만, 사실 이에 비교할 수 있는 것은 아무것도 없습니다. 지혜는 세상의 모든 금, 은, 보석보다도 훨씬 값집니다. 이 세상의 보배는 결국은 없어져 버릴 것입니다. 그러나 지혜를 소유하는 것은 영원히 없어지지 않을 생명을 소유하는 것입니다. 이 세상의 아무것도 지혜와 비교할 수 없습니다.

더욱이 지혜는 "명철로 주소를 삼습니다"(8:12). 어떤 사람이 연못에서 스케이트를 타다가, '위험, 얼음이 얇음'이라는 팻말을 보았다면, 이 사람이 취해야 할 명철한 행동은 명약관화합니다. 그곳으로 가지 말고 다른 곳에서 스케이트를 타는 것입니다. 만약 어떤 사람이 '개 조심!'이라고 크게 써 붙인 어느 집 앞을 지나가게 되었다면, 이 사람이 해야 할 명철한 행동은 조심하면서 지나가는 것입니다. 가까운 도시에 콜레라가 퍼지고 있다면, 명철한 사람들은 예방주사를 맞기 위해 병원으로 갈 것입니다. 이처럼 명철이란 분별력 있고 신중하게 행동하는 것입니다.

세상에서는 감쪽같고, 교활하고, 간교하고, 약삭빠른 것을 지혜롭고 명철한 것이라고 하기도 하지만, 이는 결코 지혜 있는 자의 태도가 아닙니다. 하나님의 지혜는 전혀 그런 게 아닙니다. 성경은 바로 사탄이 간교한 자라고 말하고 있습니다(창세기 3:1). 속임수와 계략이 사탄의 장사 수단입니다.

하나님의 도는 이와는 정반대입니다. 하나님은 항상 있는 그대로의 사실을 말씀하십니다. 그렇게 하면 하나님께 불리할 것이며, 간교하고 영리하게 사는 것이 곧이곧대로 사는 것보다 낫다고 생각하는 사람도 있을 것입니다. 그러나 그렇지 않습니다. 하나님의 지혜는 본질상 이러한 솔직성을 가지고 있으며, 간교하거나 영리한 자의 거짓됨을 모든 사람 앞에 드러냅니다.

아무리 교묘하고 영리하다 해도, 아무리 감쪽같고 교활하다 해도, 하나님의 지혜의 빛이 비추이면 이 모든 죄와 속임수는 그 정체가 드러나고 맙니다.

예수님은 "내가 곧 진리"라고 분명히 말씀하셨습니다(요한복음 14:6). 요한일서 3:8에서는 예수 그리스도께서 마귀의 일을 멸하러 오셨다고 말씀합니다. 이 두 가지 진리를 종합하면, 다음과 같은 놀라운 사실을 알게 됩니다. 즉, 예수 그리스도는 진리로서 이 세상에 오셔서 모든 사람이 보는 앞에서 진리대로 사심으로써, 마귀와 정면 대결하여 마귀를 패배시켰다는 사실입니다.

이것은 위대한 교훈입니다. 스스로 똑똑하고 영리한 체하면서 성경의 가르침과는 반대되는 삶을 살고 있는 사람들로 가득 차 있는 이 세상에서, 우리가 할 수 있는 가장 지혜로운 일은 예수 그리스도께서 보여 주신 진리의 길을 계속 걸어가는 것입니다. 이것이 때로는 시대에 뒤떨어지고 멋없어 보일지도 모릅니다. 새로운 철학과 종교가 다정한 목소리로 부를지도 모릅니다. 마약 밀매업자가 길모퉁이에서 부르면서 장밋빛으로 물든 황홀한 삶을 약속할지도 모릅니다. 그러나 "내가 온 것은 양으로 생명을 얻게 하고 더 풍성히 얻게 하려는 것이라"(요한복음 10:10)라고 하신 예수님의 말씀을 기억하십시오.

본문에서 마지막으로 가르치고 있는 바는 하나님께서는 악을 미워하신다는 사실입니다. 하나님의 자녀들의 행복에 좋지 않은 영향을 끼치는 모든 것에 대하여 하나님께서 진노하십니다. 정글 지대의 의사는 환자들을 불구로 만들고 죽게 하는 질병의 근본 원인을 뿌리째 뽑기 위해 최선을 다하는 법입니다. 하나님이 그러하십니다. 하나님은 그 능력과 은혜로써, 우리 영혼을 파멸시키는 저 모든 것에 대항하십니다.

그러나 진리의 또 다른 면 역시 중요합니다. 우리가 선한 것을 사랑하지 않는 한 악을 미워하는 것은 불가능합니다. 선한 것을 사랑하는 삶을 살지 않으면 짜증과 불평과 쓴 뿌리를 갖게 될 수가 있습니다. 단지 악을 미워하는 것만으로는 충분하지 않습니다. 선한 일을 사랑해야 합니다.

이를 위해서는 항상 눈을 열어 삶 전체를 바라보아야 합니다. 우리 마을의 어느 공원에는 부도덕한 삶에 빠진 사람들이 자주 모여듭니다. 어떤 이들은 거기에서 마약을 밀매하기도 합니다. 그들의 언어는 추잡하고 대화는 외설적입니다. 그들을 바라보고 있으면 우리 젊은이들이 마귀의 유혹에 이끌려 길을 잃고 있다는 생각을 하게 됩니다. 그러나 눈을 돌려 우리네 교회들을 바라보면, 그들과는 다르게 성경을 공부하며 그리스도를 증거하며 아이들을 가르치며 여러 가지 방법으로 그리스도를 섬기는 큰 무리의 멋진 젊은이들이 있습니다.

마지막 구절인 13절을 이해하려면, 하나님께서는 마귀와 휴전을 하지 않으신다는 사실을 깨달아야 합니다. 하나님께서는 지옥의 악한 영들을 정면으로 대항하고 계십니다.

이 구절에 보면 네 가지가 하나님의 진노를 유발합니다. 제일 먼저 나오는 것이 "교만"입니다. 이 죄는 전혀 예기치 않은 때에 나타납니다. 내가 원치 않는 어떤 일이 일어나면 화가 나고, 언성을 높이고, 내 권리를 주장합니다. 얼마 후 일이 해결되고 나면 주님께 나의 죄를 자백하며 주님의 용서를 구하지 않을 수 없습니다. 교만은 하나님께서 미워하시는 죄입니다.

둘째는 "거만"입니다. 이것은 주님의 제자에게는 말도 안 되는 태도입니다. 주님은 하나님의 본체이셨지만 자기를 비어 사람이 되셨습니다. 주님은 "나는 마음이 온유하고 겸손하니 너희는 내게 배우라"라고 하시며 우리를 부르셨습니다. 그렇다면 주님의 제자가 되려는 우리가 어찌 거만한 마음을 가지고 우쭐대며 걸어 다닐 수가 있겠습니까?

그다음은 "악한 행실"입니다. 우리가 우리 영혼의 목자이신 주님을 따를 때, 주님께서는 우리를 자기 이름을 위하여 의의 길로 인도하실 것입니다. 경건한 행실은 참제자의 특징이요 상징입니다.

마지막으로 "패역한 입"입니다. 인간의 마음속을 들여다보는 쉬운 방법이 있습니다. 그의 입으로부터 나오는 것들을 들어 보면 됩니다. 예수 그리스도로 충만한 마음은 하나님을 찬양하기 좋아합니다.

우리 모두는 이 네 가지를 주의 깊게 살펴봄으로써, 성령께서 우리 삶 속에 있는 결점들을 드러내시고 은혜로 해결해 주시도록 해야 합니다.

내게는 도략과 참지식이 있으며 나는 명철이라. 내게 능력이 있으므로 나로 말미암아 왕들이 치리하며 방백들이 공의를 세우며, 나로 말미암아 재상과 존귀한 자 곧 세상의 모든 재판관들이 다스리느니라. 나를 사랑하는 자들이 나의 사랑을 입으며 나를 간절히 찾는 자가 나를 만날 것이니라. 부귀가 내게 있고 장구한 재물과 의도 그러하니라. 내 열매는 금이나 정금보다 나으며 내 소득은 천은보다 나으니라. 나는 의로운 길로 행하며 공평한 길 가운데로 다니나니, 이는 나를 사랑하는 자로 재물을 얻어서 그 곳간에 채우게 하려함이니라. (8:14-21)

지혜는 영적으로, 물질적으로 많은 상급을 가져옵니다. 지혜에는 '도략'과 '참지식'과 '명철'과 '능력'이 있습니다.

한번은 애리조나주에서 열린 어느 수양회에서 말씀을 전하고 있었습니다. 거기서 레바논 출신의 명석한 젊은 과학자를 만났습니다. 그는 미국의 여러 훌륭한 대학에서 학위를 취득했고, 동료들에게도 높이 존경을 받고 있으며, 정부 기관에서 국가 안보 문제를 담당하고 있었습니다. 그는 나에게 조국을 떠나 미국에서 살고 있는 수많은 레바논인들에게 복음을 전하는 일에 관한 자신의 관심을 이야기했습니다. 그는 자기 동포들에게 하나님의 말씀을 전하는 시간을 좀 더 많이 확보하기 위해, 현재의 좋은 직업을 버리고 다른 직업을 택해야 할지 생각 중에 있었습니다. 이는 사회적, 경제적 손실을 감수해야 하는 정말 큰 결정이었습니다.

그런데 아주 흥미 있는 사실은, 그는 이 일을 자신의 생각으로 결정하려 들지 않고 계속 이 일을 위해 기도하고 있었다는 점입니다. 우리는 함께 이 문제를 위해 기도했습니다. 그리고 주님께서 이 문제에 대해 주님의 도략과 지혜를 보여 주시리라 믿고, 그것을 주님께 맡겼습니다.

도략이란 문자적으로 '신중한 조언이나 충고'를 의미합니다. 여기에는 그런 유익한 조언이나 충고를 가능케 하는 지적, 도덕적 능력도 포함됩니다. 하나님의 도략은 건전한 지혜와 참지식에 기초하고 있습니다. 그러므로 절대적으로 신뢰할 만합니다.

세상의 지혜로 어떤 결정을 내리려는 것이야말로 가장 어리석은 짓입니다. 하나님께서는 우리에게 즐겁고 예측할 수 없으며 모험적인 하나님의 길을 보여 주시기를 간절히 원하십니다. 세상의 길은 겉만 아주 화려하지만 하나님의 길은 정말로 훌륭합니다.

14절을 주의 깊게 살펴보십시오. "나는 명철이라"라고 했습니다. 주님께서는 단지 명철을 가지고 계신 것이 아니라, 주님 자신이 곧 명철이십니다. 명철은 주님의 본성입니다. 이어 주님은 자신의 능력에 대해 말씀하십니다. 이것은 두 가지로 이해될 수 있는데, 첫째 하나님은 전능하신 여호와 하나님이시기 때문에 자기의 계획을 성취하실 능력을 가지고 계신다는 의미입니다. 둘째, 우리가 자신의 연약함을 인정하고 하나님을 믿고 의지한다면 하나님의 능력을 힘입을 수 있다는 의미입니다. 이는 약한 데서 주님의 능력은 더 온전하게 나타나기 때문입니다(고린도후서 12:9).

예수 그리스도를 따르는 우리는 하나님의 모든 자원을 언제든지 이용할 수 있습니다. "여호와의 신 곧 지혜와 총명의 신이요 모략과 재능의 신이요 지식과 여호와를 경외하는 신이 그 위에 강림하시리니"(이사야 11:2).

지혜가 하나님의 백성들에게 가져다주는 또 하나의 상급은 "하나님께서 통치하신다"라는 확신입니다. 15-16절에 보면 "나

[지혜]로 말미암아" 세상의 통치자들이 치리하며 다스린다고 했습니다. 한번은 한 해병과 이야기를 나눈 적이 있었습니다. 그는 상부에서 그의 보직을 변경시켜 혹시 하기 싫은 일을 맡기면 어쩌지 하고 불안해하고 있었습니다. 그는 현재 맡고 있는 일이 재미있었기 때문에 변화를 원치 않았습니다.

그의 이야기가 끝난 후, 내가 그에게 몇 가지 질문을 했습니다. 첫째로, 그는 단지 육신적인 안락만을 고려하고 있는가? 그건 아니었습니다. 그는 부대 내에서 성경공부를 인도하고 있었으며, 주님께서는 그것을 통해 많은 사람들의 삶에 영향을 미치고 계셨습니다. 그중에는 이미 예수 그리스도를 자신의 구주와 주님으로 영접하여 영적으로 성장하고 있는 이들도 있었습니다. 또 어떤 이들은 곧 그리스도인이 될 직전에 있었습니다. 그는 자기가 이 부대를 떠나면 이 사역이 중단될 것이라고 생각했습니다. 그는 계속 이 일을 하고 싶어 했으며, 구원받지 못한 친구들 및 영적으로 어린 그리스도인들을 위해 기도하고 있었습니다.

나는 그에게 또 하나의 질문을 했습니다. 누가 그의 인사 문제를 책임 맡고 있는가? 그는, 잘 알지는 못하지만 인사과의 어떤 장교가 아니겠느냐고 대답했습니다. 나는 그에게 틀렸다고 했습니다.

"알았습니다. 인사과에서 병력의 이동 및 보충을 맡고 있는 인사 컴퓨터를 조작하는 사람입니다." 또다시 틀렸습니다.

"그럼 제 선임 부사관입니까?"

"아닙니다."

"그럼 해병대 사령관입니까?"

"역시 아닙니다."

"아니, 그럼 누구입니까?"

나는 그에게 그 일은 하나님의 소관이라고 말해 주었습니다. 그리스도인인 그는 그에게 일어나는 모든 일을 주관하시고 보살펴 주시는 하나님 아버지의 직접적이고 개인적인 통치를 받고 있는 것입니다. 만약 하나님께서 그가 그 부대에 계속 있기를 원하신다면, 인사장교나 심지어 사령관을 통해 역사하셔서 그를 계속 그 부대에 있게 하실 것입니다.

이 세상의 어떤 권력도 자기 백성을 위한 하나님의 계획을 방해할 수 없습니다. "땅의 모든 거민을 없는 것같이 여기시며 하늘의 군사에게든지 땅의 거민에게든지 그는 자기 뜻대로 행하시나니 누가 그의 손을 금하든지 혹시 이르기를 '네가 무엇을 하느냐?' 할 자가 없도다"(다니엘 4:35).

하나님의 통치는 완전합니다. "여호와께서 통치하시나니 땅은 즐거워하며 허다한 섬은 기뻐할지어다. 여호와를 사랑하는 너희여, 악을 미워하라. 저가 그 성도의 영혼을 보전하사 악인의 손에서 건지시느니라"(시편 97:1,10).

많은 그리스도인들이 우리 삶을 주관하시는 하나님의 능력을 의심하고 있다는 것은 놀라운 사실이 아닐 수 없습니다. 어느 날 피츠버그 대학에 다니는 한 학생과 얘기를 나눴습니다. 그는 자기가 원하는 대로 시간표를 작성해서 과목 선택 지도 교수에게 보인 결과 강의 중 일부는 이미 정원이 찼으니 시간표를 변경하라는 말을 들었습니다. 그래서 아주 기분이 상했습니다. 그러나 그는 이것도 하나님의 통치 아래 이루어진 일임을 알아야 했습니다.

회사에 다니는 사람들은 회사에서 인사이동이 있을 때마다 불안해하고 초조해합니다. 그들은 다음 말씀을 진정으로 깨닫고 있지 못합니다. "나로 말미암아 왕들이 치리하며 방백들이 공의를 세우며, 나로 말미암아 재상과 존귀한 자 곧 세상의 모든 재판관들이 다스리느니라"(8:15-16). 하나님께서는 우리의 사정을 낱낱이 아시며, 모든 일을 주관하고 계십니다.

지혜의 또 하나의 상급은 우리가 하나님의 사랑을 이해할 수 있으며, 하나님께서 우리와 함께하신다는 약속을 매일 주장할 수 있는 것입니다.

예수님께서 제자들 중 하나인 베드로에게 하신 마지막 물음이 무엇인지 아십니까? "요한의 아들 시몬아, 네가 나를 사랑하느냐?"였습니다. 주님은 세 번씩이나 베드로에게 "네가 나를 사랑하느냐?" 하고 물으셨습니다.

그때는 베드로가 이미 모든 훈련을 받은 후였습니다. 3년간이나 베드로가 예수님과 함께 모든 것을 경험한 후였습니다. 사나운 바다 위에서 침몰하려는 배를 함께 타고 있었으며, 물고기 두 마리와 떡 다섯 개로 오천 명을 먹일 때도 함께 있었고, 죽은 자를 일으키며 소경이 보며 귀머거리가 들으며 앉은뱅이가 걸으며 문둥병자가 깨끗하게 될 때도 함께 있었으며, 다락방에서 최후의 만찬을 먹을 때에도 함께 있었습니다. 그런데도 주님은 베드로에게 "네가 나를 사랑하느냐?" 하고 물으셨습니다.

천성적으로 하나님을 사랑하는 사람은 아무도 없습니다. 자연 상태의 인간은 죄로 말미암아 하나님과 원수가 되어 있기 때문입니다. "육신의 생각은 하나님과 원수가 되나니 이는 하나님의 법에 굴복지 아니할 뿐 아니라 할 수도 없음이라"(로마서 8:7).

그러나 하나님께서는 은혜로 우리의 영에 성령을 부어 주셨는데, 성령의 열매가 사랑입니다. 하나님께서는 우리 안에 생명의 불을 밝혀 주셨습니다. "우리가 사랑함은 그가 먼저 우리를 사랑하셨음이라"(요한일서 4:19).

이어 본문은 하나님을 사랑하며 찾는 자들에 대해 말합니다. 우리 속에 하나님을 간절히 찾으려는 마음이 티끌만큼이라도 있다면, 그것은 우리 속에서 나온 것이 아니요 하나님께로부터 온 것입니다.

하나님께서 우리 속에 하나님을 찾으려는 마음을 불러일으키실 때 - 특히 매일의 경건의 시간을 통하여 - "우리는 보배롭고 지극히 큰" 약속들 중 하나를 하나님께로부터 받습니다. "나를 간절히 찾는 자가 나를 만날 것이니라"(8:17). 예수님은 이렇게 말씀하셨습니다. "구하라 그러면 너희에게 주실 것이요, 찾으라 그러면 찾을 것이요, 문을 두드리라 그러면 너희에게 열릴 것이니, 구하는 이마다 얻을 것이요, 찾는 이가 찾을 것이요, 두드리는 이에게 열릴 것이니라"(마태복음 7:7-8).

다음과 같은 다윗의 간증은 우리가 따라야 할 아름답고 간단한 지침입니다. "하나님이여, 주는 나의 하나님이시라. 내가 간절히 주를 찾되 물이 없어 마르고 곤핍한 땅에서 내 영혼이 주를 갈망하며 내 육체가 주를 앙모하나이다"(시편 63:1). 우리가 매일의 삶 가운데서 할 수 있는 가장 실제적인 것은 매일 아침 일찍 주님을 간절히 찾는 것입니다.

본문에서 말하는, 지혜가 주는 마지막 유익은 "부귀"와 "재물"입니다. 물론 일차적으로는 영적인 것이지만, 물질적인 것도 암시하고 있습니다.

몸이 불편하거나 아픈 사람을 방문할 때마다 아내는 꽃을 가지고 갑니다. 꽃다발을 가지고 가는 것이 아니라, 항상 화분에 심긴 것을 가지고 갑니다. 꺾어진 꽃은 곧 시듭니다. 꽃다발은 처음 보기에는 좋을지 모르나 이미 시들고 있습니다. 그러나 화분에 심긴 꽃은 당장 보기에는 그리 멋있어 보이지 않을지 모르나 오래갑니다. 적절히 보살펴 주면 앞으로 여러 달, 여러 해 동안 즐길 수 있습니다.

18절에서는 지혜는 "장구한 재물"을 가지고 있다고 말합니다. 지혜가 주는 재물은 오래갑니다. 높은 물가와 계속 상승하는 인플레 시대에, 이는 고려할 만한 중요한 사실입니다. 우리가 힘들게 번 돈을 오래가는 것에 투자하는 것은 중요합니다. 그래서 오래가는 튼튼한 의자를 사며, 적어도 6만 km는 달릴 수 있는 타이어를 삽니다. 또 튼튼한 밑창이 달린 구두나 신발을 사며, 보증 기간이 긴 도구나 기계를 찾습니다.

하나님께서 우리에게 주시고자 하는 부귀와 재물과 의는 녹슬거나 낡거나 썩는 일이 없습니다. 하나님께서 주시고자 하는 이것은 다름 아닌, 측량할 길이 없는 그리스도의 부요함입니다. 하나님은 우리에게 그리스도의 종이 되는 존귀와 영광을 주시며, 그 아들의 의로 옷 입혀 주십니다.

이와 반대로, 사탄이 우리에게 하는 제안은 전적으로 다릅니다. 사탄이 주는 재물은 이 세상의 호화찬란한 것들이요, 그가 제안하는 존귀는 세상의 권력과 명예이며, 그의 의는 자기 노력에 의해 얻는 것입니다. 이것은 인간이 만든 수백 가지 종교의 형태를 취할 수도 있고, 타인의 주의를 자신에게로 이끌거나 타인으로부터 존경을 받기 위한 행동 양식으로 나타날 수도 있습니다.

그러나 예수님께서는 이렇게 가르치셨습니다. "너희를 위하여 보물을 땅에 쌓아 두지 말라. 거기는 좀과 동록이 해하며 도적이 구멍을 뚫고 도적질하느니라. 오직 너희를 위하여 보물을 하늘에 쌓아 두라. 거기는 좀이나 동록이 해하지 못하며 도적이 구멍을 뚫지도 못하고 도적질도 못하느니라. 네 보물 있는 그 곳에는 네 마음도 있느니라"(마태복음 6:19-21).

이에 비추어 볼 때, 세상의 길을 버리고 하나님과 지혜의 길을 택하기가 그리 어렵지 않은 듯 보입니다. 그러나 현실은 이와는 너무도 다릅니다. 일시적인 것들이 너무나 매력을 지니고 있기 때문입니다. 그것은 인간의 본성과 우리의 교만에 호소합니다. 그러나 영적인 부요는 세상이 줄 수 있는 모든 것보다도 훨씬 더 만족을 줍니다. 왜냐하면 우리는 진실로 하나님의 재산을 상속받으며, 우리의 영적 보물 창고는 가득 찰 것이기 때문입니다. 지혜는 많은 상급을 가져다줍니다.

> 여호와께서 그 조화의 시작 곧 태초에 일하시기 전에 나를 가지셨으며, 만세 전부터, 상고부터, 땅이 생기기 전부터 내가 세움을 입었나니, 아직 바다가 생기지 아니하였고 큰 샘들이 있기 전에 내가 이미 났으며, 산이 세우심을 입기 전에, 언덕이 생기기 전에 내가 이미 났으니, 하나님이 아직 땅도, 들도, 세상 진토의 근원도 짓지 아니하셨을 때에라. 그가 하늘을 지으시며 궁창으로 해면에 두르실 때에 내가 거기 있었고, 그가 위로 구름 하늘을 견고하게 하시며 바다의 샘들을 힘 있게 하시며 바다의 한계를 정하여 물로 명령을 거스리지 못하게 하시며 또 땅의 기초를 정하실 때에 내가 그 곁에 있어서 창조자가 되어 날마다 그 기뻐하신 바가 되었으며 항상 그 앞에서 즐거워하였으며, 사람이 거처할 땅에서 즐거워하며 인자들을 기뻐하였었느니라. (8:22-31)

그리스도인이 되기 전 나는, 예수님이 베들레헴의 말구유에서 그분의 삶을 시작하신 게 아니라는 사실과 씨름하였습니다. 또 신약성경을 읽고 공부하면서 예수님은 그리스도시요 살아계신 하나님의 아들이심을 보았습니다. 예수 그리스도께서는 "태초에" 계셨고, "땅이 생기기 전부터" 하나님 아버지와 함께 계셨습니다.

예수님을 믿고 나서 세월이 흘러감에 따라 나는 예수님께서는 이 세상에 오시기 전까지 무엇을 하고 계셨을까 하는 생각이 들었습니다. 이 세계의 설계도를 그리고 계셨을까? 아니면 천사들의 경배와 찬양을 즐기고 계셨을까? 무엇을 하고 계셨을까?

본문에서 우리는 영원한 커튼 뒤의 광경을 어렴풋이나마 보게 됩니다. 우리는 모든 세월을 거슬러 올라가 "만세 전부터, 상고부터, 땅이 생기기 전부터", 역사가 시작되기 전으로 돌아갑니다. 여기에서 우리는 하나님의 지혜의 본체이신 주 예수 그리스도, 곧 영광의 주님을 뵙습니다. 아버지께서는 그 아들 안에 거하기를 영원히 기뻐하십니다. 그분은 매일 아버지께 기쁨을 드리는 하나님의 택하신 자이십니다. "내가 붙드는 나의 종, 내 마음에 기뻐하는 나의 택한 사람을 보라"(이사야 42:1). 변화산에서 예수님이 변화하셨을 때 하나님께서는 이렇게 말씀하셨습니다. "이는 내 사랑하는 아들이요 내 기뻐하는 자니 너희는 저의 말을 들으라"(마태복음 17:5).

뿐만 아니라 또 한 가지 기이하고 놀라운 사실에 부딪힙니다. 예수님께서 하나님 아버지 앞에서 기뻐하는 한편, 그가 지으신 인간들을 즐거워하시는 것을 봅니다. "사람이 거처할 땅에서 즐거워하며 인자들을 기뻐하였었느니라"(8:31). 예수님은 그의 즐거움이 인간들에게 있다고 하셨습니다. 하나님의 사랑을 거슬러 너무도 철저하게 반역한 인간, 하나님의 형상으로 창조되었으나 마귀의 유혹을 따른 인간, 하나님의 아들에게 가시관을 씌우고 그를 못 박은 인간, 하나님의 아들을 몹시 때려 다른 어느 사람보다도 그 얼굴이 상하게 했던 인간, 바로 이 인간이 주님의 사랑과 기쁨의 대상이었습니다.

그 누가 이 놀라운 진리의 깊이를 헤아릴 수 있겠습니까? 누가 그것을 설명할 수 있겠습니까? 우리는 이 사실을 설명하도록 부르심을 받은 것이 아니라 그것으로 인해 기뻐하도록 부르심을 받았다는 사실에 대해 하나님께 감사하십시오. 예수님은 이 세상의 멸시와 천대를 당하기 위해 스스로 그의 영광의 보좌를 버리시며 천군천사의 경배를 마다하셨습니다.

워싱턴에서 로스앤젤레스로 비행기를 타고 가는데 조종사가 기내 방송을 통해, 우측으로 그랜드캐니언이 보인다고 했습니다. 구름 한 점 없는 날, 우리는 12km 상공을 날고 있었습니다. 창밖으로 그 광경을 내려다보니 놀라움을 금할 수 없었습니다. 위엄과 웅장한 자태를 갖춘 그곳은 세계에서 더없이 아름다운 경치를 자랑합니다. 그 웅대함, 찬란한 빛깔, 깊은 계곡, 진실로 장엄한 모습이었습니다. 이 계곡을 내려다볼 때 주님께서 잠언 8장의 이 부분을 생각나게 해 주셨습니다.

본문에 나와 있는 예수님의 사랑과 비교해 보니, 그랜드캐니언은 마치 우리 집 뒤뜰에 흐르는 작은 시냇물처럼 보잘것없어 보였습니다. 하나님의 아들의 희생적인 사랑의 경이로움과 비교할 수 있는 것은 이 세상에 아무것도 없습니다. 죄의 악취로 더럽혀진 우리, 죄악 된 상태에 빠져 있는 우리를 향해 은혜와 용서의 팔을 내밀어 우리를 감싸시는 예수님을 생각해 보십시오. 그리고 나서 예수님은 "나의 기쁨이 이 사람들에게 있도다!"라고 말씀하십니다. 창조주 자신이 그렇게 말씀하셨습니다! 이 측량할 수 없는 사랑을 생각하면 감격하지 않을 수 없습니다!

지혜에 대한 찬양

아들들아, 이제 내게 들으라. 내 도를 지키는 자가 복이 있느니라. 훈계를 들어서 지혜를 얻으라. 그것을 버리지 말라. 누구든지 내게 들으며 날마다 내 문 곁에서 기다리며 문설주 옆에서 기다리는 자는 복이 있나니, 대저 나를 얻는 자는 생명을 얻고 여호와께 은총을 얻을 것임이니라. 그러나 나를 잃는 자는 자기의 영혼을 해하는 자라. 무릇 나를 미워하는 자는 사망을 사랑하느니라. (8:32-36)

삶 속의 많은 것들이 실제로 그토록 중요하지는 않습니다. 그것들을 놓친다 해도 실제로는 문제가 되지 않습니다. 한번은 시카고의 오헤어 공항에서 덴버행 비행기를 타려고 공항 광장을 있는 힘을 다해 뛰어가던 모습이 기억납니다. 내가 도착하니 방금 문이 닫힌 비행기는 이미 굴러가고 있었습니다. 그러나 그것이 실제로는 문제가 되지 않았습니다. 나는 카운터로 가서 표를 바꾸어 몇 분 후에 이륙할 비행기를 탑승했고, 곧 목적지로 향했습니다.

그러나 어떤 것들은 중대하여, 놓치면 큰 곤경을 겪는 것이 있습니다. 환자가 약 먹기를 잊어버리면 생명을 해칠 수가 있습니다. 결혼식 날 식장에 가지 못하면, 장차 배우자가 될 사람과의 관계와 행복에 해를 끼칠 수가 있습니다. 본문은 결코 놓쳐서는 안 되는 중요한 것을 우리에게 제시합니다. 그것은 긍정적인 면과 부정적인 면, 이렇게 양 측면으로 설명됩니다. 지혜에 대한 기나긴 교훈을 끝낸 후, 본문은 "아들들아, 이제 내게 들으라"라는 말로 권면을 시작합니다. 긍정적인 진술은 하나님의 도를 지키는 자가 되어야 한다는 것이고(8:32), 부정적인 진술은 "나를 잃는 자는 자기의 영혼을 해하는 자"라는 것입니다(8:36).

지혜는 "무릇 나를 미워하는 자는 사망을 사랑하느니라"라고 경계합니다. "나를 얻는 자"는 생명을 얻지만 "나를 잃는 자"는 생명을 잃습니다. 위대한 행복과 기쁨은 지혜와 생명을 얻는 자들을 위해 예비되어 있습니다. 반면 지혜와 생명을 얻지 못한 사람들에게는 비극이 기다리고 있습니다. 이것은 생사가 걸린 문제입니다.

하나님을 간절히 구하는 자가 하나님을 만나게 됩니다. 이런 사람은 지혜의 집 문설주 옆에서 기다리며, 매일 지혜의 문을 지켜보고 있습니다. 그리하여 배워야 할 것이 있으면 기회를 놓치지 않고 배웁니다. 예배나 성경공부, 기도 모임 등에 언제나 빠지지 않으며, 매일 아침 개인적으로 항상 하나님과 만납니다.

한번은 몸에 이상이 있는 것 같아 검사를 받으러 병원에 갔습니다. 검사를 마치고 결과를 기다렸습니다. 결과가 어떤지 알아보고 싶은 마음이 간절했습니다. 의사가 부를 때까지 기다릴 수가 없었습니다. 마침내 의사가 "정상입니다"라고 말하자 아주 기뻤습니다. 나는 너무나 간절히 그 결과를 알기 원했습니다. 본문은 우리가 바로 이러한 태도를 가져야 한다고 말합니다. 마음대로 해라는 식의 무관심한 태도가 아니라, 숨을 죽이고 지혜가 말하기를 간절히 기다리는 사람이 되어야 합니다.

본문에는 또 하나의 중요한 진리가 나옵니다. 하나님의 지혜인 예수 그리스도께서는 자기 백성들의 행복에 관심을 기울이고 계십니다. 그래서 주님께서는 주님의 진리를 우리에게 가르치는 것을 참으로 즐기십니다. 그것이 중요합니다. 여러분은 가르치기를 심히 좋아하는 선생님을 알고 있을 것입니다. 그것은 분명히 나타납니다. 마지못해 가르치는 교사는, 가르치기를 즐기고 원해서 가르치는 교사만큼 그 일을 잘해 내지 못합니다.

예수 그리스도는 우리를 가르치시기를 원하십니다. 주님은 우리에게 모든 것을 공급해 주셨습니다. 그래서 종종 우리를 상하게 하는 것은 사탄이나 죄가 아니라 바로 우리 자신입니다. 사실상 우리가 우리 자신을 해치는 것입니다. 그러므로 우리가 해야 할 바는 분명합니다. "내 도를 지키는 자가 복이 있느니라"(8:32).

그러므로 우리는 한 손에는 행복, 한 손에는 비극을 가지고 있습니다. 우리가 삶에서 그리스도를 무시하고 그리스도의 뜻과 도를 거스를 때 사망의 길을 선택한 것입니다. 자신을 사망으로 인도하는 그것을 사랑하기로 한 것이며, 생명의 유일한 근원을 우리에게서 쫓아낸 것입니다. 본문은 "무릇 나를 미워하는 자는 사망을 사랑하느니라"라고 말합니다. 이것이 바로 하나님께서 선지자 이사야를 통해 "너희는 귀를 기울이고 내게 나아와 들으라. 그리하면 너희 영혼이 살리라"라고 말씀하신 이유입니다(이사야 55:3). 지혜는 생명을 얻는 방법을 제시합니다.

12

지혜와 어리석음의 대조

잠언 9:1-18

한번은 한 친구와 함께 호놀룰루에 머문 적이 있습니다. 어느 날 아침 우리는 아침 식사할 곳을 찾으며 와이키키 해변을 걷고 있다가 시장 근처에서 조그만 식당을 발견하고 그리로 들어갔습니다. 우리는 그 식당에 대해선 전혀 아는 바가 없었습니다. 나는 비스킷 종류를 주문했습니다. 창문 가까이에 있는 빈자리에 앉아서 하나님께 감사 기도를 드린 다음 우리는 식사를 시작했습니다. 비스킷을 한 입 무는 순간, 아이오와주의 농장에서 보내던 어린 시절이 떠올랐습니다. 고향을 떠난 이후로 이처럼 맛있는 비스킷은 먹어 보지 못했습니다. 정말 맛이 일품이었습니다.

그 후 어느 해 아내와 함께 아시아를 방문하게 되었는데, 도중에 호놀룰루에 들렀습니다. 아내는 여성들과 몇 차례 모임을 가지게 되어 있었고, 나는 군인들에게 말씀을 전하기로 되어 있었습니다. 옛날에 친구와 갔던 그 식당 근처에 호텔을 정했습니다. 이튿날, 아침을 먹으러 거리로 나갔습니다. 문을 열려면 30분이나 기다려야 하는 바람에, 방파제 위를 왔다 갔다 하며 바다를 감상했습니다. 정각 8시에 식당이 문을 열었고, 옛날 그 식당으로 들어갔습니다. 나는 비스킷을 주문하여 테이블에 앉아 버터를 발라 먹기 시작했습니다. 옛날 맛 그대로였습니다. 몇 년 전과 동일하게 아주 맛있었습니다.

이 식당이 사람들의 이목을 끌 만한 것은 아무것도 없습니다. 고급스럽게 꾸미지도 않았고, 값비싼 음식이 있는 것도 아닙니다. 그러나 비스킷 맛을 보면 마치 별천지에 와 있는 듯한 기분이 듭니다. 나는 종종, 내가 만일 그 식당을 소유하고 있다면, 내가 살고 있는 도시에 개업을 해서, 큰 거리에 나가 사람들에게 너무나 맛있는 음식이 있다고 선전하면서 꼭 한번 들러 달라고 권해볼 텐데 하고 생각을 해 봅니다. 그러나 많은 사람들이 나의 말을 믿지 않을 것이라고 생각합니다. 그들은 아마 계속 크고 호화스럽고 값비싼 호텔이나 식당으로 갈 것입니다. 그들은 나의 선전 내용이 너무나 좋아 오히려 믿을 수 없다고 생각할 것입니다.

잠언의 제1부(1-9장)는 계속 하나님의 지혜를 찬양하는 것으로 결론을 맺습니다. 잠언 8장과 9장은 하나로 묶을 수 있습니다. 8장은 지혜를 의인화하며, 9장은 지혜의 길과 어리석음의 길을 대조함으로써 잠언 1장부터 9장까지의 전 주제를 완전히 다시 한번 언급합니다.

9장은 또한 8장에서 다루었던 작은 주제들을 함께 묶습니다.

9장은 세 부분으로 되어 있는데, 1-6절은 지혜가 베푸는 잔치, 13-18절은 어리석음이 베푸는 잔치이며, 그 중간인 7-12절은 지혜를 따르라는 마지막 초청입니다. 이 부분에서는 다시 한번 지혜로운 자와 거만한 자를 대조합니다. 핵심 구절은 10절입니다. "여호와를 경외하는 것이 지혜의 근본이요 거룩하신 자를 아는 것이 명철이니라."

> 지혜가 그 집을 짓고 일곱 기둥을 다듬고 짐승을 잡으며 포도주를 혼합하여 상을 갖추고 그 여종을 보내어 성중 높은 곳에서 불러 이르기를 "무릇 어리석은 자는 이리로 돌이키라." 또 지혜 없는 자에게 이르기를 "너는 와서 내 식물을 먹으며 내 혼합한 포도주를 마시고 어리석음을 버리고 생명을 얻으라. 명철의 길을 행하라" 하느니라. (9:1-6)

본문은 지혜를 위풍당당한 임금으로 묘사합니다. 이 임금은 성대한 잔치를 베풀고 이 잔치에 참석하기를 원하는 자는 누구나 초대하도록 여종을 보냅니다. 잔치 준비는 다 끝나 있습니다. 누구든지 와서 즐길 수 있습니다.

지혜가 베푸는 참된 잔치는 영적인 것입니다. 이 잔치에 참석한 사람들은 세상에 가득 찬 많은 영향과 압력과 거짓 교훈 속에서도 그들의 나아가야 할 방향을 발견할 수 있습니다. 지혜가 가리키는 방향은 어렵고 신비한 글귀로 표현되어 있는 게 아닙니다. "어리석음을 버리고 생명을 얻으라"라는 것이 지혜의 훈계입니다. 이 말은 누구나 이해할 수 있고, 이 초청은 누구나 응할 수 있습니다.

그러면 왜 참석하는 사람들이 이토록 적은가 하는 질문이 생깁니다. 한 가지 이유는 이 초청이 너무 쉽고 분명하기 때문입니다. 일을 복잡하고 어렵게 만들기 원하는 것이 인간의 본성입니다. 또 하나의 이유는 단순히 그 말이 너무 좋게 들려서 믿을 수 없기 때문입니다. 그들은 단순하게 이리로 돌이키기만 하면 성대한 잔치에 참여할 수 있다는 사실을 믿지 못하는 것입니다. 그 잔치는 말로 표현할 수 없을 정도로 성대합니다. 참석자는 아무 것도 가지고 가거나 준비할 필요가 없습니다. 참가비를 내는 것도 아닙니다. 단지 그 말을 믿고 가서 즐기기만 하면 됩니다.

그리스도께서는 이미 우리의 죄를 대속하는 데 필요한 희생을 다 치르셨습니다. 구속과 영생은 이미 확보되어 있습니다. 하나님께서는 다른 사람들을 초청하는 일을 위하여 그리스도의 풍성한 축복을 맛본 자들을 내보내십니다. 우리는 지혜를 가지고 성읍의 가장 높은 곳에서 외쳐 사람들을 불러야 합니다. 모든 사람에게 "와서 하나님의 지혜의 잔치를 즐기시오"라고 권해야 합니다.

거만한 자를 징계하는 자는 도리어 능욕을 받고 악인을 책망하는 자는 도리어 흠을 잡히느니라. 거만한 자를 책망하지 말라. 그가 너를 미워할까 두려우니라. 지혜 있는 자를 책망하라. 그가 너를 사랑하리

라. 지혜 있는 자에게 교훈을 더하라 그가 더욱 지혜로워질 것이요, 의로운 사람을 가르치라 그의 학식이 더하리라. 여호와를 경외하는 것이 지혜의 근본이요 거룩하신 자를 아는 것이 명철이니라. 나 지혜로 말미암아 네 날이 많아질 것이요 네 생명의 해가 더하리라. 네가 만일 지혜로우면 그 지혜가 네게 유익할 것이나 네가 만일 거만하면 너 홀로 해를 당하리라. (9:7-12)

다 안다고 생각하는 사람은 더 이상 배울 수가 없습니다. 이것은 어디에나 다 해당됩니다. 교육에서도, 영적인 문제에서도, 스포츠에서도 마찬가지입니다 나는 코치가 내 아들 랜디에게 테니스를 가르칠 때 특별한 관심을 가지고 지켜보았습니다. 매시간 그들은 공을 치는 연습을 했습니다. 중간중간에 랜디가 질문을 하거나 코치가 주의를 주기도 했습니다. 그해 가을 랜디는 테니스팀에 들어가기 위해 철저하게 배우기로 했습니다. 코치는 랜디가 치는 것을 지켜본 후 몇 가지 주의를 주었습니다. 이때 랜디의 반응이 아주 흥미 있었습니다. 랜디는 "전 이미 다 알아요" 하고 말할 수도 있었지만, 그렇게 말하지 않았습니다. 그는 코치의 말에 열심히 귀를 기울였고, 설령 전에 배운 내용과 다르거나 이미 들은 내용이라 할지라도 감사하며, 그 내용을 경기할 때 적용하려고 노력했습니다. 마침내 랜디는 팀에 들어갈 수 있었습니다.

만약 랜디가 코치의 말을 듣지 않았거나, 마치 모든 것을 알고 있는 듯 행동했더라면, 그 팀에 들어갔을지 의문입니다. 태도는 배우는 일에 큰 차이를 만들어 냅니다. 거만한 자와 가르침을 잘 받는 자는 정반대입니다. 여기서 두려운 사실은, 지혜는 하나님을 경외하는 데서 비롯되기 때문에 '다 안다는 태도'를 가진 사람은 배울 수가 없다는 점입니다. 결코 배울 수 없을 뿐더러 무지 가운데 남아 있어야 하는 운명을 자초하게 됩니다. 배움의 문을 잠그고 그 열쇠를 없애 버린 셈입니다.

지혜로운 자는 이와 정반대입니다. 그의 영적 레이더는 끊임없이 지혜의 근원인 하나님의 말씀을 향해 있습니다. 마음을 열고 진지하고 열심 있는 태도로 말씀에 접근합니다. 자신의 한계를 잘 압니다. 자기에게 도움이 필요하다는 사실을 깨닫고 있습니다. 자신이 영적인 깊이가 없음을 알며, 더욱더 깊이 하나님의 말씀의 진리 가운데로 들어가기를 원합니다. 알면 알수록 모르는 것이 더 많다는 사실을 더욱 깨닫습니다. 자신이 결코 모든 것을 알 수 없음을 압니다.

한번은 내 친구가 90세가 넘은 어느 할머니를 만났는데 그 할머니가 그에게 한 첫마디는 "자네는 최근 무엇을 배웠는가?"였습니다. 그 할머니는 도중에 멈추지 않고 계속 배우는 일에 진력하고 있었습니다. 그러나 거만한 자들과 악인들은 배우려고 하지를 않습니다. 그들은 하나님의 지혜를 대적하며, 거만하고 악한 길을 고집스레 선택합니다.

너무도 자주, 그들은 재치가 있고 영리하여, 자신들을 책망하는 자들을 어리석어 보이게 만들 수 있습니다. 능글맞은 웃음과 미소를 지으면서 하나님의 진리를 비웃습니다. 능란한 화술로 하나님의 길이 그릇되고 사탄의 길이 옳은 것처럼 보이게 조작할 수도 있습니다. 사탄은 처음부터 사기꾼임을 기억하십시오.

히스기야왕이 사자들을 이스라엘의 각 성읍에 보내어, 이스라엘 자손들로 하여금 여호와 하나님께로 돌아와 여호와의 유월절을 지키라고 하였을 때, 그들이 보인 반응이 이렇게 기록되어 있습니다. "사람들이 저희를 조롱하며 비웃었더라"(역대하 30:10).

예수님은 자기 아들을 위해 혼인 잔치를 베푼 어떤 임금에 대해 말씀하신 적이 있습니다. "천국은 마치 자기 아들을 위하여 혼인 잔치를 베푼 어떤 임금과 같으니, 그 종들을 보내어 그 청한 사람들을 혼인 잔치에 오라 하였더니 오기를 싫어하거늘, 다시 다른 종들을 보내며 가로되 청한 사람들에게 이르기를 '내가 오찬을 준비하되 나의 소와 살진 짐승을 잡고 모든 것을 갖추었으니 혼인 잔치에 오소서 하라' 하였더니, 저희가 돌아보지도 않고 하나는 자기 밭으로, 하나는 자기 상업차로 가고"(마태복음 22:2-5).

그러므로 우리는 거만한 자의 자리에는 앉지 말고 그들로부터 떠나야 합니다. 그 대신 지혜로운 자가 되어 지혜로운 자들과 함께해야 합니다. 왜냐하면 이렇게 함으로써 더욱 지혜로워질 것이요 학식이 더욱 증가할 것이기 때문입니다.

본문의 마지막 부분에는 두 개의 중요한 진리가 나옵니다. 첫째로, "나 지혜로 말미암아 네 날이 많아질 것이요 네 생명의 해가 더하리라"라고 했습니다. 경건한 삶과 신체 건강 사이에는 밀접한 관계가 있다고 하는 의사의 말을 많이들 들어 보았을 것입니다. 평화로운 마음과 정신은 의료비를 줄여 줍니다. 아스피린을 덜 복용해도 되며, 궤양으로 고생하는 일도 줄어들고, 치료 시간과 입원 시간을 단축시켜 줍니다.

두 번째로, "네가 만일 지혜로우면 그 지혜가 네게 유익할 것이나, 네가 만일 거만하면 너 홀로 해를 당하리라"라고 했습니다. 우리 각 사람은 자신의 행동에 대해 책임이 있습니다. 우리가 하나님의 지혜를 따라 행동한다면 그 지혜가 우리에게 유익이 될 것입니다. 반면, 하나님의 도를 무시한 채 산다면, 그 대가를 치러야 할 것입니다. 책임지기를 싫어하는 현시대에 이것은 놀라운 말씀입니다. 요즘 세대의 사람들은 모든 잘못을 다른 사람의 탓으로 돌립니다. 자기의 부모, 자기의 가정생활, 환경, 교육 정도, 기타 여러 가지 등에 책임을 전가합니다. 자기가 범한 죄와 자기 스스로 빠진 문제에 대해 자기가 책임을 지려 하지 않습니다.

그러나 사실 우리가 어떤 사람이며 또 어떤 사람이 되는가는 우리 자신의 결단과 선택의 결과입니다. 우리는 자신의 운명에 대해 책임을 져야 합니다. 도슨 트로트맨은 이런 말을 하곤 했습니다. "생각을 심으면 말을 거두고, 말을 심으면 행동을 거두고, 행동을 심으면 습관을 거두고, 습관을 심으면 인격을 거두고, 인격을 심으면 일생을 거둔다."

성경은 "스스로 속이지 말라. 하나님은 만홀히 여김을 받지 아니하시나니 사람이 무엇으로 심든지 그대로 거두리라"(갈라디아서 6:7)라고 말씀합니다. 에스겔 18:20에서는 그것을 이렇게 표현했습니다. "범죄하는 그 영혼은 죽을지라. 아들은 아비의 죄악을 담당치 아니할 것이요 아비는 아들의 죄악을 담당치 아니하리니, 의인의 의도 자기에게로 돌아가고 악인의 악도 자기에게로 돌아가리라."

사탄은 우리를 유혹할 수는 있으나, 강제로 죄를 짓게 하지는 못합니다. 악한 동무들이 우리를 잘못된 길로 유혹할 수는 있으나, 그들은 한낱 사탄의 도구일 뿐, 강제로 자신들의 길을 따르게 할 수는 없습니다. 궁극적으로 자신의 행동에 대한 책임은 자신에게 있습니다.

이런 말은 이 시대의 철학으로 교육을 받고, 또 그것을 그대로 받아들인 사람들에게는 이상하게 들릴지도 모릅니다. 그러나 성경은 처음부터 끝까지 이러한 진리를 가르칩니다. 성경의 처음 부분으로 돌아가 봅시다. 아담은 완벽하신 하나님 아버지, 완벽한 가정, 완벽한 환경을 가지고 있었습니다. 그러니 그가 악을 택한 데 대해서 누구에게 책임을 전가할 수 있겠습니까? 그의 아버지? 아닙니다. 왜냐하면 하나님께서는 우리를 범죄하도록 유혹하지 않으시기 때문입니다. 그의 가정생활? 아닙니다. 하나님께서는 에덴동산에서 아담과 교제하시는 동안, 아담을 반역으로 이끌 만한 일은 아무것도 하시지 않았기 때문입니다. 그의 환경? 아닙니다. 에덴동산은 더할 나위 없이 좋은 곳이었기 때문입니다.

사실은 아담 자신이 하나님을 거슬러 반역하기로 선택했던 것입니다. 그는 결정을 했고, 하나님께서는 그에게 그 선택에 대한 책임을 지우셨습니다. 본문에서 말씀하듯이, "네가 만일 거만하면 너 홀로 해를 당하리라"(잠언 9:12). 이 얼마나 강력하고 진실한 말씀입니까? 오늘날 우리가 꼭 귀를 기울여야 할 말씀입니다.

우리는 이 세상을 살아가는 동안 하나님의 뜻을 찾고 그것을 행하는 데 늘 깨어 있어야 하며, 하나님을 기쁘시게 해 드리는 것이 우리의 유일한 소원이 되어야 합니다. 그리고 그러한 소원은 의무감에 의해서가 아니라, 하나님의 은혜와 자비와 사랑에 대한 감사로부터 우러나와야 합니다. 왜냐하면 주님께서는 우리를 완전히 구원해 주시되 값없이 구원해 주셨고, 매일 우리에게 풍성한 축복을 내려 주시기 때문입니다.

> 미련한 계집이 떠들며 어리석어서 아무것도 알지 못하고 자기 집 문에 앉으며 성읍 높은 곳에 있는 자리에 앉아서 자기 길을 바로 가는 행객을 불러 이르되 "무릇 어리석은 자는 이리로 돌이키라." 또 지혜 없는 자에게 이르기를 "도적질한 물이 달고 몰래 먹는 떡이 맛이 있다" 하는도다. 오직 그 어리석은 자는 죽은 자가 그의 곳에 있는 것과 그의 객들이 음부 깊은 곳에 있는 것을 알지 못하느니라. (9:13-18)

내가 어렸을 때 우리 동네 극장에서는 영화를 상영하곤 했는데, 영화 줄거리는 대개 퍽 단순했습니다. 법이 통하지 않는 마을의 우범 지대에서 자란 불량배가 등장합니다. 마침내 집요한 성격의 형사가 끈질긴 노력 끝에 그 불량배를 잡아 감방에 집어

넣곤 했습니다. 범죄가 특히 흉악한 경우에는 죄수는 독방에 수감되어 빵과 물만 먹어야 했습니다.

그 장면이 내게는 인상적이었습니다. 나는 신선한 우유와 달걀과 집에서 만든 잼과 신선한 야채가 풍성한 농장에서 자랐습니다. 이따금 집에서 기르던 가축을 잡곤 했기 때문에 아주 잘 먹었습니다. 그래서 나는 사람이 빵과 물만 먹고 살 수 있을까 하는 의문을 품었던 기억이 납니다. 이러한 음식은 고통과 형벌을 가하는 가장 가혹한 수단으로 보였습니다.

본문에서 애처로운 장면을 보게 됩니다. 앞에서 우리는 지혜와 지혜가 베푸는 잔치로 안내되었습니다. 그러나 여기에서는 어리석고 수다스러우며 무식한 한 여자를 만납니다. "미련한 계집"이라고 표현되어 있습니다. 그 여자는 지나가는 사람들에게 "떡과 물"을 제공합니다. 이것이 그 여자가 베푸는 "잔치"입니다. 그 여자는 "도둑질한 물과 몰래 먹는 떡"으로 잔치를 준비했습니다. 이 잔치는 죽음의 잔치입니다. 지혜의 잔치와 미련한 계집의 잔치가 생생하게 대조되어 있습니다. 미련한 계집이 베푸는 잔치에 참석하면 그 결과는 죽음과 음부입니다. 파멸입니다.

한쪽에서는 지혜가 "어리석은 자여, 내게로 돌이키라, 그러면 네가 생명과 명철의 길을 발견할 것이다"라고 외치고 있습니다. 반대쪽에서는 어리석은 여자가 사망과 음부를 손에 들고 "어리석은 자는 누구든지 이리로 돌이키라" 하고 부릅니다. 이 두 종류의 초청은 명확한 대조를 이루고 있습니다. 여러분은 풍성한 잔치를 먹을 수도 있고, 빵과 물만 먹을 수도 있습니다. 제정신으로 빵과 물을 풍성한 잔치보다 낫다고 할 사람이 어디 있겠습니까? 그러나 사람들의 대답은 우리를 아연실색하게 합니다. 대부분의 사람들은 빵과 물이 더 낫다고 대답하기 때문입니다.

이 세상의 대다수 사람들이 하나님의 지혜를 거절하고 죄의 찌꺼기와 죄로 오염된 것을 더 좋아합니다. 사탄은 거대한 추종자들의 무리를 거느리고 있습니다. 그 이유는 무엇입니까? 첫째, 죄는 겉이 매혹적인 것으로 입혀져 있고 행복에 대한 거짓된 약속을 하기 때문에 겉으로 보기에는 아주 번드르르합니다. 방탕과 공허한 쾌락이라는 덫이 하나님의 지혜가 주는 축복보다 더 좋아 보이고, 사람의 마음을 끕니다.

둘째, 우리는 모두 금지된 것에 호기심을 갖습니다. 이는 아담과 하와가 남겨준 유산입니다. 그들은 단지 금지되었다는 이유 때문에 금지된 열매를 탐냈습니다. 모든 나무가 그들에게 개방되어 있었으나 그 나무만은 제한 구역 안에 있었습니다. 그래서 그들은 그것을 원했습니다.

이러한 어리석은 욕구는 인간의 특징입니다. 자녀에게 "넌 그것을 해서는 안 된다!"라고 말해 보십시오. 그 아이는 즉각 그것을 하고 싶어 할 것입니다. 사람들에게 어떤 책은 읽어서는 안 된다고 말해 보십시오. 당장 그것을 읽고 싶어 할 것입니다. 우리는 우리에게 주어진 경계선을 넘어가고 싶어 하는 욕구가 있습니다. 우리는 하나님의 길이 안전하다는 사실을 압니다. 그러나 죄의 위험한 길로 가 보고 싶어 합니다. 그 길의 끝에 무엇이 있는지 심히 궁금해합니다. 우리 모두는 "그 길은 어디로 인도합니까?" 하고 물어야 합니다. 그 길이 이르는 곳은 죽음과 음부입니다.

그리하여 잠언의 제1부는, 점층적으로 독자들에게 하나님의 길은 완전하고 만족스러운 반면, 사탄의 길은 실망으로 가득 차 있고 죽음과 음부라는 비극으로 끝난다는 사실을 상기시켜 줍니다. 잠언은 지혜로운 자의 길과 거만한 자의 길을 대조하면서 우리 모두에게 지혜로운 충고를 하고 있습니다.

이제 이 탐구를 끝맺으면서, 여호수아 24:15에서 말년에 여호수아가 이스라엘 백성에게 던진 것과 동일한 도전을 함으로써, 본 탐구를 마치고자 합니다. "너희 섬길 자를 오늘날 택하라!" 그리고 하나님께서 우리 모두 저 용감한 지도자와 같이 대답할 수 있게 해 주시기를 기도합니다. "오직 나와 내 집은 여호와를 섬기겠노라!"

위로부터 난 지혜

초판 1쇄 발행 : 1985년 7월 10일
개정 1쇄 발행 : 2022년 7월 26일
개정 2쇄 발행 : 2024년 2월 5일

펴낸곳 : 네비게이토 출판사 ⓒ
주소 : 03784 서울시 서대문구 연희로 16 (창천동)
전화 : 334-3305(대표), 334-3037(주문), FAX : 334-3119
홈페이지 : http://navpress.co.kr
출판등록 : 제10-111호(1973년 3월 12일)
ISBN 978-89-375-0633-8 03230

본 출판사의 서면 허락 없이는 본서의 전부 또는
일부의 무단 복제, 또는 원문에 대한 무단 번역을 금합니다.